KB174478

# 민주주의의
# 수수께끼

**민주주의의 수수께끼**

1판 1쇄. 2015년 2월 23일
1판 2쇄. 2016년 1월 18일
지은이. 존 던
옮긴이. 강철웅·문지영

펴낸이. 박상훈
주간. 정민용
편집장. 안중철
편집. 최미정, 윤상훈, 이진실, 장윤미(영업)

펴낸 곳. 후마니타스(주)
등록. 2002년 2월 19일 제300-2003-108호
주소. 서울 마포구 독막로 23(합정동), 1층

편집. 02-739-9929, 9930
제작/영업. 02-722-9960
팩스. 0505-333-9960
홈페이지. www.humanitasbook.co.kr
블로그. humanitasbook.tistory.com
페이스북/Humanitasbook

인쇄. 천일 031-955-8083
제본. 일진제책 031-908-1407

값 18,000원

ISBN 978-89-6437-223-4 93300

이 도서의 국립중앙도서관 출판시도서목록(CIP)은 e-CIP 홈페이지(http://www.nl.go.kr/ecip)에서 이용하실 수 있습니다(CIP제어번호: CIP2015003768).

# 민주주의의 수수께끼

존 던 지음 | 강철웅·문지영 옮김

후마니타스

루스를 위해

**차례**

**일러두기**

1. 한글 전용을 원칙으로 했다. 고유명사의 우리말 표기는 국립국어원의 외래어 표기법을 따랐다. 그러나 관행적으로 굳어진 표기는 그대로 사용했으며, 필요한 경우 한자나 원어를 병기했다.
2. 옮긴이의 첨언은 대괄호로 표시하고 [ _옮긴이]를 병기했다.
3. 단행본, 전집, 정기간행물에는 겹낫쇠(『 』)를, 논문은 큰 따옴표(" ")를, 시, 영화, 연극, 그림, TV 프로그램 등에는 홑꺾쇠(〈 〉)를 사용했다.

## 감사의 말

이 책에 대한 책임은 전적으로 내게 있다. 하지만 책을 쓰는 과정에서 많은 사람들에게 크나큰 도움을 입었다. 책을 계획하고 완성하는 동안 길 콜리지Gill Coleridge가 보여 준 인내, 명료함, 솔직함에 감사한다. 아틀란틱 출판사에 계신 분으로는, 깊은 사유와 뜨거운 열정을 결합해 보겠다는 저자들의 막연한 꿈을 출판으로 이어지게 해주는 토비 먼디Toby Mundy와 지속적으로 용기를 북돋워 주고 도움을 준 보니 치앙Bonnie Chiang에게 감사하고 싶다. 케임브리지를 비롯해 여러 곳에 있는 수많은 동료들, 특히 로빈 오스본Robin Osborne, 사이먼 골드힐Simon Goldhill, 스티븐 앨퍼드Stephen Alford, 폴 카틀리지Paul Cartledge, 바심 무살람Basim Musallam, 개러스 스테드먼 존스Gareth Stedman Jones, 팀 블래닝Tim Blanning, 벨라 카포시Bela Kapossy, 마이클 소넨셔 Michael Sonenscher 등은 특정 사항들에 관해 신속하고 효과적인 도움을 아낌없이 베풀어 주었다. 이 책을 쓰면서, 다른 누구보다도 모지스 핀리Moses Finley와 버나드 베일린Bernard Bailyn이 오랫동안 베풀어 준 지적인 도움이 결코 되갚을 수 없는 부채가 되어 버렸다는 것을 새삼 깨달았고, 마이클 쿡

Michael Cook, 퀜틴 스키너Quentin Skinner, 이스트반 혼트Istvan Hont와의 수십 년에 걸친 지적 동반자 관계를 떠올릴 수 있었으며, 그리고 다음에 열거하는 수많은 친구들이 다양한 상황에서 도움을 주고 격려해 주었다는 것을 생생하게 기억할 수 있었다. 비앙카 폰타나Bianca Fontana, 베르나르 마넹Bernard Manin, 파스콸레 파스퀴노Pasquale Pasquino, 애덤 셰보르스키Adam Przeworski, 토니 주트Tony Judt, 리처드 턱Richard Tuck, 신시아 파라Cynthia Farrar, 서닐 킬나니Sunil Khilnani, 수딥타 카비라지Sudipta Kaviraj, 톰 메츠거Tom Metzger, 이언 샤피로Ian Shapiro, 앤드루 바셰이Andrew Barshay, 다카마로 한자와Takamaro Hanzawa, 다카시 가토Takashi Kato, 그리고 가장 최근에는 민주주의의 운명을 깊이 있게 탐색하는 데 일생을 바친 기예르모 오도넬Guillermo O'Donnell 등이 그런 친구들이다. 가르치는 일을 함께한 지 이제 십 년이 넘은, 가장 진실한 친구 레이먼드 게우스Raymond Geuss에게는 아주 특별한 감사를 해야겠다.

정치학과 동료들은 내게 이 책에 몰입할 수 있는 기회를 주기 위해 많은 부담을 떠맡았다. 헬렌 톰슨Helen Thompson과 제프리 호손Geoffrey Hawthorn의 도움과 연대에 특별히 감사한다. 케임브리지 대학교가 준 안식년 휴가 덕분에 아주 평온하게 책을 시작할 수 있었고, 학술인문연구위원회Arts and Humanities Research Board는 책을 완성하는 데 필요했던 마지막 학기의 연구 휴가를 주었다.

최근 몇 년 동안 내가 대답하려는 물음들을 밀어붙일 수 있도록 희망과 용기를 준 특별한 사람이 셋 있다. 에드워드 사이드Edward Said는 어려움이 닥쳤을 때 그가 보여 준 따뜻함, 강렬한 생명력, 잊지 못할 정신의 관대함으로, 재닛 맬컴Janet Malcolm은 지면 위에 그녀가 펼쳐 놓은 우아함과 찬란함으로, 또 기록 천사의 귀로 희망과 용기를 주었다. 내가 이야기를 길게 나눌 수 있는 특권을 가졌던 의심할 여지없이 위대한 정치 지도자이며 그의 나라가 이제야 겨우 깨닫기 시작한 것보다 훨씬 더 많은 것을 그에게 빚지고 있는 김대중 박사는 그만이 지닌 뛰어난 용기로 내게 희망과 용기를 주었다.

2004년 10월

케임브리지 대학교 킹스 칼리지에서

## 한국어판 서문

이 책이 직접적으로 한국에 관해 쓴 책이라고는 할 수 없지만, 이 책의 원본에 붙인 감사의 말이 분명히 하고 있는 것처럼, 이 책을 쓰도록 고무한 주된 요소들 가운데 하나는 한국의 한 위대한 정치 지도자와의 개인적인 만남이었다. 그는 긴 생애 대부분을 정치적 관념으로서 민주주의가 내세우는 주장들을 옹호하는 데 바쳤던 한국의 유력 인사이기도 하다. 나는 김대중 박사의 요청으로 1994년에 처음 한국을 방문했는데, 당시 그가 내세운 주된 정치적 대의大義 가운데 두 가지에 관심을 갖고 있었다. 한 나라의 정치적 삶을 조직하는 방식으로서 민주주의를 옹호하는 일, 그리고 한국이 겪은 길고 끔찍했던 전쟁의 여파를 다루는 데 있어서 그가 채택한, 햇볕 정책이라는 꼬리표를 얻게 된, 보다 지역 특수적인 (그리고 본질적으로 취약한) 전략적 접근을 옹호하는 일이 그 두 가지였다.

서둘러 이루어진 첫 방문 이후 나는 그의 대통령 재임 기간 전에도, 재임 기간 중에도, 또 재임 기간 후에도 여러 차례 한국을 다시 방문했는데, 그럴 때마다 한국 민주주의가 겪었던 부침浮沈에 관해서, 그리고 한국

민주주의가 한국 사람들의 이익에 어떤 식으로 도움이 되고 또 어떤 식으로 도움이 되지 못했는지에 관해서 주의 깊게 생각할 기회를 가졌다. 물론 한국 민주주의는 아직 한국 사람들을 단일한 민족적·영토적 정치 공동체로 재통일해 내지 못했다. 거의 모든 한국 사람들이 결국엔 한 번 더 그런 통일된 공동체를 이루어야 한다고 여전히 느끼고 있고, 심지어 그렇게 믿고 있기도 한데 말이다. 그러나 그 실패는 이전의 독재 정권들의 실패도 아니고 그들보다 훨씬 더 독재적인 북쪽 경쟁자의 실패도 아닌 것처럼, 민주주의의 실패도 아니다. 그것은 단지 그 어떤 국내적인 좋은 통치 모델도 고도로 군사화된 국가들 간의 극심하고 혼란스러우며 완강한 국제적 갈등을 해결할 능력을 애당초 갖고 있지 않다는 데서 비롯된다. 결국 한국인들은 그 문제를 해결할 것이다. 국제사회와 세계경제가 심각한 생태 위기에 직면해서도 계속 존속할 수 있을 것으로 판명된다면 말이다. 그들은 그 문제를 해결할 것이다. 왜냐하면 거의 모든 다른 인간 집단보다 더 그들은 자신들의 상상 속에서 계속 하나의 민족으로 존재해 왔기 때문이다. 또 그들이 어떻게 하나의 민족이 아닌 상태가 되었는지, 그리고 자신들의 운명에 대한 통제력을 회복하기 시작한 때로부터 내내 자신들이 왜 그토록 지독하게 갈라진 채 지내 왔는지를 떠올리는 것이 너무도 말문이 막히고 너무도 가슴 찢어지는 일이기 때문이다. 분단 한국의 경험에서 화해를 불러일으키는 것이라고는 조금도 찾아볼 수 없으며, 분단 체제의 가장 성공적인 시기를 놓고 본다 해도 그 분단을 계속 용인할 수 있게 해줄 성과라 할 만한 것은 전혀 찾아볼 수가 없다. 분단은 언제나 그랬듯 그렇게 추하고 위험하다. 그리고 인간 가운데 그 어느 누구도 영원히 노예 상태로 있을 수는 없다.

반면에, 그런 분단에 맞서서 어떤 방향으로 나아가야 가장 안전하고 지혜로운지를 놓고도 한국 민주주의의 데모스demos는 이제까지 그랬듯 계속 나뉜 상태로 갈 것 같다. 또한 아무리 깊이 공감하면서 세심하게 민주주의 관념을 상대로 꼬치꼬치 캐묻든, 민주주의 관념을 통째로 거부하든, 어떤 방법으로도 그들이 그 물음에 답을 구할 가망은 없다.

보다 흥미로운 물음은 그들이 보다 확고하게 혹은 안목을 가지고 관념으로서의 민주주의를 채택하게 되면 단기적으로 상호 정치적 관계를 얼마만큼이나 개선하게 되리라고 합당하게 기대할 수 있을까 하는 것이다. 그들이 지금 작동시키고 있는 정치제도와 그것을 떠받치고 있는 경제적·사회적 구조물은 눈에 띄게 비민주적인 요소를 많이 갖고 있다. 그런 요소 가운데 어떤 것은 극도로 불쾌감을 주기도 한다. 특히 공공 관료 체제와 경쟁적 선거 정치 전반에 걸쳐 만연해 있는 실질적인 부패의 수준이 그렇다. 대통령직에 오를 때 받은 입법부의 지원이 약해지는 상황이 되면 심지어 김대중 대통령조차 임기 말에는 거의 추진력을 잃었다. 그의 첫 후계자 두 사람은 모두 훨씬 더 흡족한 선거 지원을 받으며 공직에 진입했는데, 훨씬 더 빨리 그리고 훨씬 더 철저하게 대중의 신뢰를 잃었다.

이 책이 분명히 하려는 것처럼, 근대 제도로 표현된 민주주의는 그저 하나의 틀일 뿐이다. 성인인 국민 전체가 하나의 공동체로서 자기들이 무엇을 하는 것이 최선인가를 놓고, 관념상 평등한 자들로서 함께 정치적 판단을 내리려 할 때 준거로 삼는 틀 말이다. 전 지구적 자본주의 구조 내에서 이런 묘사가, 어떤 인간 집단이 실제로 함께 행할 수 있는 것이 무엇인지를 완전히 설득력 있게 드러내는 것이라고 할 수는 없다. 모든 정치는 배우는 경험이며, 민주주의는 대단히 명료하게 그야말로 아주 많은 수의 사람들을 위한 배움의 과정이다. 한국인들이 심원한 통찰과 강렬한 개인적 경험으로 알고 있듯이, 인간의 배움의 과정은 배움 자체의 성공을 보장하지 못한다. 인간의 배움에서 이루어지는 성공은 모두 개별 인간이 서로와 더불어 상호작용하면서 얻는 성공이다. 그 모든 뚜렷한 결점들에도 불구하고, 한국이 지금 스스로 표현해 내고 있는 민주주의는 그런 성공의 기회를 아주 많은 시민들에게 활짝 열어 둔다. 그것은 그들에게, 함께 더 좋은 판단을 내리는 법을 배울 기회와, 그 일이 이제는 그들에게 얼마나 절박하게 되었는지를 깨달을 기회를 제공한다. 오직 그들만이 그 배움을 행할 수 있다. 그러나 누구라도 오늘날의 한국을 외부로부터 들여다보고 알게 된다면 거의 곧바로 그리고 상당히 간절하게, 한국인들이 그런 기회를 활용하는 법을, 이제까지는 겨우겨우 터득해 왔지만, 앞으로는 그보다 훨씬 더 잘 터득할 능력이 있는 것으로 드러났으면 하고 바라지 않을 사람은 없을 것이다.

이 책이 보여 주려 하는 것처럼, 우리가 지금 공유하는 세상에는 민주주의가 존재하는 세 가지 뚜렷한 방식이 있다. 첫째, 민주주의는 세상의 언어들을 넘나들며 퍼져 나간, 특히 최근에는 점점 당황스러울 정도의 속도로 퍼져 가고 있는, 상당히 분명한 한 단어다. 둘째, 민주주의는 한 거주민 집단 내에서 서로 다른 집단들에게 영합하기도 하고 위협이 되기도 하는 복합적인 작용을 늘 수행해 온 아주 불분명한 한 관념이다. 셋째, 민주주의는 그 단어를 들먹이고 또 그 관념을 구현하고 있다고 가지각색으로 뻔뻔하게 자처하는, 전 세계에 걸쳐 서로 다른 규모로 존재하는 다양한 통치 제도다. 이 세 가지 가운데 어떤 모양을 하고 있더라도 민주주의는 좋은 어떤 것도 보장해 주지 않는다. 하지만 민주주의가, 무언가 좋은 것을 보장한다는 주장을 가장 끈덕지게 내세우는 제도이며, 그런 주장에 일말의 설득력(즉, 민주주의가 평화와 번영 그리고 최소한 정의의 그림자 정도는 누리면서 함께 살기 위해 인간들이 이제까지 발견한 최선의 묘방이었음을 입증해 온 설득력)을 부여하기 위해 형성되고 재형성되는 제도라는 것은 여전히 참이다. 이것은 한국인들에게 그렇다고 드러났고, 앞으로도 계속 그러리라고 기대할 만한 충분한 이유가 있다. 그러나 민주주의가 더 잘, 그리고 더 실질적으로 함께 사는 법을 배워야 하는 부담에서 한국인들을 자유롭게 하리라고 기대할 만한 이유는 도대체 없다. 그것은 그들에게 달려 있다.

2011년 7월

존 던

한때는 우리가
권력을 가진 사람들 앞에서 무릎을 꿇었지만
지금은 일어섰다.

나디아 베레조프스카

우크라이나의 현직 대통령에게 새로 선거를 실시하라고 촉구하는
키예프 중심가의 군중 가운데 있던 중년의 여성 우체국장
『파이낸셜 타임스』(2004/12/21), 17면

서문

# 왜 민주주의인가?

이 책은 놀라운 이야기를 들려준다. 우연히 생겨났고, 불명예스러운 적도 많았던 긴 역사를 배후에 가지고 있으며, 아주 최근에는 세상의 정치적 상상력을 지배하게 된 한 단어의 이야기다. 이 책을 통해 나는 우리가 [그 단어의_옮긴이] 저 괄목할 만한 상승을 아직 얼마나 조금밖에 이해하지 못하고 있는지, 그러나 또한 어떻게 하면 그 상승의 원인과 의미를 전체적으로 더 잘 파악할 수 있는지 보여 주려 한다.

왜 민주주의는 오늘날 그렇게 거대한 모습으로 불쑥 나타났는가? 왜 민주주의가 근대 세계의 정치 연설을 그토록 지배해야 하는가? 민주주의가 최근에 두드러지게 되었다는 것이 진짜 의미하는 바는 무엇인가? 미국과 영국이 바그다드를 공격해 잿더미로 만들어 버리는 일에 착수했을 때, 왜 모든 단어 가운데서도 하필 민주주의의 이름으로 그렇게 한다고 주장했을까? 민주주의의 새로운 지배라는 것이 실은 환상에 불과한가? 그러니까 지속적으로 작동하는 기만이거나 완전히 혼동에 빠져 있다는 표시일 뿐인가? 아니면 거대한 도덕적·정치적 진보가 이루어지리라는 전조, 그런 진보가 세계 전역에 걸쳐 이루어져 지금보다 조금만 더 현실적인 일이 되기만 하면, 역사가 고무적인 결말에 이르게 되리라는 전조인가?

이 책에서 나는 오늘날의 세계에서 민주주의가 드러내는 특이한 존재의 모습을 해명하려 한다. 이 책은 민주주의가 어떻게 2천5백 년 전 희랍의 대단히 지역 특수적인 난국에 즉흥적으로 대처하는 치유책으로 시작되어, 잠깐이긴 했지만 열화와도 같이 번성했다가, 다시 근 2천 년 동안 거의 모든 곳에서 사라져 버렸는지를 보여 준다. 또한 민주주의가 어떻게 되살아나서 근대 정치의 현실적인 선택지가 되었는지를 들려준다. 왜 민주주의가 처음에는 다른 이름을 달고 미국 독립 투쟁 속에서, 그리고 새로운 미 공화국의 건립과 더불어 되살아났는지를 설명하면서 말이다. 이 책은 또 민주주의가 그다음에는 어떻게 거의 곧바로, 이번에는 (훨씬 더 변칙적이긴 하지만) 자기 이름을 달고 프랑스혁명 투쟁의 한가운데로 돌아왔는지를 보여 준다. 또한 이 책은 그다음 한 세기 반에 걸쳐 민주주의가 느리지만 꾸준히 성장했다는 것과 1945년 이후 수십 년 동안에는 압도적인 승리를 거두었다는 것을 분명히 짚고 넘어간다. 그런 성장 속에서 우리는 민주주의의 희랍적 원형과 근대 민주주의국가 사이에 연속성이 얼마나 강하게 남아 있는지를 볼 수 있지만, 동시에 단절이 얼마나 심할 수밖에 없는지도 볼 수 있다. 사람들로 하여금 그토록 열렬히 민주주의에 충성심을 갖도록 자극할 수 있었던 것, 그러면서도 장차 사람들로 하여금 민주주의를 심히 두려워하고 의심하며 공공연히 지적, 도덕적 경멸을 표할 수밖에 없도록 계속 자극할 게 틀림없는 것, 그것이 민주주의가 가진 어떤 점인지를 우리는 파악할 수 있다. 지난 75년 사이에 민주주의는 서구 세계가 여타 세계에 제공한 문명의 정치적 핵심이 되었다. 예전엔 전혀 그렇지 않았지만, 이제 우리는 그 핵심이 과연 무엇인지를 이해할 필요가 있다. 우리에게서 그걸 제공받는 사람들 또한 그럴 필요가 있다.

이런 이유로 나는 이 책에서 아주 커다란 두 가지 물음에 답하고자 한다. 첫 번째 물음은 근대 정치에 관한 아주 이상한 사실과 관련되어 있다. 두 번째 물음은 지난 75년간 이루어진 분명 가장 중요한 하나의 정치적 성과와 관련되어 있다. 내가 아는 한 첫 번째 물음에 대답하려는 그 어떤 진지한 시도도 없었다. 명료하고 상당히 솔직한 방식으로 그 물음을 제기하고 싶어 하는 사람조차 별로 없다. 이와는 대조적으로, 두 번째 물음에 대한 대답들은 지천이다. 이는 진지한 신문들의 지면에 널려 있으며 오늘날 정치적 시사평론의 단골손님이 되고 있다. 하지만 대부분은 명백히 틀린 대답이며, 일단 그 물음을 주의 깊게 음미해 본다면 대답하기가 무척이나 어렵다는 게 너무도 분명해진다. 나는 이 두 물음에 대한 대답이 서로 긴밀히 연관되어 있으며, 그 대답들이 잘 어우러지면 그것들 사이의 어딘가에서 근대 정치와 관련해 매우 중요한 무언가가 드러나리라고 믿는다. 그러나 독자들은 얼마든지 다르게 판단할 수 있으며, 더욱이 각각의 물음에 대답해 보려는 도전을 통해 스스로 터득하게 될 수도 있을 것이라고 나는 기대한다.

첫 번째 물음은 서로 구분되는 두 요소, 즉 단일한 전 세계적 표준의 존재와 그것을 표현하기 위해 선택되는 용어라는 두 요소로 이루어져 있다. 여전히 유별나게 다언어적인 우리 인간 종種의 역사에서 처음으로 오늘날 정치적 권위의 정당한 기초를 가리키는 범세계적인 단일 명칭이 존재하는데, 왜 꼭 그래야만 하는 것일까? 물론 이 단일 명칭이 실제로 그 어느 곳에서도 도전받지 않는 상태는 아니며, 여전히 많은 지역에서 가차 없이 거부되고 있기는 하지만, 그렇다고 해서 전 세계적 정당성을 가질 만하다고 자처하는 세속적 대안이 따로 있어서 그걸 옹호하려고 이 명칭이 거부되고 있는 것은 결코 아니다. 이것은 놀라운 사실이며 분명히 설명을 필요로 한다. 그러나 그것 자체만 놓고 보면, 우리가 지금 살고 있는 세상에 관한 다른 많은 사실보다 굳이 더 이상하다고 할 건 없다. 정말이지 아주 이상한(실은, 무척이나 괴상스러운) 것은, 모든 근대 언어를 넘나들며 끊임없이 음역되거나 번역된[1] 이 단일 용어가 결국 고대 희

1 세상의 언어와 사회를 넘나들며 일어나는 이런 음역과 번역 운동은 아직도 주의 깊게 추적해야 할 참으로 전 지구적이라 할 만한 지성사와 정치사의 한 부분이다. 왜 그리고 어떻게 그 일이 일어났는지 알 때에야 비로소 우리는 근대 정치의 핵심 면모 가운데 하나를(혹은 아마도 단순히, 근대 정치를?) 이해하게 되리라고 기대할 수 있다. 자유의 개념과 실천을 중심으로 한 대단히 흥미로운 비교 연구로 Robert H. Taylor(ed), *The Idea of Freedom in Asia and Africa*(Stanford: Stanford University Press, 2002), 특히 인도의 경험에 대한 수딥타 카비라지(Sudipta Kaviraj)의 탁월한 분석을 보라. (전 세계 문화들 가운데 가장 오래되고 가장 조밀하며 가장 대담하게 자율적인 문화를 가졌으며 아주 오래전에 독자적으로 그리고 자기 특유의 방식으로 세계화를 실행한) 중국의 핵심 사례에서 그런 음역 및 번역 운동이 미친 영향의 의의를 평가하려는 가장 야심찬 시도는 지난 삼십 년에 걸쳐 토머스 A. 메츠거(Thomas A. Metzger)에 의해 이루어졌다[간편하게 참조할 만한 것으로는 그의 'The Western Concept of Civil Society in the Context of Chinese History', Sudipta Kaviraj and Sunil Khilnani(eds), *Civil Society: History and Possibilities*(Cambridge: Cambridge University Press, 2001), 204-231을 보라]. 그 여정의 여러 부분에 대한 고전적

랍어 명사 **데모크라티아**demokratia임이 밝혀지게 된다는 사실이다. 원래는 정당성의 기초를 의미하거나 그것이 가진 좋은 의도 또는 고귀한 사명으로 규정되는 체제를 의미했던 것이 아니라, 단순히 하나의 특정한 통치 형태를, 그것도 한 단어로서 그것이 누린 근 2천 년의 역사 내내 (그 용어를 사용한 사람들 대부분이 압도적으로 판단하기로는) 이론적으로 매우 불합리하며 실천적으로도 어느 모로 보나 불행을 초래하는 것으로 드러난 바 있는 그런 통치 형태를 의미했던 바로 그 데모크라티아 말이다.

그러므로 첫 번째 물음은 부분적으로 언어의 역사(근대 정치를 이루는

인 연구로는 Hao Chang, *Liang Ch'i-Chao and Intellectual Transition in China 1890~1907*(Cambridge, Mass: Harvard University Press, 1971)과 Benjamin Schwartz, *In Search of Wealth and Power: Yen Fu and the West*(New York: Harper, 1964)를 참조. 일본에 대해서는 다음 문헌들을 참조. Bob Tadashi Wakabayashi(ed), *Modern Japanese Thought*(Cambridge: Cambridge University Press, 1998)에 들어 있는 다음 장들, 즉 Kenneth B. Pyle, 'Meiji Conservatism'과 Peter Duus and Irwin Scheiner, 'Socialism, Liberalism, Marxism', 그리고 Andrew E. Barshay, 'Postwar Social and Political Thought 1945-1990', 특히 122-125, 297-298, 326-327; Andrew Barshay, 'Imagining Democracy in Postwar Japan: Reflections on Maruyama Masao and Modernism', *Journal of Japanese Studies*, 18, 1992; Nobutaka Ike, *The Beginnings of Political Democracy in Japan*(Baltimore: Johns Hopkins University Press, 1950). 아랍어로의 음역에 대해서는 예컨대 James L. Gelvin, 'Developmentalism, Revolution and Freedom in the Arab East', in Taylor(ed), *Idea of Freedom*, 특히 [가말 압둘 나세르(Gamal Abdul Nasser)에 대해서는] 85-86을 참조. 혹은 세네갈의 월로프어(Wolof)로의 음역에 대해서는 프레더릭 셰이퍼(Frederick Schaffer)의 모범적인 책 *Democracy in Translation: Understanding Politics in an Unfamiliar Culture*(Ithaca: Cornell University Press, 1998)를 참조.

어휘와 그 역사적 선조들)에 관한 물음이다. 그러나 그것은 또한 정치사상과 논쟁의 역사에 관한 물음이자 정치조직과 투쟁의 역사에 관한 물음이기도 하다. 전 지구에 걸쳐 최고의 정치적 찬사를 나타내는 말을 가리는 경쟁에서 승리한 것이 왜 하필 이 단어일까? 그것은 안에 무엇을 담고 있기에 이런 엄청난 승리를 얻게 되었을까? 지금 우리 눈에 이 단어가 함축하는 것으로 보이는 그 관념들은 어떻게 그토록 수세기를 거친 후에 결국, 그토록 오랫동안 손쉽게 자신을 압도했던 다양한 관념들을 제압했는가? 그것은 어떻게 오랜 오명을 털어 내고, 아무런 감정이 실리지 않은 혹은 잘못되었다고 지적받아 온 표현에서 확신에 찬 열성적인 찬사로 그 말의 사용 역域을 조정했으며, 그것을 발명한 아테네인들이 결코 의도하지 않았을 뿐더러 어렴풋하게나마 상상조차 할 수 없었던 보편적 매력을 갖게 되었을까?

이 이야기의 핵심에는 아주 정치적인 한 단어의 대단히 정치적인 역사가 자리 잡고 있다. 그러나 그 단어 자체가 우리의 물음에 답을 줄 수는 없다. 일단 (우리가 아는 한, 기원전 6세기 말에 클레이스테네스가 지금으로서는 거의 알아낼 길 없는 이유들 때문에 아테네를 위해 개척해 낸 바로 그 정체 형태를 지칭하기 위해 세상에 불려 나와) 존재하게 된 이상 그 단어는 옆쪽으로 공간 이동해 쓰일 수도 있었고, 앞쪽뿐만 아니라 뒤쪽 시간을 가리키는 데 사용될 수도 있었다. 클레이스테네스에 대해 들어 본 적이 없는, 심지어 아테네에 대해서도 들어 본 적이 없는 공동체들을 가리키는 데 사용될 수도 있었고, 이전 시기 관행이든 이후 시기 관행이든 간에, 아테네인들이 한 일이나 아테네인들이 한 말이라고 우리가 알고 있는 것에 의해

별 영향을 받지 않은 게 분명한 관행들을 가리키는 데 사용될 수도 있었다. 그러나 2천 년이 넘는 세월 동안 내내 그 단어는 지배 체제를 가리키는 명사였다. 프랑스대혁명과 아주 근접한 시기인 18세기 말이 되어서야 비로소, 그리고 추정컨대 대체로 그 혁명 기간 중에, 또 그 혁명 때문에, **민주주의**democracy가 행위자를 가리키는 명사(민주주의자democrat), 충성을 그저 암시만 하는 게 아니라 직접 표현하는 형용사(민주주의적democratic), 인민의 자기 지배라는 관념에 의해 정해진 표준들에 맞게 정치, 사회, 그리고 심지어 경제까지도 개조하는 프로젝트를 묘사하는 동사(민주화하다democratize)로 변형되었다. 고대 희랍에는 정체로서의 민주주의를 열렬히 지지하는 신봉자들이 있었다. 그러나 우리가 아는 한, 엄밀한 의미로 민주주의자들은 없었다. 그저 주어진 갈등 상황 안에서 특정 배경하의 민주주의를 선호하는 데 그치지 않고, 그 어디에서든 민주주의와 경쟁하는 여타의 모든 정치형태가 분명히 부당하다는 것을 확신하며, 민주주의의 우월성이 바로 어디에 있는지 비교적 분명하게 알고 있는 사람들로서의 민주주의자들은 없었던 것이다. 자기들이 가진 정치적 포부를 옹호하거나 해명하면서, 그것이 민주주의가 시사하는 까다로운 기준에 맞게 여러 방면의 정치적·경제적·사회적 제도 장치들의 수준을 끌어올리려는 노력이라고 내세우는 사람은 희랍의 사상가나 정치 행위자 가운데 아무도 없었다는 게 확실하다.

아테네는 민주주의에 이름을 주었고, 그것을 성취하는 데 필요한 정치적 조건들에 대해 정교하고 아주 특이하며 놀라우리만치 철저한 해석을 고안해 냈다. 그러나 **민주주의자**라는 것이 신봉자를 가리키는 꼬리표이자 정치적 명예의 훈장으로 바뀌고, 어디서건 인간의 집단적인 삶을 민주주의의 요구 조건들에 맞게 변형하겠다는 생각이 창의적인 발상이라는 신뢰를 처음으로 얻게 된 것은 2천 년이 훨씬 넘은 뒤에 일어난 프랑스혁명을 거치고서였다. 우리가 아는 한, 1789년 이후에야 비로소 인간들은 그들이 속한 사회를 **민주화**하는 일에 대해 이야기하기 시작했다.

우리에게 민주주의는 통치 형태이면서 정치적 가치다. 그 가치가 우리 자신의 통치 관행을 얼마만큼이나 옹호하는지 혹은 비난하는지를 놓고 우리는 혼란스러워 하면서도 격렬히 싸운다. 그러나 우리는 또한 동일한 그 가치가 얼마만큼이나 실천적으로 일관성을 유지하는지, 혹은 환경이 다른 곳(개별 가족 내지 가정 단위에서부터 여전히 고통스럽게 분열되어 있는 전체 인류에 이르기까지 어떤 규모에서든)에서 그 가치의 기대 효과가 얼마만큼 바람직한지를 놓고서도 싸운다. 그럴 때 우리는 대개 희랍적 논쟁, 즉 지배 형태로서의 민주주의를 옹호하는 신봉자들과 민주주의의 장점에 의문을 제기하던 중에 (정치를 비판적으로 성찰하는 다른 장르들 옆에) 정치철학을 창안한 지적 비평가들 사이에 벌어진 논쟁을 되풀이한다.

프랑스혁명과 더불어, 한 단어로서의 그리고 하나의 관념으로서의 민주주의는 정치적 추진력을 얻었고, 이후 한 번도 그 추진력을 완전히 잃어 본 적이 없다. 도덕적인 것이든 실제적인 것이든 민주주의의 장점에 대해서는 끊임없이 활발한 논쟁이 이루어져 왔고, 오늘날에도 여전히 계속되고 있다. 하지만 끊임없이 재론되는 이런 명백한 취약성에도 불구하고 한층 더 분명해진 것은, 그 한계가 무엇이든 정치적 슬로건으로서 민주주의에는 저항할 수 없이 강력한 무언가가 있으며, 당장에 그것을 영구히 멈출 수 있으리라는 그 어떤 희망도 완전히 사라졌다는 점이다. 한 단어로서 민주주의가 갖는 정치적 효력이 하나의 관념으로서 민주주의가 갖는 지적 효력을 보장하지는 않는다. 하지만 민주주의가 가진 정치적 힘이 계속 기적으로 얻어지는 것은 아니다. 그것은 그저 무의미하거나 이해할 수 없이 웅얼거리는 소리로부터 나올 수 없다. 민주주의는 수많은 다른 단어들 그리고 적지 않은 다른 관념들과 치열하게 경쟁하면서 현재의 두드러진 지위를 획득했고, 지금은 사람들이 내키지 않아도 존중해야 하는 수준에까지 이르렀다. 오늘날 민주주의는 명백히 그 자체로 정치권력의 원천이요 화신이다. 그리고 민주주의가 차곡차곡 거둬 온 승리는, 그것 자체나 다른 것들이 품은 드높은 포부에 비추어 판단할 때는 실망스럽거나 공허하지만, 그 자체로 정치권력의 지속적인 과시였다.

이 책에서 나는 민주주의가 지역적인 특이함과 장기간에 걸친 불명예로부터 빠져나온 이야기를 하는 가운데 민주주의의 주된 변형태들을 포착하려 하며, 민주주의의 길고 완만한 그리고 전혀 예상치 못한 승리가 지금 우리 모두가 살아야만 하는 정치 세계에 실제로 무슨 의미를 갖는지를 보여 주려 한다. 공간을 가로지르고 시간을 관통하는 저 광대한 포물선을 추적하면서 나는 대부분의 민주주의 연구자들이 결합시키기를 탐탁지 않아 하는 두 가지 분명한 통찰을 충분히 정당하게 대우하고자 한다. 이 칙칙해 보이는 단어 속에, 그리고 이 단어가 환기하게 된 관념들 속에 놀라우리만치 지속적인 힘이 숨어 있다는 통찰과, 그 단어를 세 번째 밀레니엄 초기의 어떤 인간 집단이 만드는 조직 및 통치 구조에 어쨌든 문자 그대로 적용한다는 것은 허울만 그럴싸한 일이라는 통찰 말이다. 둘 중 어느 한 쪽 통찰을 억누름으로써 민주주의를 파악하기는 쉽다. 그러나 그렇게 할 경우 우리가 파악하는 것은 언제나, 실제로 거기에 있는 것과 현격히 다를 수밖에 없다. 저 실재를 냉소적으로 거두절미하게 되거나 우둔할 정도로 순진하게 해설하게 되는 것이다. (정치에서 백치가 되기란 어렵지 않다. 우리는 모두 정치적 백치 상태가 되고픈 강한 유혹을 느낄 때가 아주 많다.)

기원전 5세기와 4세기의 아테네 시민들은 지금 생각하기에는 당혹스러울 정도로 그들 자신을 다스렸다. (애초에 그들의 단어였던) 민주주의라는 말로 그들이 뜻했던 것은 그들로 하여금 그처럼 자신들을 다스릴 수 있도록 해준 제도들의 기이한 복합체였다. 근대의 어떤 인간 집단도 똑같은 의미에서 그들 자신을 다스릴 수 없다. 오늘날 미국이나 영국에서 전쟁을 준비하거나 공공 예산을 입안하는 동안 다소 불분명한 방식으로라도 사람들이 스스로를 다스리는 사례가 있는지 찾아보려 애쓸 때, 우리는 정치적 현실감을 온통 잃어버리게 된다. 어떤 근대국가든 민주주의임을 표방한다면 그 국가는 어쩔 수 없이 스스로를 잘못 묘사하는 것이다. 그러나 그렇다고 해서 그런 잘못된 묘사가 중요하지 않은 것은 아니며, 그저 의도적인 자기기만으로만 여겨질 수 없음도 분명하다. 오늘날 시민들이, 다른 나라들도 대체로 그렇게 하는 것처럼 자신들의 국가도 이런 용어로 자신을 묘사하면서 우방을 선택하고 힘과 자원을 사용해야 한다고 고집하는 데는 그럴 만한 충분한 이유가 있다. 앞으로 보게 되겠지만, 시간을 두고 볼 때 그렇게 하는 데는 아주 실제적인 이득이 따른다. 물론 잠깐 동안이라면 사태를 보다 냉정하게 진단하는 어휘를 가지고서도 그런 이득 대부분을 똑같이 확실하게 보장받을 수 있겠지만 말이다.

그러나 민주주의라는 꼬리표는 국가가 시민들에게 이런 실제적 이득을 제공할 분명한 의무가 있다는 것을 확인하는 것 이상의 일을 한다. 그것은 전혀 다른 무언가를 상징적으로 나타내기도 한다. 모든 통치는 필수적이고 효율적이지만 어느 정도까지는 주제넘고 불쾌한 것이기도 한데, 민주주의라는 꼬리표는 바로 그 정도를 상징적으로 나타내 주는 것이다. 모든 근대국가가 그렇듯, 오늘날 민주주의국가들은 복종을 요구하며, 시민들이 의무적으로 아주 폭넓은 수준의 판단 양도를 해야 한다고 주장한다(그런 복종을 요구하고 그런 양도를 강요하는 것이야말로 국가를 국가이게끔 만드는 것이다). 그러나 그런 요구를 시민들 자신의 이름으로 하면서 민주주의국가들이 그저 상처에 소금을 뿌리거나 불합리함이 뻔히 보이는 일을 자행한다거나 하는 것만은 아니다. 자신들이 언제라도 뻔뻔하게 그런 요구를 해댈 수 있다는 것을 인정하기도 하고, 그런 요구를 해대면서 자연히 불쾌감을 일으키는 데 대해 흐릿한 수준의 변명을 내놓기도 한다. 그런 변명을 내놓음과 동시에, 민주주의국가들은 시민의 종속이 되풀이되는 고리를 끊으면서 하나의 범주틀을 제시한다. 그런 범주틀에 기대어 사람들이 일정 시간에 걸쳐 스스로를 (자기들이 합당하고 자유롭게 선택할 만한 조건과 일련의 가정하에서) 동등한 자들이 모여 함께 사는 집단으로 자연스럽게 생각할 수 있도록 말이다. **민주주의**라는 단어가 시간과 공간을 가로지르며 자기 길을 헤쳐 간 모든 곳에서 당신은 양쪽 주제를 다 들을 수 있다. 즉, 삶의 실제 환경을 개선하고 자의적이며 잔혹하기 십상인 강압으로부터 도피하기 위한 목적의식적 투쟁에 대해 들을 수 있을 뿐만 아니라, 존중과 어느 정도의 배려를 받겠다는 결의와 갈망에 대해서도 들을 수 있다. 민주주의라는 말로 우리가 뜻하는 것은 우리가 우리 자신을 다스린다는 것이 아니다. 우리 자신이 민주주의 안에서 산다고 말하거나 생각할 때 우리가 염두에 두고 있는 것은 아주 다른 어떤 것이다. 우리 자신의 국가가, 그리고 우리 삶을 조직화하는 아주 강한 힘을 가진 통치가 그 정당성을 우리에게서 끌어낸다는 것, 그리고 그것들 각각이 계속 그렇게 하도록 강제할 수 있는 적당한 기회를 우리가 갖고 있다는 것이 바로 우리가 염두에 두고 있는 것이다. 오늘날 우리의 국가나 우리 삶을 조직화하는 강한 통치는 그 정당성을 정기적으로 치러지는 선거로부터 끌어낸다. 모든 성인 시민이 자유롭게 그리고 두려움 없이 투표할 수 있고, 그들의 투표는 최소한 상당히 동등한 무게를 가지며, 어떤 정치적 견해든 불법화되지 않은 것이라면 자유롭게 득표 경쟁을 할 수 있는 그런 선거로부터 말이다. 근대 대의 민주주의는 민주주의라는 관념을 거의 알아볼 수 없을 정도로 바꾸어 놓았다. 그러나 그렇게 하는 동안 그것은 역사의 가망 없는 패자들 가운데 하나에서 역사의 보다 끈질긴 승자들 가운데 하나로 바뀌었다.

그러니까 나의 두 번째 물음은 이 새로운 국가형태에 구현되거나 집중된 것, 아주 오래되고 숱하게 매도당한 이 단어가 결국 승리할 수 있도록 활력과 추진력을 준 것이 정확히 무엇인가 하는 것이다.

그러므로 이 책은 주목할 만한 세 가지 이야기를 들려준다. 첫째는 한 단어의 이야기다. 그러나 또한 그 이야기와 더불어 감동적이면서 동시에 터무니없기도 한 한 관념의 이야기를 들려주며, 나아가 그 관념과 연관된 아주 다양한 범위의 실천들에 대한 이야기까지 들려준다. 그런 실천에 속하는 한 방대한 집단, 즉 근대 자본주의적 대의 민주주의의 통치 형태들이 이제 부와 자신감으로 무장한 채, 그리고 마음만 먹으면 언제든 휘두를 수 있는 전례 없는 파괴력을 가지고 세상을 지배하고 있다. 처음 두 이야기는 길고 복잡하며 서로 긴밀히 연관되어 있다. 그렇기에 이 책의 처음 두 부분은 그 두 이야기의 아주 굵직한 윤곽을 그려 낸다. 세 번째 이야기는 훨씬 더 간략하지만, 훨씬 더 밀도 있고 복잡하기도 하다. 그것은 지난 반세기에 걸친 전 지구적 정치사의 핵심을 다룬다. 그 이야기를 참아 줄 만한 길이로 설득력 있게 들려줄 수 있을지는 차치하고, 도대체 하나의 이야기로 들려줄 수 있을지조차 아직 분명하지 않다. 그러므로 이 세 번째 부분에서 나는 무슨 일이 일어났는가를 기록하는 게 아니라 왜 일이 그런 식으로 되었는가를 설명하고자 한다.

이것은 너무나도 명백하게 우리에 관한 이야기다. 적어도, 지금도 계속 수가 늘어 가고 있는 우리 중 대다수 사람들이 사는 삶의 역사적 배경 이야기다.[2] 여기서 내가 대답하려는 물음, 그러니까 이 책의 두 번째 물음은 왜 이 특정 국가형태, 즉 근대 자본주의적 대의 민주주의가 부와 권력을 향한 전 지구적 투쟁에서 승리했는가 하는 것이다. 이것은 어려운

2 이것이 확실한 판단이 된 게 얼마나 최근 일인가를 강조하는 것이 중요하다. 심지어 오늘날에도, 중국 인구의 상대적 규모로 보건대, 오직 그것과 맞먹는 인도 사람 수의 비중만이 그 판단을 명백히 참이 되게 만든다. 25년 전만 해도 인도가 민주적인 상태를 지속할 개연성이 홀란드만큼 된다는 추정은 몽상적으로 보였을(그리고 아마도 실제로 몽상적이었을) 것이다.

물음이며, 내가 그 물음에 결정적인 대답을 제시했다고 주장할 수는 없다. 내가 보여 주고 싶은 것은, 왜 그 물음에 대한 대답이 우리가 그 물음으로부터 끊임없이 끄집어내고 싶어 하는 두 결론(즉, 근대 자본주의적 대의 민주주의가 자명하게 올바르기 때문이라는 것과 그것이 실제로 신뢰할 만하게 작동하기 때문이라는 것) 가운데 어느 쪽도 될 수 없는가 하는 것과, 그렇다면 그 대답은 과연 어디에 있을까 하는 것이다. 이 판단이 옳다면, 그것은 적어도 하나의 단순한 결론을 함축한다. 즉, 지금 우리가 살고 있는 세상의 정치 현실을 이해해야 할 우리 자신의 필요성은 어느 모로 보나, 아테네인들로 하여금 저 아득한 자기 지배 체제를 발명하고 심화하게 만들었던 필요성만큼이나, 여전히 긴박하다는 것이다. 그들에게 그 체제는 그것 자체가 그들의 자유의 표현일 뿐만 아니라, 그 자유를 보호하기 위해 치르기로 한 대가였다. 우리가 같은 방식으로 우리의 자유를 보호할 수는 없다. 그러나 우리도 하려고만 들면 그 자유가 여전히 얼마나 절박하게 보호를 필요로 하는지 알 수 있고, 그런 목적을 위해 수고를 자청하는 많은 사람들 사이에서 그것이 얼마나 최선의 보호를 받을 수 있는지 판단할 수 있으며, 자유에 대해 우리가 할 수 있는 한 최선의 보호를 하기 위해 어떤 대가를 지불할 의향이 있고 어떤 대가를 지불할 의향이 없는지 우리 스스로 선택할 수 있다. 그러기로 한다면 우리도, 몰래 훔쳐다 신화화하기 위해서가 아니라, 역사가 우리에게 보내는 도전들에 초점을 맞추고 그 도전들에 함께 기민하게 대처하기 위해서 이 고풍스런 단어를 사용할 수 있다.

# 1
# 민주주의의 첫 번째 도래

어둠을 뚫고 불쑥 아주 먼 옛날로부터 한 단어가 왔다. 인간들에게 권위를 가지고 있는 모든 단어가 그렇듯, 그것은 특정한 어떤 곳에서 그 삶을 시작했다. 오늘날 그 단어는 몇 명이 됐든 인간이 함께 모여 있는 지구상 거의 모든 곳에 도달해 있다. 가는 곳마다 그것은 권위를 요구하고 존중을 요청한다. 하지만 모든 곳에서 이런 요구는 첨예한 논쟁의 대상으로 남아 있다. 어떤 경우에는 그런 요구가 가볍게 무시되고 채 표명해 볼 수도 없게 위협을 당하기도 한다. 그런가 하면 쩌렁쩌렁하게 울려 퍼지기는 하지만 듣는 사람들 대부분에게는 공허한 신음 소리로 여겨지는 경우도 있다. 사실상 그 어느 곳에서도, 심지어 가장 잔혹한 독재 체제하에서조차 그것을 요구로 알아듣지 못하는 경우는 더 이상 없다. 또 그런 요구가 그야말로 흉포한 억압에 의해 공적 담화에서 배제되거나 삭제되어 아예 영원히 들리지 않게 된 지역도 이제는 거의 없다. (예를 들어, 2003년 여름 미국이 이라크를 침공하기에 앞서, 유엔 안전보장이사회가 이라크에 항복을 요구했을 때, 그 이라크에서조차도 첫 반응을 내놓은 곳이 어디였는지 주목해 보라. 그 반응은 그토록 살인적인 만행으로 그토록 오랫동안 그 나라를 다스렸던 사람, 그의 이미지가 이라크 내 모든 공적 공간을 도배했던 그 독재자가 아니라, 국민을 대표하는 회의체로 통하던 의회가 내놓았다. 여봐란듯이 항복을 거부한 것은 국민의 대표들이었지, 그들의 진짜 지도자가 아니었다. 그 주중에 그들의 진짜 지도자는, 눈에 덜 띄도록 하면서, 아주 다른 결정을 내렸었다. 혹은 적어도 한동안은 그렇게 보였다.)

시공간을 가로질러 여행하면서 민주주의라는 단어는 결코 혈혈단신 혼자 여행하는 법이 없었다. 지난 두 세기가 흐르는 동안 민주주의는 갈수록 더 멋진 동반자들과 함께 여행했다. 자유와 인권이 함께했고, 아마도 지금은, 적어도 그것이 자처하기로는, 심지어 물질적 번영과도 함께 하고 있다. 그러나 이런 동반자들과 달리 민주주의는 애초부터 당혹스런 요구를 내건다. 복종하라는 요구 말이다. 모든 권리는 자유로운 행위를 제한한다. 심지어 자유조차도 타인의 행위의 자유를 불가피하게 침해한다. 그러나 민주주의는 그 자체가 의지에 직접 가해지는 압박이다. 즉, 대다수 동료 시민이 내린 선택을 받아들이고, 따르고, 종국에는 심지어 거기에 굴복하라는 요구다. 그 요구에 매력적인 요소는 전혀 없으며, 그걸 받아들인다고 해서 두려운 결과를 피할 수 있다거나 끔찍한 모의에 연루되지 않으리라는 보장도 도무지 없다. 여러 면에서 그리고 서로 다른 여러 관점에서 볼 때, 널리 퍼진 이 단어가 획득한 권위는 그야말로 기이하다.

이것은 시작이 있는 이야기다. 민주주의는 아테네에서 시작했다. 오늘날 누구라도, 무엇이 됐든 그것을 민주주의로 부르겠다고 합당하게 선택할 수 있는 그런 어떤 것[1]이 아니라, 우리가 아는 한 누군가가 실제로 맨 먼저 선택을 한 어떤 것이다. 오늘날 민주주의는 거의 모든 지배 형태나 의사 결정 형태를 지칭하는 데 버젓이 사용되기에 이르렀다. 그러나 인류의 언술 영역에 처음 들어올 때의 민주주의는 어느 특정 장소에 이미 존재하는 매우 특정한 사태에 대한 묘사일 뿐이었다. 그 장소가 바로 아테네였다.

아테네인들이 그 용어를 하나의 묘사로 맨 처음 사용했을 때, 민주주의는 정확히 무엇을 묘사한 것인가? 그것을 이런 식으로 묘사함으로써 아테네인들이 뜻한 바는 무엇인가? 그 최초의 명명(혹은 꼬리표 달기) 행위 속에서 무슨 일이 일어나고 있었는지를 알려면, 아테네인들이 포착하고 싶어 했던 경험에 관해 그들이 서로 주고받은 말을 경청하는 것으로 시작하는 게 도움이 된다. 두 목소리를 음미해 보자. 하나는 민주주의를 옹호하기 위해 격정적으로 연설하고 있고, 다른 하나는 열정 없이 보다 은밀하며 탐구하는 방식으로 민주주의에 대해 글을 쓰고 있다.

첫 번째 것은 유명하고도 당당한, 저 페리클레스의 목소리다. 고대 민주주의에 대한 가장 웅대한 찬양은 시인이나 철학자(나 심지어 직업 연설가)[2]가 아니라, 아테네를 전쟁으로 이끌어 결국 거의 파멸케 한 거물 정치

1 우리가 이제 민주주의를 매우 다양한 의미로 쓰게 되었기 때문에, 그리고 과거에 대해서는 우리가 전혀 모르는 것이 아주 많기 때문에, 당신은 그런 의미에서의 민주주의가 언제 시작되었는지, 심지어 그것이, 어떤 흥미로운 의미로든 간에, 언제 그렇게 시작되었을 법한지조차도 제대로 말할 수 없다.

지도자에 의해 행해졌다. 그 목소리는 기원전 430년 말에 거행된 단일한 중대 역사적 의례 행사를 떠올리게 하며, 그 행사를 보고한다고 자처한다. 사실 우리는 그 목소리로 나오는 단 하나의 단어라도 과연 페리클레스 자신이 말한 게 맞는지 알지 못한다. 그러나 그 민주주의 찬양의 거의 전부를 사실상 작성한 게 틀림없는 매혹적인 역사가 투키디데스는 독자들에게 장담한다. 그의 『역사』[『펠로폰네소스전쟁사』_옮긴이]에 나오는 다른 많은 연설이 그렇듯, 그것은 페리클레스가 말했어야 하는 것만이 아니라 페리클레스가 뜻하고자 했을 법한 것까지도 전달해 준다고 말이다.[3] 투키디데스는, 그 스스로가 상당한 자부심을 가지고 우리에게 말해 주고 있듯이, 자기 이야기가 영원히 지속되게 할 작정이었다.[4] 그리고 그 무렵이

2 연설문을 작성하거나 그 작성법을 남에게 가르쳐서 먹고사는 사람을 가리킨다. 아테네는 이 세 역할 모두에 대해 당대에도 그리고 나중에도 걸출한 본보기를 제공한다. 아직도 전 서양 문화사에 우뚝 솟아 있는 인물인 아이스킬로스, 소포클레스, 에우리피데스, 플라톤, 아리스토텔레스, 데모스테네스가 그들이다. 그중 일부는 민주주의의 적이기보다는 친구에 가까웠다. 그러나 우리에게 전해진 모든 텍스트에서 확인한 바로는, 이들조차도 똑같은 정도의 열정과 똑같은 진폭의 목소리로 아테네의 정치체제와 생활 방식을 칭송하려고 일부러 애쓰지 않았고 칭송할 기회를 만나지도 못했다. 적어도 그중 한 사람은 굳이 정반대의 일을 하러 나섰다.

3 Thucydides, *History of the Peloponnesian War Books I, II*, tr Charles Forster Smith (Cambridge, Mass.: Harvard University Press, 1928), Book I, xxii, 1, pp. 38-39. 이 지점에서 투키디데스의 방법이 보여 주는 새로움과 자기의식에 대해서는 Simon Hornblower, *A Commentary on Thucydides*), Vol. 1(Oxford: Clarendon Press, 1997), 59-61을 참조.

4 Thucydides, *History*, I, xxii, 4, pp. 40-41. 당장 상을 받을 작품이라는 말을 듣기 위해서

면 이미 페리클레스는 에이브러햄 링컨이나 윈스턴 처칠보다 더 오랫동안 전시와 평화 시기에 자기 도시국가를 이끌어 온 상태였다. 그것도 미국의 파괴적인 남북전쟁이나 독일 제3제국을 견뎌 내고 전복시킨 완강한 투쟁만큼이나 가혹하게 대내적 정치 리더십의 역량이 자주 시험대에 오르는 상황에서 말이다. 페리클레스는 또한 그가 행한 연설들을 통해 그 자리에 참석한 대다수 시민을 몇 번이고 설복시킴으로써, 어떤 근대 의회나 대통령 체제에서도 결코 실현된 적이 없을 정도로 대단하게 국가를 이끌었(고 또 그렇게 함으로써만 이끌 수 있었을 것이)다. 그는 언변으로 권력을 장악했는데,[5] 그것도 당대 아테네가 단 한 사람에 의해 지배되고 있다고 투키디데스가 묘사하기에 충분할 정도로 안정되고 견고하게 장악했다.[6]

가 아니라 영원히 남을 재산으로 그 이야기를 썼다는 것이 투키디데스의 주장이었다(Hornblower, *Commentary*, 61-62).

5 Josiah Ober, *Mass and Elite in Democratic Athens*(Princeton: Princeton University Press, 1989); Harvey Yunis, *Taming Democracy: Models of Rhetoric in Classical Athens*(Ithaca: Cornell University Press, 1996). 물론 그가 순전히 연설만으로 권력을 장악한 것은 아니었다(M. I. Finley, *Politics in the Ancient World*(Cambridge: Cambridge University Press, 1983 참조); Finley, 'Athenian Demagogues', *Past and Present*, 21, 1962, 3-24). 그러나 연설이 그의 권력 장악 능력에서 핵심적인 것은 사실이었다. 페리클레스의 인생 역정에 대한 주요 출처는 투키디데스의 『역사』(*History*)와 플루타르코스의 『영웅전』(*Life*)이다. 탁월한 요약으로는 David Lewis, *Encyclopedia Britannica*, 15th ed, 1974의 해당 항목을 참조.

6 Thucydides, *History*, II, lxv, 9, pp. 376-77: 아테네는 "명목상 민주주의라 할 어떤 것이 되었지만, 실제로는 일인자에 의한 지배가 되었다"(Hornblower, *Commentary*, 346을 참조. 그리고 그 주장에 대한 비판적 평가로는 344-47을 참조).

이 걸출한 증언이 가진 지속력과 반향은 그리 놀랄 만한 일이 아니다.

그것은 자랑스럽고도 슬픈 자리에서 행해진 연설이었다. 즉, 그것은 오랜 시간을 끌게 되는 펠로폰네소스전쟁이 발발한 첫해 아테네의 전사자를 추도하는 연설이었는데, 그 연설은 (마라톤의 승리자들만 빼놓고는)[7] 전사자를 위한 아테네의 모든 공적인 장례식에서 그랬듯, 도시 성벽으로 가는 아주 아름다운 길옆에 있는 공동묘지 앞에서 행해졌다. 그 연설에서 페리클레스는 영웅들 개인의 위업이나 용기에 대해서는 일언반구도 없었다.[8] 물론 많은 사람들이 훌륭하게 행동했다는 점을 청자들에게 별 의문의 여지없이 전달하긴 했지만 말이다. 그가 다른 무엇과도 견줄 수 없을 정도로 그 연설에서 피력한 대상은 아테네 자체, 그들 각자가 최후의 희생을 바쳤던 바로 그 공동체였다. 그는 아테네의 보기 드문 영광에 대해, 그리고 그런 궁극적인 헌신을 받을 만하다는 아테네 특유의 권리 주장에 대해 이야기했다. 투키디데스는 감상주의자와는 거리가 멀었고, 그의 저술이 나온 후 지금까지 당대 아테네인들의 정치적 행동에 대해

7 이들은 전사한 그 자리에, 즉 기원전 490년 처음으로 대대적인 침공을 해온 페르시아 육군 병력으로부터 아테네가 거의 홀로 싸워 희랍을 구한 바로 그 싸움터에 묻혔다.

8 페리클레스의 연설에 대해서는 Thucydides, *History*, II, xxxv-xlvi, pp. 318-41을 참조. 장례 연설이 공적 의례 행사로서 갖는 의미가 무엇인지, 그리고 아테네 자체에 대해서만이 아니라 다른 국가들에 대해서도 아테네가 하나의 정치 공동체라는 것을 분명히 밝히려는 확고한 목적을 가지고 사용되었다는 것을 확인하려면, 니콜 로로(Nicole Loraux)의 인상적인 책 *The Invention of Athens*, tr Alan Sheridan(Cambridge, Mass.: Harvard University Press, 1986)을 참조.

그보다 더 엄밀하게 판단을 내린 사람은 아무도 없었다. 그 지점에서 그가 아테네를 위해 죽으러 나선 사람들의 선택을 옹호하면서 페리클레스의 입을 통해 펼치는 아테네 찬양 발언의 서두와 핵심 초점은 아테네의 정치체제에, 그리고 그 체제가 아테네인들에게 어떤 정치적·정신적 삶을 함께 살 수 있도록 여유와 자극을 제공했는지에 맞춰져 있다.

> 우리가 살고 있는 통치 체제는 이웃나라 사람들의 제도를 본뜬 것이 아닙니다. 우리는 다른 사람들을 모방하는 자라기보다 오히려 일단의 사람들이 따르는 본보기(파라데이그마paradeigma, 즉 패러다임)입니다.[9]

소수가 아닌 다수의 이익을 위해 운영되기 때문에 민주주의(데모크라티아)라고 불리는 이 체제는 그저 아테네를 위대하게 만든 데 그치지 않았다. 그것은 또한 시민들이 사적 분쟁을 벌일 때 법 앞에서 평등하게 해주었고, 개인의 업적과 노력을 통해 공적인 명예를 얻는 경쟁을 하거나 자신들의 부 또는 사회적 배경과 상관없이 도시의 지도자가 되려는 시도를 할 수 있도록 동등한 자유를 누리게 해주었다.[10] 페리클레스는 민주주의가 아테네 시민들 사이에서 상호간의 정중함과 악의 없는 마음을 길러

9 Thucydides, *History*, II, xxxviii, 1, pp. 322-23.

10 Thucydides, *History*, II, xxxvii, 1-2, pp. 322-23. 번역에 관해서는 논란이 있는데, Hornblower, *Commentary*, 298-99를 참조.

주고, 법에 대한 깊은 존경심을 심어 주며, 온 세상의 과실과 산물을 그 도시에 가져다준다는 데 찬사를 보낸다. 또한 민주주의가 군사적 우세를 발휘하고, 다른 모든 나라 사람들 앞에서 개방적인 자세를 꿋꿋이 유지하며, 그 생활 방식을 통해 충직한 용기를 길러 낸다는 데 찬사를 보낸다. 그러나 그는 그것이 아름다움에 대한 취향과 감응력, 냉철한 판단력과 지혜를 존중하는 정신, 자신의 에너지와 신중함, 관대함에 대한 긍지를 갖고 있다는 데 대해서도 똑같이 찬사를 보낸다. 그가 자랑스럽게 요약하는 바에 따르면, 아테네는 희랍 전체를 위한 교육장an education이다.[11]

아테네인들에게 민주주의는 그 범주 자체가 어떤 분명한 혹은 특별한 가치를 전달하거나 표현하기 전에 이미 시작되었(고 이름까지 얻었)다. 하지만 그 이름을 얻게 된 지 불과 이삼십 년도 되지 않아서 민주주의는 어떤 사람들에게는 그저 권력과 정치제도를 조직화하는 방식이 아니라 전반적인 생활 방식이자 어떻게든 그것을 퍼지게 만든 고무적인 특성을 의미하게 되었다. 그 생활 방식의 핵심에는 태어나서 거주하고 있는 공동체에 대한 개인적 헌신과 지속적으로 수행되는 기민한 공적 판단(그 공동체가 자신의 안전을 위해 상당히 의식적으로 의존하는)의 결합이 자리 잡고 있었다.

11 Thucydides, *History*, xli, 1, pp. 330-31: "그러니까 한마디로 나는 우리 도시 전체가 헬라스의 학교(paudeusin)라고 말합니다." 혼블로워(Hornblower, *Commentary*, 307-8)는 페리클레스를 통해 투키디데스가 전달하려 의도한 것이 무엇인지 세심하게 논의하면서 "살아 있는 가르침"(a living lesson)이라는 번역을 추천하고 있다.

> 공적인 일에 참여하지 않는 사람을 자기 일에만 신경 쓰는 사람이 아니라 아무짝에도 쓸모없는 사람으로 간주하는 것은 우리밖에 없습니다. 또 우리 아테네인들은 공적인 문제들을 우리 스스로 결정하거나 적어도 그 문제들에 대한 건전한 이해에 도달하려고 노력합니다. 행위에 걸림돌이 되는 것은 토론이 아니라, 오히려 행위를 할 때가 오기 전에 토론을 통해 가르침을 얻지 못하는 것이라는 믿음에서 말이지요.[12]

정치적 이상으로서의 민주주의 한가운데 자리하고 있는 희망을 이보다 더 완벽하게 혹은 건실하게 표현한 것은 이제까지 없었다.

투키디데스가 우리에게 제공하는 연설은 한 역사가에 의해 연출된, 당파성에 충실하며 고도로 정치적인 공연이다. 또한 그것은 아테네 시민들이 자신들을 하나의 공동체로 상정하고 싶어 하게 된 경과를 보여 주는 하나의 본보기이기도 하다.[13] 당대의 다른 아테네인들에게 민주주의는, 그 이전과 이후에도 그랬듯이, 아주 다른 어떤 것을 뜻했다. 완전한 시민이 될 수 없었던 많은 아티카 거주자들(즉 노예들, 여인들, 메토이코이[14])

12 Thucydides, *History*, II, xl, 2, pp. 328-29. L.B. Carter, *The Quiet Athenian*(Oxford: Clarendon Press, 1985), 45를 인용하고 있는 Hornblower, *Commentary*, 305-6, 77-78. 공적인 관심에 대한 헌신이, 페리클레스가 그것과 더불어 강조하는 상호 존중 및 시민 의식의 수준과 균형을 이루고 있음에 주목하라.

13 로로의 저작이 탁월하게 보여 주는 바대로 말이다.

14 메토이코이(metics, metoikoi)는 거류 외인들을 가리킨다.

에게도 아마 그랬을 것이다. 민주주의 비판자들과 더불어, 경청해야 할 보다 다양한 목소리들이 있는데, 그 모두가 다 플라톤처럼 교양 있는 혐오자는 아니다.[15] 특히 눈에 띄는 것은 영국의 고전학자들이 지금은 거의 잊힌 어떤 이유들로 인해 옛 과두주의자Old Oligarch라 부르게 된 인물로서 오랫동안 크세노폰의 것으로 간주되어 온 『아테네 정치체제』라는 소략한 연구의 저자다.[16] 펠로폰네소스전쟁이 시작되기도 전에 그 책자를 썼을 개연성이 높은 옛 과두주의자에게 아테네 민주주의는 갈채를 보낼 이유가 전혀 없는 것이었다.[17] 그가 보기에 그것은 시간이 흐름에 따라 자신을 유지, 강화할 수 있도록 잘 계산된 많은 요소를 지닌 일관성 있는 정치 질서임에 분명했다. 그것은 가난한 사람들, 냄새나는 사람들, 후안무치한 서민들에게 권력을 주었다.[18] 그것도 부나 귀족적 출신 성분, 사

*15* 아테네의 민주주의 경험에 의해 촉발된 지적인 비판의 범위에 대해서는 특히 Josiah Ober, *Political Dissent in Democratic Athens: Intellectual Critics of Popular Rule*(Princeton: Princeton University Press, 1998)을 참조.

*16* Pseudo-Xenophon, *The Constitution of Athens*, tr G. Bowersock(Cambridge, Mass.: Harvard University Press, 1968). 그를 계속 그렇게 부른 주된 이유는 의심할 여지없이, 모겐스 핸슨이 말하는 것처럼, 그가 하는 말을 들으면 과두주의자처럼 보이기 때문이다(Mogens H. Hansen, *The Athenian Democracy in the Age of Demosthenes*, Oxford: Blackwell, 1991, 5). 다음도 보라. A.W. Gomme, 'The Old Oligarch', in *More Essays in Greek History and Literature*(Oxford: Basil Blackwell, 1962), 38-39.

*17* 그가 반복하는 "나는 칭찬하지 않는다(ouk epaino)……"와 같은 정형구를 참고하라(Pseudo-Xenophon, I, 1, pp. 474-75; III, 1, pp. 498-99 등).

*18* Pseudo-Xenophon, I, 4, pp. 476-77

회적 명망을 가진 사람들을 의도적으로 희생시켜 가면서 말이다.[19] 이런 권력 배분[20]은 후자를 인정사정없이 희생시켜 전자에게 이득을 주는 지극히 자연스런 결과를 가져왔다.[21] 그런 배분을 성공적이게 만든 것은 아테네가 가진 군사력의 주된 원천인 시민 해군이었다. 중무장 보병이 육군에서 우위를 차지한 것과 달리, 시민 해군은 압도적 다수가 아테네 인구 가운데 보다 가난한 계층 출신이었다.[22] 이 옛 과두주의자가 보기에, 보다 고명한 사람들[23]이 자신들을 정의에 대한 존중과 예의의 보고寶庫로 여기고 사회적으로 자기들보다 밑에 있는 사람들은 무지하고 무질서하며 포악하다고 여기면서 민주주의에 반대한다는 것은 어느 국가에서나 사실이었다.[24] 이런 태도에 직면해, 아테네 시민들 가운데 보다 가난한 대다수 사람들로서는 도시의 공직을 공유할 기회와 원하면 언제든 동료

19 Pseudo-Xenophon, I, 2, pp. 474-75

20 Pseudo-Xenophon, I, 4, pp. 476-77

21 Pseudo-Xenophon, I, 1, pp. 474-75. "선택을 내림에 있어서 그들은 가장 못난 사람들이 훌륭한 사람들(chrestous)보다 더 잘 살게 하기로 결정했다. 그러므로 이 점 때문에 나는 그들의 정치체제를 좋게 여기지 않는다. 그러나 그들이 그렇게 하기로 결정한 이상, 나는 그들이 그들의 정치체제를 얼마나 잘 유지하고, 나머지 희랍인들이 그들에게 비난을 가할 때 비난거리로 삼는 사안들을 얼마나 잘 성취해 내는지를 지적할 작정이다."

22 Pseudo-Xenophon, I, 2, pp. 474-75.

23 Pseudo-Xenophon, I, 5, pp. 476-77. 토 벨티스톤(to beltiston)은 문자 그대로는 '가장 훌륭한 부분'이란 뜻이다.

24 Pseudo-Xenophon, I, 5, pp. 476-77.

시민들에게 연설할 권리를 강력히 요구하는 것이 현명한 일이며,[25] 특히 장군이나 기병 대장의 역할 같이 인민의 안위를 좌우하는 공직들[26]은 시민 집단 전체에 걸쳐 무작위로 할당하는 것이 아니라 그 공직들을 담당할 준비가 가장 잘되어 있는 사람들(불가피하게, 더 부유하고 더 힘 있는 사람들)을 인민의 선거로 뽑아 할당하는 것이 현명한 일이다.

투키디데스가 연출하는 페리클레스 연설에 나오는 대로, 페리클레스에게 아테네 민주주의는 정치적 자유 속에서 함께 살아가는 방식으로서, 공동체 전체의 성격을 고결하게 하고 감수성을 세련되게 해주는 것이었다. 그것은 그들에게 흥미와 희열이 가득 찬 삶의 가능성을 열어 주었고, 서로 함께 이런 삶을 실행에 옮길 수 있도록 그들을 효과적으로 보호해 주었다. 어떤 정치제도나 관행으로부터 그 이상을 요구하기란 온전한 정신으로는 힘들 것이다. 이와는 아주 대조적으로, 옛 과두주의자에게 아테네 민주주의는 탄탄하지만 몹시 볼썽사나운 권력 체제, 즉 사회의 더 고상한 부류를 더 비속한 부류에게 종속시키고 의도적으로 부를 한 쪽에서 다른 쪽으로 옮기며 이런 성과를 강화하고 더 고상한 부류를 계속 통제 아래 두기 위해 강제 수단을 냉철하고도 단호하게 분배하는 권력 체제였다.

25 Pseudo-Xenophon, I, 6-8, pp. 478-79.

26 Pseudo-Xenophon, I, 7, pp. 476-77.

사람들은 자신들이 노예로 사는 좋은 통치를 원하는 게 아니라 자유로운 상태로 지배하기를 원하기 때문이다.[27]

누구도 이 같은 두 가지 견해 사이의 충돌을 놓칠 수 없을 것이다. 가늠하기가 보다 어려운 것은 이 두 견해가 단지 취향이 아니라 판단에 있어 실제로 어느 정도까지 상충하는가 하는 점, 그리고 판단에 있어 정말로 상충하는 경우 민주주의 아테네가 실제로 어떠했는지를 어느 쪽이 더 잘 전달해 주는가 하는 점이다.

그 실제 상황을 스스로 이해하려 시도하는 사람은 누구든 아주 상이한 세 가지 장애물에 부딪친다. 첫 번째 장애물은 언제 어느 곳의 정치를 평가하든 그 평가에 본래부터 속해 있는 것이다. 그것은 정치 자체의 애매성으로부터, 무엇보다도 정치의 두 가지 주요 구성 요소 간의 지속적인 긴장으로부터 나온다.[28] 모든 정치 공동체는 인간의 목적과 인간 행위가 초래하는 (주로 의도치 않은) 결과의 파악하기 어렵고 불안정한 결합이다. 인간의 목적은 대단히 제한된 것일 수도 있고, 아니면 아주 광범위하게 공유될 수도 있다. 그것은 하루 이틀 동안만 명멸할 수도 있고, 아

27 Pseudo-Xenophon, I, 7, pp. 478-79.

28 John Dunn, *The Cunning of Unreason: Making Sense of Politics*(London: Harper Collins/New York: Basic Books, 2000) 참조.

니면 잘 규정된 제도나 행위 규칙으로, 또 그런 제도와 규칙이 왜 적절하거나 적절하지 않은가에 대한 주의 깊게 해석된 생각으로 굳어질 수도 있다. 제도와 관행, 가치에 주로 초점을 맞추는 정치에 대한 묘사는 모두 한 정치 공동체의 공식적인 면모에서 출발해 그 공동체가 자처하는 모습과 포부를 분명히 짚는다. 반면에 특정 남녀들이 어떻게 행동하기로 선택하는가에 따른 결과로 무슨 일이 실제로 일어나는지 정확히 밝히려고 시도하는 묘사는 덜 낙관적이거나 덜 관대한 견지에서 그 공동체를 표현할 것이 거의 틀림없다. 그 묘사는, 공동체의 공식적인 자리에서 발표되는 포부는 가짜인 경우가 많고, 공동체의 제도는 그런 포부들을 정당화하는 공식적인 명분과 심하게 갈등하고 있으며, 여타의 것을 배척하면서 한 가지 정치적 행동 노선에 힘을 실어 주기 위해 공동체 내로 끌어들이는 가치는 기만의 도구에 지나지 않는다고 결론 내릴 법하다.[29] 그러나 사실이라 할 수밖에 없는 것은 두 묘사 중 어느 것도 그 자체만으로는 도무지 적절할 수가 없으며, 그렇다고 해서 둘 중 어느 것도 완전히 요점을

29 블레어 정부의 정치적 공적과 한계를 평가하는 데 '스핀'(spin)[어떤 인물이나 조직에 호의적이거나 반감을 가지도록 여론을 유도하기 위해 어떤 사건을 특정 방향으로 해석하거나 가공해 유포하는 정치적 선전 행위를 가리킨다. 블레어 정부는 호의적인 여론을 얻으려고 왕실 관련 행사를 이용하는 등 홍보 내지 여론 조작을 위해 '스핀 닥터' 즉 홍보 담당 특보들을 고용해 정치적 이득을 챙겼지만, 무리한 행보로 여론의 따가운 질타를 받기도 했다. 우리 사회 권력 상층부나 일부 언론과 관련해 거론되곤 하던 '언론 마사지'와 유사한 일면이 있다_옮긴이]이 차지하는 위상과 비교해 보라.

벗어나 있다고 할 수도 없다는 점이다.[30] 아테네가 실제로 어떠했는가를 이해하기 위해서는 분명히 이런 두 종류의 묘사가 다 필요하다. 그것이 모부투Mobutu Sese Seko 장군의 자이르Zaire나, 와하브파의 사우디아라비아 왕국을 이해하기 위해 필요한 정도 이상으로 말이다.

아테네 민주주의가 정말로 어떠했는지를 이해하는 데 방해가 되는 다른 두 장애물은 첫 번째 장애물보다 덜 위협적이기는 하나 불편하기로는 그에 못지않다. 그중 첫 번째 것은 아직까지 우리에게 전해 오는 증거가 드문드문 산재해 있고 종종 변덕스럽다는 점이다. 이 증거의 대부분은 정교하게 서술된 텍스트로 되어 있지 않다.[31] 그 전부가, 상대적으로 소수이지만 대단히 인상적인 텍스트들, 무엇보다도 역사, 철학, 드라마 혹은 연설 작품의 그늘에 여전히 아주 많이 가려져 있다. 이 소수의 인상적인 텍스트들은 모두 이러저러한 방식으로 저 아주 멀리 떨어진 실재에

30 불쾌감을 자아내는 최근 사례를 들자면, 탈레반의 아프가니스탄이나 김정일의 북한, 사담 후세인의 이라크의 정치 현실을 포착하는 작업과 비교해 보라.

31 다음을 참조하라. A. H. M. Jones, *Athenian Democracy*(Oxford: Basil Blackwell, 1957); M. I. Finley, *Democracy Ancient and Modern*, 2nd ed(London: The Hogarth Press, 1985)와 *Politics in the Ancient World*(Cambridge: Cambridge University Press, 1983); Hansen, *The Athenian Democracy*; Robin Osborne, 'Athenian Democracy: something to celebrate?', *Dialogos*, 1, 1994, 48-58; 'The Demos and its Divisions in classical Athens', Oswyn Murray and S. R. F. Price(eds), *The Greek City*(Oxford: Clarendon Press, 1990), 265-93; 'Ritual, finance, politics: an account of Athenian democracy', R. Osborne and S. Hornblower (eds), Ritual, Finance, Politics: Athenian Democratic Accounts presented to David Lewis(Oxford: Clarendon Press, 1994), 1-21.

대한 그것들 자체의 묘사를 우리에게 강요한다. 그것도 그 자체의 목적을 위해 그렇게 하는데, 그 목적 가운데 다수는 지금은 알아내기가 어렵거나 아예 불가능하다. 아리스토텔레스의 『아테네 정치체제』 같이 제도 묘사에 공을 들인 저작, 아이스킬로스에서부터 아리스토파네스에 이르는 희극과 비극, 헤로도토스와 투키디데스에서부터 시작된 탐문적 역사서, 데모스테네스나 이소크라테스 같은 걸출한 정치 변론가가 열렬하게 행한 연설, 플라톤과 아리스토텔레스에서부터 시작된, 인간 삶의 의미와 그 안에서 정치가 차지하는 위상에 대한 독보적인 탐구 등이 우리에게 있다. 이 상이한 텍스트들은 서로 어우러져 어떤 부분들을 눈에 띌 정도로 분명하게 해주지만, 지금은 시야에서 완전히 사라져 버린 많은 부분들을 남겨 놓기도 한다. 우리 지식 안에 있는 이 큰 빈틈은 먼 과거의 현실을 흐릿하게 하거나,[32] 우리가 그것을 가능한 한 잘 파악하려 애쓸 이유를 약화시키지 않는다. 오히려 그 빈틈은 저 먼 과거의 현실에 대해 우리 자신이 갖고 있는 견해의 출처와 관련해서, 즉 왜 우리가 그 현실을 지금 이런 방식으로 보고 느끼는지에 관해서 우리가 얼마나 쉽게 우리 자신을 계속 기만하게 될 것인지에 대한 유익한 경고를 제공한다.

세 번째 장애물은 우리가 저 과거의 현실을 이런 식으로 보도록 이끈

32 그 빈틈이 저 현실을 비현실적으로 만들지는(어떤 식으로 그 현실을 삭제하지는) 않는다. 물론 그 현실을 하찮은 것으로 만들지 않는 것은 말할 것도 없다. 그 빈틈은 여러 측면에서 그리고 여러 목적을 위해, 우리가 그 현실에 접근할 수 없도록 만들 뿐이다.

길고 놀라우리만치 연속적인 역사, 대개 완전히 똑같은 텍스트들을 역사적으로 전달함으로써 승인된 역사다. 앞으로 보게 되겠지만, 고대 아테네의 정치제도 및 관행과 오늘날의 모든 인간 공동체의 정치제도 및 관행 사이에는 직접적인 관계가 거의 없다. 그러나 아이스킬로스의 텍스트로부터 오늘날에 이르기까지 중단 없이 이어지는 적어도 하나의 연결 가닥이 분명히 있다. 이 가닥을 따라 전달된 것이 확고한 권력 구조나 명확한 제도적 관행인 경우는, 설사 있다고 해도, 극히 드물다. 종종 왕성한 활력을 띠며 그 가닥을 따라 여행한 것은 무엇을 소중히 여기고 무엇을 지향할 것인가에 대한 생각이며, 왜 그리고 어떻게 그와 같은 생각을 기반으로 행위할 것인가에 대한 생각이다. 이런 유의 생각(즉 삶의 가치, 이상, 전망)은 어떤 공동체의 정치가 이루어 내는 성과를 결코 결정짓지 못하며, 도중에 계속해서 목적을 형성하고 또 재형성하게 됨에 따라 끊임없이 변화한다. 그러나 바로 이런 생각과 이런 생각에 영향을 받으며 유지되는 제도 및 관행의 복잡한 조직 덕택이 아니면, 그 어떤 공동체도 긴 시간에 걸쳐 존속하고 계속되는 것은 고사하고, 순간적으로나마 존재할 수 없다. (어떤 사회의 것이든 법은 이런 단순한 고찰이 가진 중요성을 이해하는 데 이상적인 배경을 이룬다. 즉, 법은 상충하는 힘의 끝없는 싸움터지만, 또한 꼭 그만큼 필연적으로 질문과 해석이, 그리고 지성의 활동이, 심지어 망설임의 영향력이 펼쳐지기 위한 솔기 없이 매끄러운 화폭이기도 하다.[33]) 역사의 암흑을 뚫고 아테

33 세 고전적인 묘사를 비교해 보라. H. L. A. Hart, *The Concept of Law*(Oxford: Clarendon

네 민주주의 쪽을 유심히 되돌아보고, 실제로 거기에 도대체 무엇이 있었는지에 관해 끝없이 다투는 동안, 우리는 대개 희랍적 논쟁을 되풀이한다. 우리가 그러는 것은 부분적으로는 주제의 명백한 연속성 때문이다. 다시 말해 우리가 파악하고자 하는 실재가 아주 상당한 정도로 그런 희랍적 논쟁이 겨냥했던 바로 그것이었기 때문이다. 또한 부분적으로는 희랍적 논쟁을 되풀이하는 것이 거의 2천 년 동안 유럽인들이, 그리고 나중에는 북아메리카인들이, 그렇게 하도록 꾸준히 훈련받은 일이었기 때문이다. 그러나 우리가 그러는 것은 또한 그 논쟁 중 일부가 가진 영속적인 힘 때문이기도 한데, 바로 그 힘 자체가 그 논쟁을 맨 처음 유발한 생활 방식이 가진 힘에 대한 증거다.[34]

그렇다면 아테네 민주주의란 무엇이었는가? 몇 가지 것들에 대해서는 우리가 매우 확신할 수 있다. 아테네인들 자신에게 그것이 무엇이었는가 하는 점은 처음부터 끝까지 계속 맹렬한 논쟁의 대상이었다. 그것은, 오늘날 민주주의가 쉽사리 그렇게 보이듯, 고통을 완화하는 정치적 묘방과 거의 같은 것이었을 수 있다. 거의 모든 곳에서 거의 언제나(적어도 그것이 대단히 절박하게 문제가 되지는 않는 어느 시간 어느 곳에서든) 정치적으로 일들이 어떻게 되어야 하는가에 대한 거의 전적으로 무반성적인 처

Press, 1961); Ronald Dworkin, *Law's Empire*(London: Fontana, 1986); Michel Foucault, *Power*(London: Allen Lane Penguin Press, 2001).

34 Josiah Ober, *Political Dissent in Democratic Athens.*

방 말이다.[35] 물론 아테네인들이 생각을 달리한 것은 그들의 민주주의 안에서, 민주주의를 통해서, 민주주의 때문에 무슨 일이 일어났으며, 그들의 체제는 따라서 무엇을 의미하는가에 관해서였다. 그들은 그들 민주주의의 주요 제도가 무엇인지, 혹은 그것이 언제 생겨나게 되었는지, 혹은 결국 그것이 언제 끝나게 되었는지에 관해서는 훨씬 의심을 덜 가졌다. 모든 인간 공동체를 갈라놓듯이 아테네인들을 갈라놓은 것은, 그들이 서로의 정치적 행위와 그 행위 배후에 깔려 있는 목적 그리고 그 목적 배후에 깔려 있는 힘과 이해관계(의식적인 것이든 아니든)를 어떻게 보는가였다.

아테네 민주주의는 그 역사 전체에 걸쳐서 내·외부에 모두 그것에 헌신하는 신봉자만이 아니라 철천지원수도 갖고 있었다. 페리클레스가 자부했던 대로 그것은 눈에 띄게 화려한 배경 속에서 자랑스럽게 공유되는 생활 방식이 되었을지도 모른다. 그러나 그 생활 방식 자체는 애정과 찬탄만이 아니라 증오와 조소를 자아내기도 했다. 그리고 그런 증오와 애정이 흘러넘쳐 민주주의 자체의 제도와 관행을 온통 뒤덮었으며, 민주주의를 통해 반영되고 보장되는, 경쟁 집단과 사회적 이해관계, 정치적 에너지의 균형 상태를 온통 뒤덮었다.

아테네에서 민주주의는 부유한 지주와, 땅을 잃어버린 혹은 잃어버

35 1991년 알제리 군부가 선거를 연기한 데 대한 서유럽과 북아메리카의 반응 및 그 선거 연기에 뒤따른 끔찍한 결과를 비교해 보라.

릴 위험에 처한, 그래서 쌓인 빚으로 인해 자유 없는 노동을 강제당할 각오를 해야 하는 가난한 가문 사이의 투쟁으로부터 생겨났다.[36] 그것은 직접적으로 그리고 자기의식적으로 그 투쟁 자체를 통해, 그러니까 가난한 자들이 부자들에게 확실히 승리함으로써 생겨났던 게 아니라, 일련의 정치적 발의를 통해, 즉 아테네의 사회적 지형과 제도를 재형성했으며 아테네 민주주의에 정치적 정체성과 그 정체성을 표현하고 옹호할 수 있도록 해주는 자기 지배 체제를 부여했던 일련의 정치적 발의를 통해 생겨났다. 이 발의 가운데 가장 중요한 것인 솔론의 개혁은 아테네가 어떤 의미로든 민주주의가 되기 이전에 이미 가동되고 있었다.

솔론은 아테네의 귀족(에우파트리데스)으로서 기원전 594년 집정관(아르콘)으로 선출되어 아테네인들 사이에서 토지 소유권, 명예, 개인적 지위의 기초를 재조직하는 전권을 부여받아 그것을 지속적인 법적 형태로 바꾸어 놓은 인물이다. 그는 법률을 성문화했고, 부유한 아테네인들이 공직을 맡을 자격[37]을 갖는 데 기초가 되는 재산 수준을 수정했으며, 법정의 구조를 변경해 가난한 사람들의 접근성을 크게 향상시켰고, 빚 때문에 이미 노예가 된 사람들을 해방했으며, 향후 빚을 담보로 노예가 되

36 Hansen, *Athenian Democracy*, 29-32; Simon Hornblower, 'Creation and Development of Democratic Institutions in Ancient Greece', John Dunn(ed), *Democracy: The Unfinished Journey*(Oxford: Oxford University Press, 1992), 1-16.

37 거의 한 세기 동안 계속 부유한(그리고 예외 없이 남자인) 아테네인들만이 그런 직책을 맡을 자격을 가졌다.

는 일을 없앴다. 그는 토지 재분배를 단호히 거부했다.[38]

이런 방법을 써서 솔론은 아테네인들 사이에 나타나는 전유專有, 토지 소유욕, 빚, 잠재적 노예화라는 잔혹한 역학 관계를 순화했으며, 어떻게 하면 아테네가 주변 세상이 변하는 가운데서도 스스로를 공동체로 생각하고 서로 단결할 희망을 가질 수 있는지를 그들에게 보여 주었다. 그가 해내지 못한 것은 아테네인들이 그런 희망을 실현하기 위해 함께 행동할 수 있는 정치 메커니즘을 구축하는 일이었다. 그의 개혁은 아테네인 자신들 사이에 존재하는 한 심각한 문제에 대한 치유책이었다. 그것은 아직 그들 자신의 손에 쥐어진 치유책은 아니었다.

통상 민주주의의 시작점으로 간주되는 그다음의 핵심적 발의는 많은 정치적 혼란을 거친 후 거의 한 세기가 지나서야 이루어졌다. 솔론은 실제의 역사적 인물이었다. 하지만 그는 또한 전설상의 인물이었으며, 희랍 공동체들의 정치적 상상 속에 자주 출현했고 이후로 줄곧 계승자가 되려는 사람들[39]을 사로잡은 두 위대한 입법자Lawgivers(법 제정자Legislators) 가운데 한 사람이기도 했다. 그 입법자가 했던 일은 그[40]의 심안心眼으로

38 Hansen, *Athenian Democracy*, 29-32. G. E. M. de Sainte Croix, *The Class Struggle in the Ancient Greek World*(London: Duckworth, 1981)는 아테네의 경험을 전체 희랍 세계의 역사라는 시각에서 살피려는 가장 야심찬 근대적 시도다. 그러나 솔론의 목적이나 성과에 대한 체계적 평가는 없다.

39 플라톤, 마키아벨리, 제임스 해링턴, 루소, 제임스 매디슨, 시에예스, 로베스피에르, 벤담, 그리고 심지어 레닌도 (다소 자기모순적이라고 판명되기는 했지만) 여기에 속한다.

특정 공동체가 직면한 근본적인 도전들에 분명히 초점을 맞추어 그 문제들에 대한 지속적인 해결책을 마련하는 틀을 제시하고 이 틀을 법이라는 매체를 통해 규정하는 것이었다. 기원전 507년 아테네에, 때가 되면 아테네인들이 민주주의라고 부르게 될 것을 가져다 준 클레이스테네스 역시 역사적 인물이고 솔론처럼 귀족(에우파트리데스)이었다. 하지만 그는 결코 전설상의 인물은 되어 본 적이 없다. 그가 아테네가 직면한 근본적인 도전들에 대한 명확히 정리된 생각에서 출발했다거나 그런 도전들을 처리하기 위해 주도면밀하게 민주주의를 선택했음을 보여 주는 사료는 하나도 없다. 정말로 민주주의는 그저 아직 이름만 없을 뿐인 게 아니었다.[41] 그것은 심지어 명료하게 규정된 문제를 푸는 데 적용되는 미리 명시된 묘방이라고 할 수도 없었다. 클레이스테네스가 했던 것은, 그보다 앞서 솔론이 그랬듯이, 당면한 일련의 문제를 해결하기 위해 아테네의 사회적 지형과 제도를 재조직하여 공동체로서의 아테네를 위해 저 장차의 해결책에 맞는 안정적인 틀을 만들어 주는 일이었다. 그렇게 하기 위해서 그는 무엇보다도 권력을 얻어 낼 필요가 있었으며, 민주주의는 그

40 모든 입법자/법 제정자는 남자였다. (페리클레스의 연설이 그의 애첩 아스파시아의 것이라고 덤덤하게 밝히는) 플라톤이 말하는 추도 연설들의 진짜 저자[Plato, *Menexenus*, tr R. G. Bury(Cambridge, Mass.: Harvard University Press, 1929), 329-81, 336-39, 380-81]와 대조해 보라.

41 지금 우리가 아는 한 그렇다. 그러나 Hansen, *Athenian Democracy*, 69-70의 논변과 비교해 보라.

렇게 권력을 얻는 최초의 수단이자 권력을 얻은 데 마땅히 뒤따라 나오는 결과이기도 했음이 드러나게 된다. 그의 해결책에서 색다른 것은, 그가 구축한 틀이 애초부터 정치적 선택을 조직하는 방식, 즉 정치적 선택을 명문가 출신에 상대적으로 부유한 계층의 바깥으로 끄집어내어 분명하고 당당하게 아테네 데모스 전체에 할당하는 방식이었다는 점이다.

헤로도토스는 클레이스테네스가 채택한 이런 접근이 지적 혹은 도덕적 확신을 보여 주는 사례가 아니라, 그의 귀족 경쟁자들 및 그 경쟁자들과 동맹 관계에 있는 스파르타 협력자들을 상대하는 데 필요한 지지를 모으기 위한 실천적 방책이라고 소개한다.[42] 그러나 그때조차도, 그가 그런 선택을 하게 된 동기와 포부는, 일단 선택한 이상, 크게 중요한 문제가 아닐지 모른다. 그때도 더 중요했고 지금까지도 여전히 중요한 것은 여러 가지 방식으로 그리고 놀라우리만치 오랫동안 그 방책이 작동했다는 점이다.

그 방책은 계속 작동하는 과정에서 데모크라티아라는 자신의 이름을 얻게 되었는데, 이는 데모스[즉 전체로서의 인민, 혹은 적의 눈으로 보기에는 평민 내지 귀족(에우파트리데스) 아닌 사람들]의 혹은 데모스에 의한 지배, 좀 더 문자적인 의미로는 데모스의 손에 힘이나 권력이 있음을 뜻한다. 그것은 또한 그런 지배를 표현하기 위한 제도적 형태를 발전시켰고, 자신의 정

42 Herodotus, *History*, tr A. D. Godley(Cambridge, Mass.: Harvard University Press, 1922), V, 66, 2, pp. 72-73; Hansen, 33-34.

체성과 특징에 대한 감각을 꾸준히 심화했다. 페리클레스의 연설은 클레이스테네스가 아테네에서 민주주의를 통해 그리고 민주주의를 위해 권력을 얻은 지 75년쯤 후에 (모종의 형태로) 행해졌으며, 아테네는 짧지만 파괴적이었던 두 번의 단절을 포함해서 향후 한 세기 동안 민주주의를 유지했다. 그 도시에서 민주주의가 끝나게 되었을 때, 그것을 끝낸 것은 아테네의 정치적 선택(이나 그런 선택의 의도치 않은 결과)이 아니었다. 그것은 외국의 군사력이었다. 마케도니아 왕국의 군대 말이다.

이 한 세기와 75년이라는 기간 내내, 갈수록 찬란함을 더하는 커다란 시내 중심가와 실속 있는 외곽 시골 지역에 사는 30만 명 안팎의 주민으로 이루어진 공동체인 아테네는 매우 빈번하게 전쟁을 치렀다. 처음에는 페르시아 제국과 전쟁을 했지만, 대개는 다른 희랍 도시국가들(특히 막강한 경쟁자인 전사 왕국 스파르타)과 전쟁을 했고, 마침내 결정적으로는 준희랍 왕국인 마케도니아와 전쟁을 했다. 모든 희랍 공동체에서 그랬듯, 아테네의 군사(즉 해군) 조직과 정치제도들 그리고 그 제도들을 지탱하거나 위협하는 공동체 내 사회집단들의 균형 사이에는 긴밀한 연계가 있었다. 아테네인들은 자신들을 다른 희랍 도시국가들보다 역사적으로 더 연속적이고 자신들의 영토에 더 확고히 뿌리박은 사람들로 생각하기를 좋아했다.[43] [아테네에 대한_옮긴이] 자신들의 깊은 헌신을 헬라스의 더 비옥한 지역을 좇아 떠도는 보다 기회주의적이고 유목적인 태도와 대조하면서 말

43 Thucydides, *History*, II, xxxvi, 1-2, pp. 320-21; Loraux, *The Invention of Athens.*

이다.[44]

페리클레스가 그런 생각의 정점을 찍었을 무렵 아테네는 이미 멋있고 새로운 공공건물들(지금도 많은 건물이 경탄을 불러일으키며 여전히 거기에 있다)과 장엄한 조각상(그 가운데 상당수는 이러저러한 이유로 지금 다른 곳에 있다)으로 가득 찬 꽤 웅대한 도시가 되어 있었다. 그러나 전시에 직접적인 위협을 받을 때(이때는 시골 거주자 대부분이 긴 성벽 안으로 퇴거하기로 선택했다)를 빼면 대다수 아테네 시민은 그 도시 자체 내에 계속 산 것이 아니라 아티카 내 다른 곳에서 땅을 소유하고 경작했다. 아테네 시민의 인구는 그리 많지 않았고 다 합쳐서 대략 10만 명 정도였는데,[45] 그중 약 3만 명가량이 완전한 시민, 즉 모두가 성인 남성이고 그중 대부분이 여러 대에 걸쳐 혈통상 아테네인이었다. 여기에 더해 거류 외인(메토이코이)이 남자, 여자, 아이들을 합해 약 4만 명 있었는데, 그중 소수만이 적당한 절차를 거쳐 시민이 될 희망을 가질 수 있었고, 또 거류 외인보다 훨씬 더 많은 수의 노예가 (모두 합쳐 대략 15만 명) 있었다.[46] 그러니까 완전한 시민은 전체 인구의 10분의 1에 불과한 사람들을 나타낼 뿐이었다.[47]

44 Thucydides, *History*, I, ii, 3-6, pp. 4-7.

45 Hansen, *Athenian Democracy*, 92-93. 핸슨의 탁월한 저서는 작동 중인 민주주의 제도에 대한 최선의 현대적 설명을 제공한다.

46 Hansen, *Athenian Democracy*, 90-94.

47 Hansen, *Athenian Democracy*, 94.

물론 이 시민들 대부분이 자신들의 시간 전부를, 도시를 다스리려는 시도에 혹은 도시가 끊임없이 벌이는 해전이나 군사 원정에 참여해 싸우는 데 쓴 것은 아니다. 클레이스테네스 이후 한 세기 동안 많은 사람들은 그럴 만한 형편이 되지 못했을 것이다.[48] 그들 자신이 노예를 소유하지 않았고, 자신들의 작은 농장에서 나오는 소출로부터 얻는 만큼이 그들 수입의 전부였을 뿐만 아니라 그 정도 소출에서 자기 가구에 필요한 식량 대부분을 확보할 수밖에 없는 형편이었기 때문이다. 어떤 사람들은 아테네에서 너무 멀리 떨어진 곳에 살아 민회 장소에 자주 참석할 수 없었다. 그러나 그들 모두는 언제든 민회가 열릴 때마다 참석할 권리를 갖고 있었는데, 민회는 시간이 흘러 민주주의가 발전해 가면서 점점 더 자주 열리게 되었다. 미리 정해진 간격에 따라서든, 외교적 혹은 군사적 비상사태나 중요한 재판 같이 예측 불허의 특정 사태를 다루기 위해서든 간에 말이다.[49] 아테네 시민들은 또한 민회에 제출되는 모든 제안에 대

*48* 기원전 4세기에 적어도 일부 사람들은 더 이상 그렇지 않았을 수도 있다. 일반 법정에서 배심원 노릇을 하는 것만이 아니라 민회에 참석하는 것만으로도 일당을 받는 미스토스(misthos)라는 제도가 있었기 때문이다. 사실상 1년 내내 봉사하는 평의회 의원들은 늘 자신의 식사가 공금으로 마련되도록 할 필요가 있었다. 민주주의 비판자들은 미스토스를 몹시 싫어했다. 그것이 민주주의의 주요 제도를 사회적으로 조직하는 일을 조잡하게 만들고, 추잡한 물질적 유인으로 정치 참여의 동기를 보충하며, 그렇게 함으로써 민주주의의 자연적인 정치적 균형 상태를 바꾸어 놓는다는 점 때문이었다. 그런데 민주주의를 택한 대다수 시민에게는 바로 그런 결과들이 그 제도의 매력이었다.

*49* Hansen, *Athenian Democracy*, chapter 6.

해 투표하고 그럼으로써 민회의 결과를 함께 결정할 권리만이 아니라 논의 대상이 되는 어떤 사안에 대해서든, 용기를 발휘할 수만 있다면, 민회에서 직접 연설할 권리도 갖고 있었다. 그들 자신의 개인적 부나 교육 수준, 가문의 사회적 평판 혹은 직업의 위신과 상관없이, 그들은 동등한 자들로서 이런 권리를 보유하고 있었다. 얼마나 많은 사람이 그런 용기를 발휘했는지, 혹은 정확히 무엇이 그들에게 그처럼 용기를 발휘할 배짱을 갖게 했는지 우리는 알지 못한다. 그러나 그들 대다수가 이런 제도적 장치들이 표현하고 옹호했던 인격적 평등의 분명한 핵심에 거의 130년 동안이나 확고하게 헌신했고 또 깊은 긍지를 지녔다는 것은 우리가 확실히 안다. 아테네 정치에서 성공하는 데는, 오늘날의 미국(혹은 대부분의 다른 부유한 자본주의국가들)에서 그렇듯, 개인의 부와 집안 배경, 심지어 고액을 들인 교육까지도 도움이 되었다. 우리가 아는 한 아테네인들 중에 정말 그런 것들이 유용하다는 것을 알게 되었다고 해서 놀라거나, 실제로 도움이 된 경우에 당황스러워 하는 사람은 없었다. 민주주의 아테네의 역사를 통틀어 놀라운 것이면서 일부 사람들에게 당혹스러움으로 남았던 것은 평등 주장이 결국 얼마나 확고해졌는가, 그리고 부, 집안 배경, 화려한 학벌의 압력이 계속 발휘될 수 있는 조건을 그 평등 주장이 얼마나 분명하게 한정해 놓았는가 하는 점이다.

민회는 아테네인들을 위해 국가의 모든 중대한 결정을 맡아 전쟁을 일으키기도 하고 평화를 일구기도 하며, 육군을 파견하기도 하고 해군을 파견하기도 하며, 새로운 각각의 법을 통과시키기도 하고 기각하기도 하는 등의 일을 했는데, 그런 민회 외에도 아테네의 정치적 삶의 주된 방향을 전체 시민들 손에 계속 확고하게 맡겨 두는 여러 핵심 제도가 있었다. 우선 민회 회의를 위해 의제를 입안하는, 5백 명으로 구성된 평의회(불레 Boule)가 있었다.[50] 이 평의회는 평일마다 모여 다른 공적 조직체들을 조율하고 폴리스의 대외 관계를 효과적으로 처리하는 일을 했다. 평의회는 클레이스테네스가 정치적 목적을 위해 아테네인들을 나눈 139개 지역 단위(데모스demes) 전부에서부터 뽑아 만든 것으로서, 그런 목적을 위해 자청한 사람들 가운데서 추첨을 통해 의원을 선발했다.[51] 평의회 내에서는 의원을 10등분해 각 10분의 1에 해당하는 사람들이 1년 전체의 10분의 1에 해당하는 기간만큼씩 번갈아 가며 상시 집행부를 맡아 봉사했고, 매번 새로운 인물이 의장을 맡았는데, 그 의장 역시 해당 10분의 1 사람들 가운데서 한 번에 24시간씩 맡도록 추첨을 통해 선발했다.[52] 또 인민 법정들도 있었는데, 실제로는 6천 명의 시민으로 이루어진 그해의 배심원단 가운데서 뽑힌 배심원들로서, 모두가 그 봉사를 자원한 사람들이었고, 그 봉사를 하면서 정의를 행하겠다는 공식 서약을 했으며, 그 봉사를

50 Hansen, *Athenian Democracy*, chapter 10.

51 보다 규모가 작은 몇몇 단위에서는 자원하는 일에 강제의 요소가 있었을 수도 있다(Hansen, *Athenian Democracy*, 249). 오늘날에도 종종 작은 정치 단위들에서 여전히 그런 요소가 있듯이 말이다.

52 이것은 동일한 사람이 어떤 한 해에 두 번 맡을 수 있는 직위가 아니었다(Hansen, *Athenian Democracy*, 250). 아마 한 해에만이 아니라 평생 어느 때고 두 번 맡을 수 없었던 것일지도 모른다.

제공하는 데 대한 적정 수준의 일당을 받았다. 이 법정들은 아테네에서 재판에 회부된 모든 주요 송사를 심리해 자기들의 평결로 그 송사의 결과를 결정했는데, 이 일은 전문적인 사법적 조언의 도움(이나 방해) 없이 이루어졌다. 모든 집정관magistrate은 그들에게 붙잡혀 직무상 행위에 대해 해명해야 했다. 그중 가장 결정적인 경우는 중대한 정치 재판에서, 즉 저명한 아테네 정치 지도자라면 누구든 어느 시점에선가 부딪쳐야 할 수 있고 또 왕왕 그들의 명성이나 개인 재산만이 아니라 목숨마저도 위태롭게 하는 그런 중대한 정치 재판에서 해명을 해야 하는 것이었다.

이런 묘사에서 아테네 민주주의가 모종의 극심한 직접성을 가지고 있다는 점, 그리고 개인의 권력과 책임이 시민 집단 전체에 방대하게 확산되어 있다는 점을 발견해 내기란 어렵지 않다. 분명하게 알기가 어려운 채로 남아 있는 것은, 아테네 정치가 이렇게 놀라울 정도의 직접성을 가졌고 그래서 지속적이면서도 심히 개인적으로 부가되는 책임이 강요되었음에도 불구하고, 그런 직접성과 책임 강요가 과연 어떻게 아테네 정치 지도자들이 지속적으로 담당한 역할과 맞아떨어졌고 또 그 역할을 수정했는가 하는 것이다. 만일 페리클레스가 어떤 의미로든 한 사람의 개인으로서 아테네를 다스린 적이 있었다면, 이 일에 적극적 관심을 가진 동료 시민들 대부분의 지속적인 호의와 분명한 동의 위에서 그렇게 했던 것이 틀림없으며, 심지어 페리클레스조차 위협적인 기소의 표적이 되어 무거운 벌금을 내라는 선고를 받게 되는 때가 있었다.[53] 지도자들이 유명해져서 그런 심각한 신변의 위험에 노출되는 경우는 법의 중대한 수정을 옹호하거나 (주로 대외 전쟁 영역에서) 특정 정책 노선을 옹호하려 애쓰다가 그렇게 되기도 하고, 또 이런 끊임없는 투쟁들 속에서 싸우러 파견되는 육군이나 해군의 지휘관이 되려고 경쟁하다가 그렇게 되기도 했다. 전자의 일을 하기 위해서는 민회의 동의를 얻어야 했는데, 지도자들은 필요한 득표수의 상당 부분을 모을 만한 조직화된 개인 추종자 모임의 지원 없이 그 동의를 얻어 내야 했다. (작동 중인 근대 입법부와 대조해 보라.)[54] 후자의 일을 하기 위해서는 그들 자신이 그런 목적으로 선출되어야만 했다. 우리 눈에는 이상하게 보이지만, 널리 인정받은 평가에 따르면 장군들을 선출하는 것은 아테네의 정치적 제도 장치들 가운데 가장 덜 민주적인 면모인데, 이는 전쟁 수행의 막대한 중요성과 전쟁에서 질 때의 엄청난 잠재적 손실을 고려한 어쩔 수 없는 양보였다.

우리가 이 정치체제를 가장 선명하게 그려 볼 수 있게 되는 건 이 정치체제의 가장 공적이고 극적인 순간을, 즉 이 체제가 가장 중대한 의사결정을 행하는 자리인 민회에서 군사작전을 두고 일대 논쟁이 벌어지는 순간을 떠올릴 때다. 무엇보다도 우리는 이 체제를, 우리가 원하건 원하지 않건 간에, 펠로폰네소스전쟁의 궤적에 대한 투키디데스의 현란한 묘사를 통해서 바라본다. 뮈틸레네에 잔혹한 처벌을 가할 의도였지만 거의

53 Plutarch, *Lives*, Vol. 2, tr Bernadotte Perrin(Cambridge, Mass.: Harvard University Press, 1916); *Pericles*, 32, pp. 92-95; 35, p. 103; Thucydides, *History*, II, lxv, 3-5, pp. 374-75.

54 근대 역사가들이 아테네 정치의 여러 측면을 분석하기 위해 가끔 정당이라는 용어를 사용한 적이 있기는 하지만, 아테네인들은 근대 정당과 조금이라도 닮은 그 어떤 것도 갖고 있지 않았다.

곧바로 후회하게 되었다거나, 시칠리아 원정에 착수한 것이 아테네를 종국적인 패배로 몰아넣게 되었다는 등의 묘사를 통해 말이다. 그 체제의 핵심 지도자들이 추종자를 갖게 되고 또 수많은 청중을 좌지우지할 수 있도록 도움을 준 것은 끊임없이 동원된 감동적이고 유창한 설득일 텐데, 그것에 대해 우리는 거의 아는 바가 없다. 그 체제가 실제로 작동했던 한에 있어서, 왜 혹은 정확히 어떻게 작동했는지 우리는 제대로 이해하지 못한다. 우리가 쉽게 알 수 있는 것이라고는 그저 그것이 여러 가지 방식으로 오랫동안 작동했다는 점뿐이다.[55]

아테네 민주주의를 오늘날의 관점에서 바라보면서 우리가 가장 믿고 싶어 하는 바는, 아테네 민주주의는 작동했어야 했기 때문에 어떻게든 작동했다는 것이다. 즉, 그 자신의 좁은 한계 내에서[56] 권력을 본질적으로 올바른 방식으로 조직했기 때문에, 그런 조건 속에서 권력을 올바르게 부여하고 올바른 방식으로 할당했기 때문에 어떻게든 작동했다는 것이다. 애초에 아테네 민주주의를 묘사하던 명사를 가져다가, 근대 정치공동체 어디서든 정치권력을 요구하는 일을 품위 있는 것으로 만들어 주

55 특히 Finley, *Politics in the Ancient World*와 W. Robert Connor, *The New Politicians of Fifth-Century Athens*(Princeton: Princeton University Press, 1971)를 참조. 아테네의 가장 훌륭한 역사가들 모두가 늘 주장하는 것처럼 조율, 설득, 보상, 위협으로 이루어진 이런 힘든 정치적 수고가 내내 계속되었을 것이라고 우리는 확실히 추정할 수 있다.

56 노예 의존적이고 여성 배제적이며 뻔뻔스레 자기 종족 중심적이라는 한계 말이다. 아무도 더 이상 이런 한계를 공개적으로 옹호하고 싶어 하지 않을 것이다.

는 유일한 기반이 되는 것을 가리키는 데 우리 자신이 사용하는 이름으로 바꾸어 놓았을 때, 우리는 무엇보다도 그런 확신을, 혼란스러워하면서도 굳세게 부여잡고 있는 것이다. 정확히 어떻게 그리고 왜 우리가 그런 변형을 선택했는가 하는 것이 이 책이 다루는 문제다. 그 대답의 대부분은 시간적으로든 공간적으로든 고대 아테네에서 아주 멀리 떨어진 데 놓여 있음이 틀림없다. 원칙적으로는 그 대답의 어떤 부분도 저 대단히 먼 [아테네의_옮긴이] 경험과 아무런 실제적 연관이 없다는 게 참이라고까지 할 수 있을 것이다. 민주주의라는 단어 자체의 이동은 그 이상의 아무런 의미가 없을지도 모른다. 그것은 그저 언어들과 영토들을 가로질러 긴 시간에 걸쳐 글자들이나 소리들이 정형화될 때 일어난 우연일지도 모른다. 그러나 적어도 그것만큼은 거짓임을 우리는 분명히 안다. 한 단어로서의 민주주의가 살아남은 것, 그것이 고대 희랍어에서 나와 다양한 후대 언어들 속으로 침투한 것, 더욱이 훨씬 더 짧은 기간에 지구상의 다른 모든 실질적인 인간 집단의 언어로 어쩔 수 없이 번역된 것은, 그 단어가 열광을 이끌어 내는 지속적인 능력을 가졌다는 데서 비롯된 것이라기보다는, 사고를 조직화하고 논변을 용이하게 하며 판단을 형성하는 데 유용성을 가졌다는 데서 비롯되었다.

이 점은 엄청나게 중요하다. 이는 민주주의가 근대 세계의 이데올로기 역사에 마지못해 등을 돌린 채 들어왔음을 의미한다. 민주주의는 지나간 황금기를 떠올리게 하거나, 듣는 이들에게 그들이 의식적으로 갈망하는 혹은 이미 절박하게 동일시하는 영광을 상기시킴으로써 수많은 추종자를 얻게 된 것이 아니다. 그저 지금 그들 앞에 펼쳐져 있는 가능성들을, 그것도 그다지 매력적이지 않은 용어들을 써서 언급함으로써 그렇게 되었다. 이렇게 추종자들을 얻었을 때 민주주의는, 적어도 처음에는, 그 추종자들이 그들 앞에 펼쳐져 있는 가능성과 그런 가능성들이 가져올 법한 보상 및 위험을 놓고 서로 보다 분명히 이야기를 나누는 데 도움을 주었을 뿐만 아니라 그 가능성들을 추구할 것인지, 그렇다면 거기에는 어떤 대가가 따를 것인지를 놓고 보다 분명히 사고하는 데도 도움을 주었다. 이런 역할은 2천 년 이상의 세월이 지난 후에도 여전히 그 용어가 쉽사리 수행할 수 있는 게 아니다. 오늘날 민주주의라는 용어는 (프로이트주의자들의 표현을 빌면) 너무 지나치게 주의가 집중된 것, 즉 감정에 흠뻑 젖어 있고, 열정으로 빛나며, 이리저리 동요되고, 또 쌓여 가는 혼란에 계속 더 압도당하는 것이 되었다. 그것을 구해 내어 정치를 이해하는 데 도움이 되게 하려면, 우리는 산더미 같은 역사를 넘어서서 우리가 갈 길을 생각해야 하며, 끈질기게 압박해 오는 수많은 요구로부터 우리 귀를 막아야 한다.

적어도 그다음 2천 년 동안 고대 민주주의로부터 살아남은 것은 정치적 삶을 수행하기 위한 일련의 제도나 실천적 테크닉이 아니었다. 그것은 고대 민주주의의 창안자들이 (그것을 만들어 내면서 어떤 다른 것을 염두에 두었을지도 모르지만) 정치를 이해하는 데 도움이 될 것이라고 확실히 예상했던 일단의 사유였다. 그 사유의 가장 강력한 구성 요소들은 주로 세 권의 책에서 찾을 수 있는데, 시간상 서로 겹치는 독립된 세 저자, 즉 역사가 투키디데스와 철학자 플라톤 그리고 그의 제자 아리스토텔레스가 쓴 저작이 그것이다. 세 사람 모두 아테네에서 생애의 상당 부분을 보냈다. 그들 중 누구도 지배 체제로서의 민주주의를 공개적으로 옹호한 신봉자가 아니었으며, 플라톤은 지금까지 민주주의가 만난 유례없이 혹독한 비판자였다. 그러나 그들 모두는 민주주의를 조롱하거나 전복하려 시도하기보다 민주주의가 무엇이고 무슨 의미인가를 이해하는 데 명백히 더 관심을 가졌다.[57]

세 사람 가운데 최종 판단이 무엇인지가 가장 불분명한 투키디데스는 어떤 면에서 가장 많은 정보를 주는 사람이기도 했고, 민주주의가 실행될 때 어떤 모습이었는지에 대해 여전히 단연 최고의 감각을 제공한다. (아리스토텔레스의 텍스트 가운데 고대 민주주의에 대해 가장 많은 정보를 주는 것은 그의 체계적 논저인 『정치학』이 아니라 『아테네 정치체제』라는 역사적 탐구였는데, 이 저서는 민주주의의 장단점에 대한 전반적인 평가에 도달하려는 시도를 거의 혹은 전혀 하지 않았다.)[58] 19세기 중엽 잉글랜드의 조지 그로트로부터 오늘날에 이르기까지 희랍 민주주의에 대한 가장 헌신적이고 영향력 있

57 플라톤의 경우 이것은 여전히 편파적인 판단이다. 확실히 그는 민주주의를 전복하려 시도한 사람들과 개인적·가족적 연계를 갖고 있었다. 또한 그가 민주주의의 여러 측면들을 본능적 혐오감을 갖고 바라보았음을 알아채지 못할 사람은 아무도 없을 것이다. 그러나 우리가 오늘날 여전히 플라톤을 읽는 이유는 그가 민주주의의 어떤 면모들을 너무도 잘 이해했기 때문이며, 또 우리가 그 면모들을 이해하고 싶어 할 경우에도 여전히 우리 이해에 도움을 줄 수 있기 때문이다.

58 Aristotle, *Politics*, tr H. Rackham(Cambridge, Mass.: Harvard University Press, 1932); *The Athenian Constitution*, tr H. Rackham(Cambridge, Mass.: Harvard University Press, 1935).

는 근대 해석가들이 민주주의가 어떤 모습이었는지를 가장 잘 떠올리게 하는 증거로 끌어들인 것은 무엇보다도 투키디데스의 『역사』였다.[59] 플라톤과 아리스토텔레스는 그런 유의 것을 전달하려는 시도를 별로 하지 않는다. 서로 차이를 갖고 있긴 했지만, 그들 각자는 정치체제가 무엇을 위한 것인지 혹은 무엇을 위한 것이어야 하는지에 대한 정교하고 대단히 야심찬 구상을 가지고서 작동 중인 민주주의를 바라보았다. 그리하여 세 사람은 아테네 민주주의에 대해 각기 판단을 내렸고, 그 결과 그것이 일정 정도 부족하다는 것을 알게 되었다. 그 주된 구성 요소들과 자연적으로 작용하는 역학 관계 때문에 아테네 민주주의는 그들이 심히 못마땅해 하는 용도를 향해서는 완전히 열려 있는 반면, 그들이 훨씬 더 높이 평가하는 고려 사항과 효력에 대해서는 대체로 문을 닫고 있었기 때문이다.

서양 세계의 지속적인 정치적·도덕적 사유 가운데 많은 부분은 이 세 저자로부터 어떤 결론을 이끌어 내야 할지에 관한 일련의 논변이었다. 이는 다른 여러 문제에 대해서도 물론 그랬지만, 지난 두 세기 동안 특히 민주주의에 관해서는 갈수록 더 그랬다. 민주주의에 관해서 우리는 어떤 주장을 받아들여야 하고 어떤 주장을 받아들이지 말아야 할까? 어떤 점에서 우리는 민주주의를 신뢰하거나 혹은 그런 유의 어떤 것도 하기를

59 George Grote, *A History of Greece from the Earliest Period to the Generation Contemporary with Alexander the Great*(London, 1846-56): 그리고 더 오랜 기간의 역사적 맥락에 대해서는 Jennifer Tolbert Roberts, *Athens on Trial: The Antidemocratic Tradition in Western Thought*(Princeton: Princeton University Press, 1994)를 참조.

거부해야 하는 걸까? 지난 두 세기의 상당 부분을 차지하는 시간 동안 도출된 결론들은 내내 다소 매섭게 부정적이었다. 아테네의 증거에 입각해서 볼 때, 민주주의는 모든 공동체가 신뢰하는 것이 현명하다고 할 만한, 정치적 삶을 수행하기 위한 일단의 제도나 실천적 테크닉이 아니었다. 미사여구로 치장되어 잘못 보고된 것임에 틀림없는 아테네의 경험은 심히 실망스러운 것이었다. 그것은 또한 치욕스럽고 영구히 패배로 끝난 경험이기도 했다. 그리고 이보다 한참 전, 아직 그 정치적 수명의 절반도 채우지 못했을 때, 아테네는 펠로폰네소스전쟁의 오랜 트라우마를 겪었는데, 이 전쟁은 최고의 정치적 지성과 문학적 설득력을 지닌 한 저자에 의해 오만과 탐욕, 그리고 심히 부패한 판결에 내려지는 합당한 처벌의 이야기로 각색된다.[60] 투키디데스가 결국 얼마만큼이나 민주주의 자체의 적이었는가, 또 얼마만큼이나, 아테네의 가장 어두웠던 시절 중 하나를 거치며 아테네를 가장 크게 동요시킨 도전에 직면해 민주주의가 아테네에서 어떻게 작동했는지를 보여 주는 특별히 정교하고 명민한 분석가일 뿐이었는가를 놓고 지금까지도 학자들은 의견을 달리한다.[61] 확실한

*60* 근대사의 가장 큰 트라우마에 직면한 우리가 지적·정치적으로 흔들리지 않으려고 최대한 열심히 노력할 때 잡으려고 손을 뻗는 단어들은 어떤 것들인가? 이언 커쇼(Ian Kershaw)가 히틀러의 영향력에 대한 자신의 권위 있는 연구에 붙이기 위해 고른 각 권의 부제들을 참고하라. *Hitler: A Life*, Vol. 1 *Hubris*; Vol. 2 *Nemesis*(London: Allen Lane, 1998 & 2000).

*61* Cynthia Farrar, *The Origins of Democratic Thinking*(Cambridge: Cambridge University

것은 후대의 많은 유럽 사상가들이 그의 『역사』를, 정치체제로서의 민주주의가 지닌 해악에 대한 확정적인 진단으로 읽었다는 점이다. 홉스가 17세기 중반 잉글랜드 내전이 발발하기 전의 불안한 시기에 그 책을 번역하느라 애쓰면서 그랬던 것처럼 말이다.[62] 투키디데스에게서 민주주의에 대한 옹호를 보려면 위대한 빅토리아 시대 역사가 조지 그로트가 그랬던 것처럼 꽤 주의 깊게 찾아보아야 한다. 오늘날에도 그런 옹호를 발견하기란 여전히 어렵다. (아테네가 그랬고 지금 우리도 분명히 계속 그렇게 될 것처럼) 공동체가 위험을 목전에 두고 있을 때 대외 관계를 처리하는 방식으로서나 방어 전략을 선택하는 방식으로서 민주주의가 적절하다는 데 대한 옹호를 발견한다는 것은 특히나 어렵다.

그러나 민주주의를, 유럽인들이 대대로 정치를 이해하고자 할 때 하나의 포맷으로 이용할 수 있게 보존해 준 것은 투키디데스의 텍스트가 아니었다. 이런 목적에 이용되도록 민주주의를 보존하고 또 실천적 사유의 도구로 꾸준히 사용 가능하게 해준 것은 보다 정치적으로 분명하고 지적인 노력을 요구하는, 플라톤과 아리스토텔레스의 텍스트였다. 물론 오늘날 우리 모두가 (멋쩍어 하면서 그러든 얼버무리면서 그러든 아무튼) 민주주의자가 된 것이 플라톤이 민주주의를 그토록 혐오했기 때문은 아니다.

Press, 1988) 참조.

62 Thomas Hobbes, *Hobbes's Thucydides*, ed Richard Schlatter(New Brunswick, N. J.: Rutgers University Press, 1975).

오늘날 민주주의를 거부한다는 것은 머잖아 당신 자신을 정치의 장 바깥으로 내모는 일일 수 있다. 그것은 거의 곧바로 당신 자신을 정중한 정치적 대화에서 제외해 버리는 일임에 분명하다. 그러나 플라톤의 공개적인 비웃음과, 우리의 모든 정치적 어휘 가운데서 민주주의라는 용어가 특히 중요하게 부각되는 것 사이에는 어떤 깊은 연관이 있다. 그 연관은 명백하지 않으며, 그것이 무엇을 의미하는지도 전혀 분명하지 않다. 그 연관은 (관념으로서의 민주주의든 아니면 아테네인들이 그 관념을 제도화하고 현실화할 때 취했던 형태로서의 민주주의든) 민주주의로부터 출발해서, 그 관념이나 그 관념의 제도적 구현체들이 누구에게나 단순하게 강요하는 일련의 결론들로 이어지는 연관이 아니다. 그보다는, 시간을 두고 이루어진 민주주의 경험으로부터 출발해서, 그 경험이 아테네인들에게 제공한 계기와 그들에게 마련해 준 기회로 (즉, 권력을 다른 방식이 아니라 특정의 한 방식으로 제도화하는 것이 그리고 특정의 정치적 목표들을 다른 제도적 형태가 아니라 바로 그런 제도적 형태를 통해 실현하려고 시도하는 것이 정확히 무엇을 의미하는가 하는 물음에 대해 다른 사람들과 더불어 다소간 책임감을 가지고 반성하기 위한 계기와 기회로) 이어지는 연관이다. 보다 곤혹스러운 것은, 그 연관이 플라톤과 아리스토텔레스라는 두 탁월한 사상가가 각각의 물음에 관해 도달한 결론의 강렬한 힘으로부터 출발한다는 것이다. 누대에 걸쳐 유럽인들이 통치 형태를 분류하는 고대 희랍의 어휘(민주정, 귀족정, 과두정, 군주정)에 계속해서 끌렸을 때 그들을 끌어당긴 것은 이 두 정치적 평가가 가진 상상력의 힘이었다.

액면 그대로 보면, 플라톤의 『국가』는 민주주의에 관한 책이 아니다.

그 책 자체가 말하고 있는 것처럼, 아마도 그것은 주로 정의 혹은 해야 할 바를 행함에 관한 책이거나, 좋음의 본성 및 왜 인간들이 좋음의 본성을 분명히 알고 동원 가능한 온갖 상상력과 에너지를 투여해 그 본성에 부응하려고 노력할 확고한 이유를 갖는가에 관한 책이다. 『국가』는 확실히 한 도시국가(폴리스) 공동체에 있어 좋은 통치 형태와 나쁜 통치 형태에 대해 논의하면서 철학자가 통치하는 것이 최선의 통치 형태라는 (오늘날 그런 만큼이나 그때도 받아들이기 어려웠던) 별난 결론을 옹호하는 것으로 끝을 맺는다. 그러나 실제로 그런지는 몰라도 적어도 짐작되는 바로는, 『국가』가 그런 논의를 펼치는 주된 목적은 모든 개별 인간이 왜 잘못 살면 안 되고 잘 살아야 하는지에 대해 본래부터 갖고 있는 이유를 분명하게 하기 위해서다. 그들이 절대 따라서는 안 되는 방식의 삶이 아니라 그들이 따라야 하는 방식의 삶을 분명히 하기 위해서 말이다.

더군다나 『국가』는 그 물리적인 배경 설정과 등장인물 명단을 제외하면 심지어 아테네에 관한 책이라는 것조차도 분명치 않다. 오히려 모든 곳을 위한 책이 되려는 포부를 갖고 있다. 투키디데스의 『역사』가 영구히 남는 책이 되고자 했던 것처럼 말이다. 그러나 민주주의와 민주주의의 의미에 할애된 부분이 소략하다고 해도, 『국가』를 민주주의에 반대하는 책으로, 따라서 적어도 부분적으로는, 아테네가 아주 열렬하게 민주주의였다는 바로 그 이유 때문에, 결국 아테네에 반대하는 책으로 보는 것이 전혀 왜곡은 아니다.

플라톤이 민주주의를 싫어했을 만한 이유, 그리고 그가 자신이 태어나 살고 있는 공동체에 반감을 가졌을 만한 이유는 많다. 그것은 단순히 사회적 배경의 문제였을 수도 있다. 플라톤 자신이 그 이전 세기에 자기들의 의사와 아주 어긋나게 민주주의에 권력을 넘겨줄 수밖에 없도록 집단적으로 강제된 아테네의 대가문들 중 한 가문 출신이었으니 말이다. 그는 옛 과두주의자가 민주주의로 손해를 보는 사람들이라고 보았던 계층, 즉 토 벨티스톤to beltiston(가장 훌륭한 부분)에 속했음이 확실하다.[63] 그러나 이것은 지나친 단순화임에 틀림없다. 상상력을 아무리 동원해 봐도 도저히 민주주의의 적이라고는 할 수 없는 페리클레스와 그 이전의 클레이스테네스도 사정은 마찬가지였기 때문이다. 이유가 친구 집단이나 심지어 연인 같은 보다 직접적인 개인적 환경의 문제에 있었을지도 모른다. 그러니까 가까운 주위 사람들 가운데 일부가 너무도 실제적이고 눈에 띄는 방식으로 민주주의에 적대감을 드러냈기 때문이었을 수도 있다. 더 엄밀히 보면, 그것은 불경을 저지르고 도시의 젊은이(이들 역시, 반드시까지는 아니어도 대개, 아테네의 대가문 출신이었다)를 망쳤다는 이유로 민주주의 법정에 의해 자살을 선고받은 그의 위대한 스승 소크라테스의 쓰라린 운명에 대한 반응이었을 수 있다. 아마 이 세 가지 이유가 다 부분적으로 작용했을 것이다. 그러나 그 가운데 어느 하나도, 심지어 민주주의의 영광 위에 남겨진 저 근본적 오점인 소크라테스에 대한 사법 살인judicial murder[64]조차도 플라톤이 무엇 때문에 민주주의를 좋지 않게 보았는지, 그

63 Pseudo-Xenophon, I, 5, pp. 476-77.

64 배심 살인(jury murder)이라고 말하는 편이 더 정확할 것이다. 그러나 이 말은 근대

가 민주주의에서 제거할 수 없는 해악이라고 본 게 무엇인지에 대해 많은 설명을 해주지 못한다.

소크라테스는 아테네인들이 마침내 그를 공격해서 죽이기로 선택하기 전 수십 년 동안 아테네에 일부러 혼란을 주는 존재였다. 그는 동료 시민들이 생각하는 방식, 특히 어떻게 살아야 하고 어떻게 살면 안 되는지에 관해 생각하는 방식에 도전함으로써 혼란을 주었다. 긴 삶을 살아가는 동안 그는 시민으로서 자신에게 요구되는(특히 전쟁터에서 요구되는) 의무를 빠짐없이 수행했다. 그리고 결국 아테네를 버리고 떠나기만 하면 여전히 삶을 안전하게 지킬 수 있었던 상황에서 차라리 감옥에 머물러 명령대로 자살하는 쪽을 택했다. 다른 어느 곳에 가서 계속 살고 싶은 생각이 전혀 없었고, 도망친다는 생각 자체가 한 지역에 대한 일생의 헌신 및 동료 시민 집단에 대한 배신이며, 삶을 사는 동안 내내 그가 속했고 또 자신의 용기와 상상력을 최대한 발휘해서 봉사하고자 노력했던 그 공동체에 대한 자신의 깊은 존경심을 배반하는 것이라고 여겼기 때문이다.[65]

영어가 설명을 덧붙이지 않은 채 도입하기에는 너무 기이한 어구다. 아테네 법정의 대중 배심원은 작동 중인 아테네 민주주의의 가장 강력한 도구들 가운데 하나였다. 소크라테스의 사형에 찬성하는 투표를 했을 때, 그들은 민회에서 뮈틸레네를 공격하자는 투표를 하거나 혹은 몇 시간도 안 되어 그 결정을 취소하자고 재투표를 했을 때만큼이나 확고한 정치적 선택을 행하고 있었던 것이다(Thucydides, *History*, III, xxxvi, i-xlix, 4, pp. 54-87).

*65* Plato, *Crito*, tr H. N. Fowler(Cambridge, Mass.: Harvard University Press, 1914), 150-91.

이런 당당한 선택은 소크라테스가 뒤에 남긴 가장 분명한 메시지였으며, 플라톤은 (윤색을 얼마나 가했든 간에) 그것을 독보적인 힘을 가진 텍스트 『변명』으로 바꾸어 놓았다.[66] 플라톤의 민주주의 반대론이 단지 소크라테스를 죽인 데 대한 비난이라는 점에만 한정해서 이야기한다면, 그 비난은 『국가』 자체보다는 『변명』과 『크리톤』에서 훨씬 더 분명하고 직접적으로 이루어진다. 아테네인들이 소크라테스를 죽이기로 선택한 데는, 우리가 아는 한에서 말하자면, 서로 다른 많은 이유가 있었다. 그 중 하나는 펠로폰네소스전쟁 말기의 열띤 상황에서 그가 아테네인들의 종교적 감수성에 상처를 주었다는 것이다. 거의 확실한 또 다른 이유는 그가 저 공포의 시기 동안 아테네에 가장 큰 해를 입힌 사람들 중 일부, 특히 알키비아데스, 크리티아스와 친밀한 관계를 맺고 있었다는 것이다. 알키비아데스는 손해 막심한 시칠리아 침공을 일으키는 데 가장 책임이 큰, 화려하고 오만하고 무자비한 연설가이자 장군이었는데, 적에게 투항함으로써 결국 가장 요란하게 동료 시민들을 배신했다. 크리티아스는 전쟁 막바지에 민주주의를 짓밟고 동료 시민들 위에 참주로 군림하다가 자신들도 결국 폭력적으로 타도되고 마는 과두파 지도자들 가운데 가장 잔인하고 고압적인 인물이었다. 돌이켜 보면, 알키비아데스나 크리티아스와 소크라테스가 맺은 친밀한 관계는 너그러이 봐줄 만한 우정은 아니었

66 Plato, *Apology*, tr H. N. Fowler(Cambridge, Mass.: Harvard University Press, 1914), 68-145.

다. 그러나 소크라테스 자신은 결코 참주정이나 반역의 옹호자가 아니었다. 플라톤이 『국가』의 더 정교하고 엄격한 탐색 작업을 행하면서 이전에 스스로 찾아낸 교훈들을 내놓으며 제안한 것도 어떤 의미로든 참주정에 대한 옹호라 할 수 없으며,[67] 심지어 기성 사회 내의 상층 부류가 사회적·정치적·경제적 특권을 갖는 것에 대한 옹호라 할 수도 없다.

대단히 파악하기 어려우면서도 힘을 가진 그 제안은 지배와 질서의 필요성 및 진정으로 좋은 것에 대한 흔들림 없는 인식을 옹호하는 것, 그리고 이런 것들 가운데 아무 거라도 제공해 줄 수 있다고 자처하는 민주주의의 주장을 (이따금씩 순식간에 우연히 일어나는 경우를 예외로 삼아) 단호히 거부하는 것을 핵심으로 삼았다. 『국가』는 많은 교훈을 담은 책이다. 그것은 또한 약을 올리기로 작정한 책이며, 무한한 해석을 향해 열려 있는 책이다. 그러나 진지한 독자라면 그 책이 확고하게 민주주의에 반대한다는 것을 알아채지 못할 리 없을 것이다.[68]

67 참주 역할을 맡은 자들에 대해 그 자신이 개인적으로 어떤 관계를 맺으려 시도했든지 간에 말이다. Plato, *Epistles*, tr R. G. Bury(Cambridge, Mass.: Harvard University Press, 1929), Seventh Letter, 476-565 참조.

68 이것으로부터 과연 무슨 실천적 결론을 도출해 낼지는(혹은 심지어 플라톤 자신이 이것으로부터 무슨 실천적 결론을 도출하는 쪽으로 행보를 이어갔는지조차도) 지금도 전혀 분명치 않다. 한 정치사상 학파 전체에, 즉 지난 30년에 걸쳐 미국 (따라서 세계) 정치의 한 중요한 구성 요소였던 레오 스트라우스의 확장된 클리엔텔라(clientela)[피후원자/고객 네트워크_옮긴이]에 주된 지적 장사 밑천을 제공하기에 충분할 정도로 불분명하다. Ann Norton, *Leo Strauss and the Politics of American Empire*(New Haven: Yale University

플라톤은 민주주의적 지배에 대해, 또 그것을 둘러싸고 형성되며 그것으로부터 생기는 생활 방식에 대해 여러 가지 비난을 제기한다. 그는 본질상 민주주의가 가치, 품위, 훌륭한 판단을 마구 녹여 버리는 용해제나 다름없으며, 어리석고 사악하며 언제나 잔인해질 가능성을 갖고 있는 자들의 지배이자, 공동체 수준에서 타인들과 함께 사는 훌륭한 삶의 가능성에 대한 정면 공격이라고 여긴다. 민주주의적 지배의 원리는 평등, 즉 공동체를 형성하고 권력을 행사하는 일에 관해서라면 모든 사람의 판단이 다른 모든 사람의 판단과 똑같은 값어치를 갖는다는 추정이다. 그 추정은 다시, 민주주의적 공동체에 지속적인 형태란 아예 있을 수 없고, 권력이 그 공동체 안에서 행사되는 방식에도 신뢰할 만한 것이 전혀 없음을 함축한다. 이것이 의미하는 바는, 2천 년 후에 홉스가 지적했듯이, 민주주의적 공동체에는 순전히 요행으로 인한 것을 제외하면 어떤 사람이나 사물에게도 진정한 안정성이란 전혀 있을 수 없다는 점이다.[69]

똑같이 비참한 결과를 갖는 완전히 똑같은 원리가 개별 인격 내에 그리고 개인의 삶에도 적용된다.[70] 민주주의적 인간(즉, 민주주의에 의해 형성되고 민주주의에 알맞은 개별 인격)에게는 삶에 있어서 질서도 없고 강제도

Press, 2004).

69 Thomas Hobbes, *De Cive*(1642)와 *Leviathan*(1651).

70 Plato, *The Republic*, tr Paul Shorey, 2 vols(Cambridge, Mass.: Harvard University Press, 1930-35), 559D-562, Vol. 2, 295-303.

없다oute taxis oute ananke.[71] 그에게 삶을 자유롭고 달콤하고 복된(마카리온 makarion, 예수의 산상 설교에 나오는 팔복八福의 핵심 단어) 것으로 만드는 것은 바로 이 무형의 속박되지 않음이다.[72] 플라톤은 이런 생활 방식의 생명력을 인정하며, 그 색깔과 다양성이 그것을 얼마나 탐낼 만한 것으로 쉽사리 만들 수 있는지를 알고 있다.[73] 그러나 그가 보기에, 평등에 대한 민주주의의 헌신에 부수하고 상응하는("본성상 자유로운 사람이면 누구든 민주주의적 폴리스만이 살기에 알맞다는 것을 알 수 있을 것이다")[74] 자유를 향한 격정[75]은 반드시 민주주의적 지배를 그 기반에서부터 약화시킬 것이고 그 안에 있는 모든 형태의 권위를 해체할 것이다. 그것은 가르치는 자와 배우는 자, 아버지와 아들, 자식과 부모, 젊은이와 노인, 외국인(메토이코이)과 시민, 자유로운 사람과 노예, 심지어 인간과 동물 사이의 유대를 무너뜨려 결국 파괴한다.[76] 속박이라면 어떤 것이든 간에 다 노예 상태로 보이게 된다.[77] 이것이 촉발시킨 혼돈은 불가피하게 자의적인 지배(참주정)로 귀결될 수밖에 없다. 자유의 절정인 민주주의로부터 가장 완벽하고

71 *Republic*, 561D, 302-03.

72 *Republic*, 561D, 302-03.

73 *Republic*, 561C-E, 300-03.

74 *Republic*, 562C, 304-05.

75 *Republic*, 562B-C, 304-05.

76 *Republic*, 562D-563D, 304-11.

77 *Republic*, 563D, 310-11.

가혹한 노예 상태로 급전직하하게 되는 것이다.[78]

플라톤의 공격이 그다음 두 세대에 걸쳐 펼쳐질 민주주의의 미래에 대한 빈틈없는 예언은 아니었다. 그것은 장차 때가 되었을 때 아테네에서 민주주의를 종식시킨 것이 무엇인가에 대해 아무것도 포착하지 못했다. 대신 그것은 정치체제를 평가함에 있어 기대 수준을 전례 없이 높여 놓았다. 민주주의 아테네는 간단히 플라톤을 무시해 버렸다. 그러나 민주주의가 무슨 의미인가를 두고 사람들이 선호하는 개념을 향해 그가 제기한 도전은, 늘 그랬듯이 오늘날에도, 세상에서 여전히 강력한 것으로 남아 있다. 시대를 막론하고 셀 수 없이 많은 그 어떤 경쟁자들보다 우선해서, 적어도 민주주의라는 단어와 그 관념의 일부 측면을 받아들이기로 선택한 세상에서 말이다. 모든 정치적 관념들 가운데서 어떻게 이것이 결국 안정된 의미를 구성해 낼 수 있는가? 인간 집단들이 자기들의 삶을 조직화하고자 노력할 때 취해 온 다른 모든 질서 형태나 금지 기준을 끊임없이 해체하면서도 어떻게 그것은 복종을 요구하고 충성심을 얻어 낼 수 있는가?

플라톤은 민주주의를 무엇보다도 주제넘고 지독히 흉물스런 관념으로 여겼는데, 그가 보기에 민주주의의 단점은 희랍 세계 전체에 걸쳐 그것이 보인 변덕스런 행보에서 분명히 읽을 수 있는 것이었다. 그 관념 자체의 혼돈은 그것이 깃든 공동체들의 정치적 분열 속에서, 그리고 그것

78 *Republic*, 564A, 312-13.

이 인가한 생활 방식의 무질서 속에서 현실화되었다. 참주정이 그런 것처럼[79] 최악의 삶을 위한 확실한 비법은 아니었지만, 민주주의는 그것을 채택하기로 선택한 공동체에 나쁜 삶을 거의 보장해 주다시피 했고, 타인들의 공동체와 긴밀한 연계를 맺으며 더불어 훌륭한 삶을 영위하려는 모든 시도를 손쉽게 뒤집어엎었다. 이것은 극단적인 견해였고, 오랫동안 많은 지역에서 무슨 일이 일어났는지 혹은 일어나지 않았는지를 주의 깊게 탐구한 데서 나온 것이 아니라 그 관념 자체만을 갖고 곰곰이 곱씹은 데서 나온 것이 분명하다.

플라톤의 가장 재능 있는 제자이자 플라톤에 가장 덜 의존하는 제자이기도 한 아리스토텔레스는 단지 관념들 자체만을 고찰함으로써 인간 세상에 관해 어떤 판단을 내릴 수 있는지에 대한 확신이 훨씬 덜했다. 그는 또한 경쟁하는 정치적 처방들이 인간 세상에 적용되었을 때 대개의 경우 거기서 무슨 일이 일어났는지 또 일어나지 않았는지를 살펴봄으로써 그 경쟁하는 정치적 처방들의 공과를 평가하는 데 열심이었다. 그가 이런 탐구로부터 이끌어 낸 민주주의에 관한 교훈들은 플라톤이 『국가』에서 내린 판정보다 훨씬 더 광범위하고 복잡했다.[80] 그 교훈들은 또한

79 *Republic*, 564A, 312-13, 566D-580C, 322-69.

80 플라톤 후기의 정치학적 저작인 『법률』과 『폴리티코스』(즉 『정치가』)는 민주주의에 관한 발언을 더 적게 담고 있으며, 이후의 정치적 감각이나 판단에 미친 영향도 훨씬 덜했다.

궁극적 함축 면에서 훨씬 덜 명확하기도 했다. 플라톤은 민주주의를 몹시 싫어했으며 그러는 데 대해 거리낌이 없었다. 앎에 대한 그의 생각 구석구석에 그런 엄청난 혐오가 체계화되어 있다는 것을 발견한 사람들도 있다. 아리스토텔레스는 최종적으로 내린 결론에 있어서 더 냉철했고 감정에 덜 휩쓸렸으며 타인들의 판단에 더 개방적이었다. 그에게 민주주의(데모크라티아)는 그 자체가 좋은 지배 형태들 가운데 하나는 아니었다.[81] 결국 공동체 전체가 아닌 단지 가난한 사람들hoi aporoi의 이익을 도모하기 위한 통치가 되어 버렸기 때문이다. 하지만 그럼에도 불구하고 다수to plethos[82]에 의한 통치는 공동선을 위해 행사되기만 한다면 좋은 통치 형태로 밝혀질 수도 있을 것이다. 그렇게 생각했을 때 아리스토텔레스 자신은 그것을 민주주의가 아니라 폴리테이아(정체 혹은 더 풀어 옮기면 입헌적 통치)로 부르기로 결정했다. 폴리테이아는 목적과 성향이 다르다(집단 이익보다는 오히려 공동선에 헌신한다)는 것만이 아니라 제도적 구조가 다르고 더 정교하다는 것으로도 민주주의와 구별되는 것이었다. 이 구조의 목적은 (과두정이나 극단적인 참주정처럼) 다른 사람들에게 피해를 입혀 가면서까지 일부 사람들의 의지를 다른 사람들에게 강요하려는 것이 아니라 가능한 한 능력에 따라 권력과 책임을 배분해서 훨씬 더 광범위한 에너지와 기량을 이끌어 내고 그럼으로써 그에 상응할 만하게 폭넓은 공감과

81 Aristotle, *Politics*, 1279b, II 19-20, pp. 208-09.

82 Aristotle, *Politics*, 1279a, II 37-39, pp. 206-07.

충성심을 유도해 내려는 것이었다.

폴리테이아가 통치 형태 가운데 공동 이익을 지향하고,[83] 그럼으로 해서 정의와 양립 가능한 유일한 통치 형태는 아니다. 단 한 사람의 통치인 군주정과 우수 집단의 통치인 귀족정도 원리상 같은 목표를 세울 수 있고, 그 목표에 도달하려 애쓰는 한 정의롭다고 정당하게 주장할 수도 있다. 그러나 군주정과 귀족정의 성패는 통치자들 자신의 덕, 안목, 운에 아주 직접적으로 좌우되었다. 아리스토텔레스가 강하게 시사하는 바에 따르면, 오로지 폴리테이아의 경우에만, 공동체의 통치에서 실제로 정의를 실현할 수 있는 전망이 권력의 제도적인 조직화와 그로부터 비롯되는 조직화된 권력 내 책임의 분할에 크게 의존한다.

아리스토텔레스가, 나중에 홉스나 벤담의 추종자들이 종종 그랬던 것처럼, 권력이 제도적으로 조직화되거나 그런 조직화된 권력 내에서 개인적 이익이 예측했던 대로 작동하게 되면 믿음직스럽게 정의로운 결과가 어떻게든 나오게 될 거라고 (정의를 자신들의 목표로 간주해서, 정의가 불가피하게 자기들에게 부과하는 제약을 용인하는 인간 행위자들의 목적을 거칠 필요 없이, 그래서 그런 목적에 연루될 필요 없이 그런 결과가 나올 거라고) 생각했던 것 같지는 않다. 그는 정치제도를 개인적 덕의 대체물로 생각한 것이 아니라,

83 Aristotle, *Politics*, 1279a, I 18, 1279b, I 10, 204-07.

오히려 개인적 덕을 이끌어 내고 유지하는 방식이자, 아주 희소한 선이라고 늘 판명될 만한 것을 절약하기 위한 수단으로 생각했다.

아리스토텔레스가 통용되는 통상의 용법에 따라 민주주의와 폴리테이아를 구분하지 않았다는 것은 분명해 보인다. 그는 한 핵심적 대비에 초점을 맞추기 위해 둘 간의 구분을 발전시켰다. 그 대비의 요점은 거대하고 의미심장한 두 물음에 대답하는 것이었다. 인간들이 상당한 수로 모여 함께 사는 의의가 무엇인가? 그리고 그들이 그 의의를 가장 잘 구현하려면 정확히 어떻게 자신들의 삶을 함께 조직화해서 살아야 하는가? 아리스토텔레스가 보기에 요점은, 산다는 게 어떻게 좋은 의미를 이루고 또 이루지 않는가에 대한 설득력 있는 개념들을 함께 탐색해 정의하는 것(이는 언어, 상상력 및 인간들 간의 공감과 반감이 이루는 균형에 깊이 의존하는 탐구다)이고, 그런 다음에는 이 개념들 가운데 더 설득력 있는 것을 실제 삶을 살아가면서 가능한 한 가장 높은 정도로 실현하는 것이었다. 아리스토텔레스 자신도 예상했던 대로, 이것은 끝이 없으며 다소 구심력이 떨어지는 일임이 드러났다.[84] 그것은 상상력을 크게 잃었고, 최근 여러 세기 동안 물질적 안락을 증대하고 개인적 여흥을 배가하려는 탐색의 그 아주 색다른 유혹에 자리를 많이 내주었다. 그러나 우리 자신이 가진 경제적 에너지의 주된 동력인 후자가 그렇듯이, 아리스토텔레스의 목표 또

84 도움이 될 만한 것으로는 Martha C. Nussbaum, *The Fragility of Goodness*(Cambridge: Cambridge University Press, 1986), Part 3, 235-394를 참고하라.

한 행복의 추구라고 오역 없이 기술될 수 있다.[85] 행복의 추구를 아리스토텔레스가 어떻게 보고 있는가 하는 문제에서 우리에게 특이하게 와닿는 것은, 그가 경험 및 삶을 조직하려는 의지에 가치를 부여했다는 점이 아니라, 참여적 자치 체제를 얼마만큼이나 행복 추구에 도움이 되는 것으로 보았는가, 그리고 희랍 폴리스가 지닌 독특성을 얼마만큼이나 행복에 도달할 특별한 기회로 여겼는가 하는 점이다.

아리스토텔레스의 『정치학』이 유럽 사상과, 장차는 세계 사상에 막대한 영향을 미쳤기 때문에, 그 두 가지 특이한 점 모두가 중요한 것으로 드러났다. 폴리스가 함께 좋은 삶을 추구할 만한 무대로 특히 적격이라는 것은 파악이 어렵고 혼란스런 주제[86]로서 우리가 나서 신경 쓸 필요는 없다. 그러나 참여적 자치 체제가 좋은 삶의 추구에 도움이 되리라는 생각은 이후 2천 년 세월 중 대부분의 시간 동안 우리가 따라가지 않으면 안 되는 이야기의 핵심 가닥을 제공한다. 아리스토텔레스의 견해에 들어 있는 두 요소가 특히 중요하다. 하나는 다수에 의한 통치의 진가를

85 David Bostock, *Aristotle's Ethical Theory*(Oxford: Oxford University Press, 2001) 참조.

86 헤겔의 현란한 묘사 'The Political Work of Art' in *The Philosophy of History*, Part II, chapter 3, tr J. Sibree(New York: Dover, 1956), 250-76을 참조. E. M. Butler, *The Tyranny of Greece over Germany*(Cambridge: Cambridge University Press, 1935). 시공간을 가로지르는 도시국가 형태에 대한 모겐스 핸슨의 방대한 공동 연구가 고전기 희랍의 폴리스에 대해 발견한 것들과 대조해 보라. '95 Theses about the Greek Polis in the Archaic and Classical Periods', *Historia*, 52(2003), 257-82.

훨씬 더 정의롭고 더 주의 깊게 평가한다는 것인데, 여기서 이 다수에 의한 통치는 공동선의 수용 및 공동선을 함께 추구하려는 모종의 자발적 의지에 기반하며, 또한 그 시민들의 능력을 이용하고 그들의 보다 악의적이고 위험한 특성을 효과적으로 제어하는 방식으로 조직된다. 최종적으로는 첫 번째 요소보다 덜 결정적이나 아주 오랫동안 똑같이 중요하게 작용했던 두 번째 요소는, 단지 다수에 의한 지배의 건강한 형태를 병적인 형태와 대조할 뿐만 아니라 데모크라티아라는 용어를 병적인 형태에 해당하는 것으로 남겨 둔 아리스토텔레스의 결정이었다.

희랍의 민주주의 옹호자들은 광범위한 정치적 장치에 의거해서 다수 to plethos에 의한 지배를 찬양했고 그것을 위해 싸웠다. 그러나 아리스토텔레스와 달리 그들은 책을 쓰기로 선택하지 않았거나 혹은 쓴 책이 확실히 보존되도록 하는 데 실패했다. 그들의 상황과 그들의 입장은 아주 희미한 흔적들만 남긴 채 지구상에서 대체로 사라졌다.[87] 우리는 (홉스가 고안한 개념 장치를 이용해서) 아리스토텔레스에게 폴리테이아는 그저 호감의 대상인 민주주의였던 반면, 데모크라티아(우리에게는 민주주의)는 몹시 혐오의 대상인 민주주의였다고 말할 수도 있을 것이다. 그 단어 자체는 단지 부정적으로 특징지어지는 데 그치지 않았다. 훨씬 더 줄기차게, 그 단어는 정확히 왜 그런 혐의를 받을 만한가를 너무도 잘 연상시키는 설명을 제공하는 방식으로, 또 그런 설명을 제공하는 일련의 생각을 통해

87 Farrar, *The Origins of Democratic Thinking*과 Finley, *Politics in the Ancient World*를 참조.

특징지어졌다. 아리스토텔레스의 최종적인 어휘 목록 , 즉 그가 결국 중세 유럽에, 그리하여 근대적 정치 이해에 넘겨 준 어휘 목록에서 민주주의는 공공선을 지향하지 않는 통치 형태였다. 그것은 더 부유하고 더 훌륭하고 더 고상하고 더 까다롭거나 유덕한 사람들을 희생시키면서 다수에게 봉사하는 데 별 거리낌 없이 헌신한, 노골적인 집단 이익 체제였다. 유럽 사상가들은 아리스토텔레스가 넘겨 준 어휘 목록을 통해 자신들의 입장을 정했기 때문에, 왜 그들이 대대로 민주주의라는 단어를 피했는지 이해하기란 어렵지 않다. 민주주의는 이미 부나 권력을 지닌 사람들에게, 혹은 심지어 그렇다고 자처하는 사람들에게도 폭력적이고 불안정하며 위협적이었을 뿐만 아니라, 여러 세기 동안 유럽 연설가들이 아리스토텔레스의 가르침을 받아 그 말을 쓰면서 뜻한 바에 따르면, 그 자체로 철두철미 악의적이고 남세스런 것이었다.

그렇다면 왜 지금 우리는 그토록 최근에, 그럼에도 불구하고 그토록 철저하게, 마음을 바꾼 것인가?(혹은 우리 마음까지는 아니더라도, 적어도 우리의 언어 습관과 그 습관에 우리가 갖다 붙이는 감정을 왜 바꾸게 된 것일까?) 그런 물음들 가운데 첫 번째 것은 직설적이며, 아마도 대답하기가 별로 어렵지 않을 것이다. (비록 도서관 선반에서 그럴듯한 대답을 곧장 뽑아 오기는 어렵겠지만 말이다.) 그러나 두 번째 물음(즉, 우리가 전 세계에 걸쳐 정치적 정당성과 품위를 가리키는 특권을 가진 벡터로 민주주의라는 바로 그 용어를 선택한 배후에 놓여 있는 것이 정확히 무엇인가 하는 물음)은 답을 알아내기가 더 어렵다. 이것을 파악하려면 우리는 그 단어를 경멸적인 것에서 중립적인 것으로, 그런 다음에는 (보다 잠정적으로) 거의 무한한 열광의 수준으로까지 바꾸어 놓으면서, 그 단어에 부여된 가치들을 우리가 어떻게 그리고 왜 전도시켰는가 하는 것 이상의 훨씬 많은 것을 보지 않으면 안 된다. 정치적 단어들이 갖는 평가적 함축이 이렇게 바뀌는 일은 대부분 장기적 정치투쟁의 와중에 발생하며, 그 투쟁의 결과를 기록하는 데 도움이 되는 경우가 많다.[88] 진짜 물음은 우리가 왜 오늘날 민주주의에 대해 더 친근하게 느끼는가, 혹은 왜 우리가 느끼는 더 큰 친근함이 우리의 어휘 선택에 스며들게 되었는가가 아니다. 진짜 물음은 우리가 왜 이 거대한 무게의 정치적 희망과 헌신을 담아내기 위해, 앞선 인류 언어의 전 역사 가운데서 그토록 오랫동안 그토록 사악했던 이 단일한 희랍어 명사를 골라냈는가 하는 것이다. 우리는 도대체 왜 희랍어 단어를 골라야 했던 것일까? (대다수가 유럽인이 아닌) 우리가 왜 유럽어 단어를 골라야 했던 것일까? 그것이 왜 모든 희랍어 단어 가운데 이것이어야 할까? 우리가 벌이게 된 이 거대한 도박에 걸려 있는 게 왜 하필 이런 글자 조합이고 이 비슷하게 나는 소리여야 하는가?

바로 이런 식으로 문제를 바라보게 되면, 확실히 우리는 우리가 무엇을 하고 있는지 이해하는 데 있어서나 그 내기 자체를 하는 데 있어서나 심각한 잘못을 저지르고 있음에 틀림없다. 자기 종의 운명[89]을 특정하게

88 예컨대 Quentin Skinner, *Visions of Politics*(Cambridge: Cambridge University Press, 2002), Vol. 1, chapters 8-10 참조.

89 Dunn, *The Cunning of Unreason* 참조.

배열된 글자나 특정하게 조합된 소리에 맡기는 것은 도저히 제정신이라 할 수가 없다. 그러나 우리 자신이 하고 있다고 생각하는 일은 물론 그런 게 아니다. 우리 자신이 하고 있다고 (분명 충분히 올바르게) 믿는 일은 저 단어가 모호하게나마 세상 가운데서 골라내는 그것, 즉 우리가 소속해 있으며 또 거기에 의존하는 것 말고는 다른 실제적 선택지가 없는 정치적·경제적·사회적·법적 공동체들의 점점 더 복잡해지는 네트워크 내에서 권력을 할당하고 책임을 인정하는 일을 꽤 일관성 있게 해내는 것에 신뢰를 주는 일이다.

민주주의는 우리가 그런 공동체들에 소속해 있다거나 의존한다는 것을 받아들일 때 유일한 기반이 되는 것을 지칭하기 위해 우리가 사용하고 싶어 하는 이름이 되었다. 우리가 기쁘게 수용하는 게 아닐 수도 있고, 심지어 쉽게 수용하는 것조차도 아닐 수 있지만, 적어도 이런 단서하에서 이 공동체들은, 모든 것을 감안할 때, 우리가 거부하기보다는 오히려 받아들일 수 있는 것들일지 모른다. 민주주의는 무엇보다도 우리, 즉 인민이라는 정치적 동일시를 위해 우리가 사용하는 용어다. (바깥세상의 일들이 그렇게 돌아가지 않는다는 것이 아주 분명한 지금도)[90] 그 용어가 의미하는 바는 인민이(즉 우리가) 권력을 갖고 지배를 행한다는 것이다. 그런 주장이 진실과 일말의 연계를 가졌던 아테네에서 그 용어가 뜻하던 바가

90 John Dunn, *Western Political Theory in the Face of the Future* 2nd ed(Cambridge: Cambridge University Press, 1993), chapter 1 참조.

바로 그것이었다. 그런 주장이 그야말로 터무니없는 허위, 즉 뻔뻔스런 거짓말로 보이는 오늘날 그 용어가 뜻하는 바도 바로 그것이다. 근대 정치사의 많은 부분은 이 명백한 허위에 대한 오래고 느리며 분개에 찬 화해이자, 민주주의가 정치적 동일시를 위해 선호되는 용어와는 거리가 멀다는 것이 곧잘 입증되는 과정이었다.[91] 소용돌이와 회오리를 겪고 고여 있는 물을 만나기도 했던 이 투쟁의 전 과정에 걸쳐, 민주주의의 부침浮沈은 종종 무시해도 될 만큼 그 중요성이 미미했다. 민주주의에 초점을 맞춘다고 해서, 정확히 무엇이 위태로운 지경에 처했는지 혹은 싸움들이 왜 그런 모습으로 드러났는지에 대해 분명하거나 실속 있는 안내가 제공되리라고 믿을 만한 이유는 딱히 없다. 민주주의에 아주 특별한 무언가가 있음이 드러난 것은 최근에 민주주의가 차지한 독자적인 명성에서다. 그런 결과 속에는, 비록 그것이 아무리 일시적이거나 불확실한 것으로 판명된다 하더라도, 우리가 이해하려는 시도를 해볼 만한 (그리고 아마도 지금 시도를 해야 마땅한) 막대한 중요성을 가진 무언가가 있다는 것을 우리는 아주 분명히 알 수 있다.

이야기의 한쪽 면, 즉 이 한 단어의 수용 이야기는 복잡하기는 해도 시공간상에 상대적으로 분명한 단 하나의 형태를 갖고 있다. 그것은, 우리가 이미 주목한 대로, 시작이 있는 이야기다. 그것은 또한 단일한 여주

91 Neil Harding, 'The Marxist-Leninist Detour', in John Dunn(ed), *Democracy: The Unfinished Journey*(Oxford: Oxford University Press, 1992), 155-87 참조.

인공이 있는 이야기다(데모크라티아는 여성 명사다). 혹은, 그 말을 너무 문자 그대로 옮기는 것처럼 보일지 모르겠지만, 데모스라는 단일한 집단 주인공이 있는 이야기다. 처음에는 아테네에 있었고, 지금은 잠재적으로 이 세상 어느 곳이든, 그러니까 한 무리의 인간들이 권리와 책임에 의해서 또 자신들의 정체성을 통해서 그리고 자신들의 정체성 때문에 그들 자신을 함께 소속된 존재로 생각하고 싶어 하는 곳이면 어디든 있는 그 데모스 말이다.

이야기의 다른 쪽 면, 즉 선택되지 않은 단어들의 이야기는 아무런 형태도 갖고 있지 않다. 알아볼 수 있는 시작도 없고 스스로를 확인해 볼 수 있는 자리도 없으며, 관리할 수 있는 남녀 주인공 무리는커녕 확정된 등장인물 명단조차 없다. 명백히 그 이야기의 많은 부분은 너무 비영웅적이고 사소해서 들려줄 만한 것이 못 된다. 선택받지 못하고 중도 하차하는 하고많은 단어들 모두의 이야기란 있을 수 없다.

한꺼번에 그리고 단 하나의 명백히 적절한 구조를 통해 잠재적 경쟁자들을 제거하거나 모른 체하며 지나친다는 것은 생각할 수 없는 일이다. 그렇다고 끝없이 계속되는 이런 모든 제거나 회피를 그 어떤 일관된 방식으로든 하나하나 면밀히 검사할 수는 더더욱 없는 노릇이다. 우리가 손쉽게 할 수 있는 일이란 우리가 이미 제기한 이 세 가지 물음에 적합한 탐구의 상이한 형태들을 인식하는 것뿐이다. 첫째, 왜 유럽어 단어인가? 둘째, 도대체 왜 희랍어 단어인가? 셋째, 모든 희랍어 단어 가운데 왜 이 단어인가?

이 물음들 가운데 첫 번째와 세 번째 물음에 대답을 얻기 위한 주된 공략 지점은 분명 세계사의 마지막 두 세기쯤에 있다. 그 대답들은 매우 상이한 유형의 다음과 같은 물음에 대한 대답이 갖는 여러 측면들이다. 즉, 권력을 조직화하고 권력을 위해 경쟁하는 하나의 방식인 자본주의적 대의 민주주의가 지난 60년에 걸쳐 그토록 압도적인 성공을 거두고 살아남은 까닭이 무엇인가 하는 물음 말이다. 모든 희랍어 단어 가운데 이 단어였던 이유는 그것이 현재 우위를 점하고 있는 저 정치적 포맷(즉, 그 단어에 저 엄청난 경쟁력 우위를 부여해 준 그것과 긴밀히, 아마 오해의 소지가 있을 만하게 그렇긴 하지만 아무튼 긴밀히, 연관되어 있는 정치적 포맷)에 관련된 어떤 것을 지칭하기 때문이다. 유럽어 단어였던 이유는 세계 자본주의 경제를 구축했을 뿐만 아니라 그런 자본주의 경제가 그 내부에서 그리고 그것을 통해 대체로 모양을 갖추게 되었던 일련의 연속적인 제국을 건설한 것이 결국 중국이 아니라 유럽 세력들이었기 때문이며, 또 일단 유럽 세력이 약해진 후에 위풍당당하게 그 자리를 대신한 것이 (적잖이 유럽 정치 언어의 계승자이면서 어느 작은 부분 하나도 그 언어를 통해 건립되었다고 할 수 없는) 미합중국이었기 때문이다.

이렇게 피상적인 수준을 넘어 보다 깊은 이해에 도달하려면 우리는 지구상에 존재해 온 인간 삶의 역사를, 자기 뜻을 관철하기 위해 인간들이 서로 간에 벌이는 단일하고 맹목적이며 일정한 형태가 없는 투쟁으로 바라볼 필요가 있으며, 그러면서도 동시에, 그 맞은편에서 줄곧 거리를 유지한 채, 정확히 왜 다른 쪽이 아니라 특정한 쪽으로 승산이 끊임없이 기울었던 것인지 이해할 필요가 있다. 정당한 정치적 권위를 가리키는 전 지구적 이름이 왜 산 부시먼족San Bushmen이나 에반스-프리처드가 연구했던 수단 남부 누에르족(그들의 조국은 수십 년 간의 억압으로 마비 상태가 되었다)의 언어에서 오지 않았는지를 알기란 어렵지 않다.[92] 그러나 세상을 인간이라는 우리 종種의 단일하고 혼잡하며 고통스런 공동 거주지로 만든 것이, 그래서 유럽의 편견과 편협함을 그저 한 지역의 결함이나 한 대륙의 오점이 아니라 전 세계 역사에 영향을 미치는 힘으로 만든 것이 왜 중국이 아니라 유럽이어야 했는지를 알 수 있는 똑 부러지게 확실한 방식은 없다.[93] 선택되지 않은 단어들의 위상을 알려면, 우리는 많은 것을 기정사실로 받아들여야 한다. 특히, 지금 우리 모두가 속해 있는 세상을 만들어 낸 자본주의와 제국주의의 긴밀하게 중첩되는 역사를 기정사실로 받아들여야 한다.

92 (주변부 중에서도 주변부인) 산 부시먼족(San Bushmen)의 운명에 대해서는 Leonard Thompson, *Survival in Two Worlds: Moshoeshoe of Lesotho*(Oxford: Clarendon Press, 1975), chapter 1, 특히 13, 19 혹은 C. W. de Kiewiet, *A History of South Africa: Social and Economic*(Oxford: Oxford University Press, 1957), chapter 1, 19-20을 참조. 영국 인류학자들이 생각하고 싶어 하는 대로 누에르족에 대해 알아보려면 E. E. Evans-Pritchard, *The Nuer*(Oxford: Clarendon Press, 1940)를 참조. 그들의 보다 최근의 운명에 대해서는 Douglas H. Johnson, *The Root Causes of Sudan's Civil Wars*(London: James Currey & Bloomington: Indiana University Press, 2004)를 참조.

93 그런 일을 하려는 가장 용감한 시도 가운데 하나가 Mark Elvin, *The Pattern of the Chinese Past*(Stanford: Stanford University Press, 1972)이다. 또한 G. E. R. Lloyd and N. Sivin, *The Way and the Word*(New Haven: Yale University Press, 2002), 그리고 그보다 더 숨 가쁘게 요약하고 있는 Jared Diamond, *Guns, Germs and Steel*(London: Jonathan Cape, 1997), chapter 16, 'How China became Chinese', 322-33을 참조.

앞서 제기한 세 가지 물음 가운데 따로 남은 한 가지는 이 놀라운 세계사적 운명을 누릴 특권을 갖게 된 유럽어 단어가 왜 하필 희랍어 단어여야 했는가 하는 것이다. 더 북쪽이나 더 동쪽에서, 그러니까 옛 스칸디나비아어Norse나 튜턴어나 터키어에서 올 수도 있었을 텐데 말이다. 훨씬 더 분명하게는, 약간 더 서쪽에서, 그러니까 희랍을 정복했던 로마인들의 언어나, 이들에게서 비롯되어 장차 때가 되면 생겨나게 되는 나중의 로망스어들에서 올 수도 있었다. 이 언어들은 모두 인민의 정치적 선택을 통해 이루어지는 권위 부여의 일정한 형태를 인지하고 있다. 그중 일부는 잠시 유럽 내에서, 심지어는 유럽을 넘어 부와 권력을 쟁취하기 위한 전 지구적 투쟁 속에서 존재감을 드러내기도 했다. 그러나 제3제국이 제2차 세계대전에서 어떤 식으로든 승리했더라면 지금쯤 이미 무슨 일이 벌어져 있을지 모르지만, 현재로서는 이 언어들 가운데 단 하나만이 진정 막강한 경쟁상대로 보인다. 대로마 제국의 언어인 라틴어 말이다. 그 언어는 여전히 우리가 정치적 평가에 사용하는 어휘의 대부분을 제공해 주고 있다. 시민권citizenship, 합법성legality, 자유liberty, 공적public 및 사적private, 헌법constitution, 공화국republic, 연합union, 연방federation이라는 말이 그렇고, 아마 국가state라는 말 자체도 직접 혹은 한 다리 건너 라틴어에서 왔을 것이다.

라틴어가 우리에게 제공해 주지 않는 것은 **민주주의**democracy라는 단어다. 민주주의가 로마인들 자신이 일부러 빌려다 쓰는 수고를 한 단어가 마침 아니기 때문에 그런 것은 아니다. 민주주의는 단지 고전 라틴어 단어가 아니기만 한 것이 아니다. 그것은 로마적인 사유 방식이 아니다. 그것은 로마인들이 (우리가 아는 한 그들 누구라도) 정치를 마음속에 어떻게 그리고 있었는지를 표현해 주지 않는다. 그렇다고 라틴어 단어 포풀루스 populus(인민)가 희랍어 단어 데모스의 나쁜 번역어라는 말은 아니다. 로마인들이 로마의 포풀루스를 결코 로마법의 궁극적 원천으로, 따라서 로마 내 정치적 권위의 궁극적 원천으로 생각하지 않았다는 말도 아니다. 그저 그들은 저 포풀루스가 방해받지 않고 또 언제든 스스로 자유롭게 변경할 수 있는 권위의 틀 내에서 자신을 직접 지배하는 것으로 생각한 적이 결코 없다는 말이다.[94] 로마의 공공 비명碑銘들(가운데 많은 경우)에 나오는 정치적 권위의 단위는 원로원과 로마 인민Senatus Populusque Romanus: SPQR이었다. 저 정형화된 문구에는 (물론 거기서만 유일하게 그런 것은 전혀 아니지만) 원로원이 맨 앞에 나온다.

이 문제에 관해 그 밖에도 말할 거리가 많은데, 그 가운데 일부는 지난 수십 년 동안 옥스퍼드 등지에서 효과적으로 논의되었다.[95] 로마 공화국을 막다른 최후로 몰아갔던 군사적 파괴와 제국주의적 정복 말고 그 공화국에 가능한 다른 미래들이 아마도 있었을 것이다.[96] 포풀루스의 옹

94 모겐스 핸슨(『아테네 민주주의』*Athenian Democracy*)이 4세기 아테네에 대해 이와 유사한 주장을 하지만, 정치적 결과로서 이야기하는 것이지 데모크라티아라는 용어 자체의 언어적 함축으로 이야기하는 것은 확실히 아니다.

95 특히 Fergus Millar, *The Crowd in Rome in the Late Republic*(Ann Arbor: University of Michigan Press, 1998)과 로마 정치사상의 발전 및 그 역사적 영향에 관해 예외적으로 분명히 밝혀 주는 연구인 *The Roman Republic in Political Thought*(Hanover: University Press of New England, 2002)를 참조.

호자인 호민관 티베리우스 그라쿠스와 가이우스 그라쿠스 형제가 벌인 투쟁이 어쩌면 그들이 당한 정치적 살해 말고 다른 결과를 낳았을 수도 있다. 심지어 로마 공화국이 자기가 아는 세상 대부분을 정복하는 데 앞세웠던 군대와 더불어 계속 존속하게 되었을 수도 있고, 그래서 로마의 제국은 그저 로마 공화국이 전복시킨 지배자들에게만 제국이었을 수도 있다.[97] 거의 1천5백 년 동안 유럽 공동체들의 정치적 사유는 이런 가능성들을 곱씹어 보고 그것들을 되살려 내고자 하는 시도를 되풀이했다.[98] 그러나 그것은 실제로 일어난 역사가 아니었다. 그것은 우리가 사는 세상을 벼려 낸 역사가 아니었다. 그것은 왜 지금 민주주의가 적절히 행사되는 정치권력을 가리키는 데 우리가 사용하는 명칭이어야 하는지에 관해 우리에게 아무것도 말해 주지 않는다.

우리가 아는 한 로마인들 스스로는 자신들은 물론 기실 다른 어느 누

96 하지만 여전히 Ronald Syme, *The Roman Revolution*(Oxford: Clarendon Press, 1939)이나 Christian Meier, *Caesar*, tr David McLintock(London: Fontana, 1996)을 참조.

97 하지만 베르길리우스의 단호한 정형구 "로마인이여, 당신이 제국으로 인민들을 지배한다는 것을 기억하라"(Tu regere imperio populos, Romane, memento)(Vergil, *Aeneid*, VI, 851)가 후자를 암시한다고 하기는 어렵다.

98 이렇게 끝없이 되돌아가는 시도를 하는 대 역사가는 존 포콕이다. 특히 J. G. A. Pocock, *The Machiavellian Movement*(Princeton: Princeton University Press, 1975)과 18세기 말 에드워드 기번(Edward Gibbon)의 대작 *The Decline and Fall of the Roman Empire*의 맥락에 관한 그의 최근 걸작 J. G. A. Pocock, *Barbarism and Religion*, 2005년 현재까지 나온 것은 Vols. 1-3(Cambridge: Cambridge University Press, 1999-2003)을 참조.

구의 정치적 제도 장치를 설명하거나 평가하는 데 민주주의라는 용어를 사용한 적이 없었다.[99] 하지만 적어도 두 명의 희랍인 분석가가 그 용어를 로마의 정치적 제도 장치와 관련해 사용한 적이 있는데, 로마가 정치 공동체로서 겪은 역사적 발전을 정교하게 분석한 바 있는 폴뤼비오스와 카시우스 디오가 그들이다.[100] 이 두 사람 가운데 폴뤼비오스가 더 차원 높은 사상가였다. 그는 로마가 지중해 세계를 장악할 정도로 융성하게 된 기반을 분석하고 로마의 미래 전망들을 탐색하기 위해 희랍 정치사상의 축적된 자산을 체계적으로 이용했다.[101] 천 년을 훨씬 넘는 세월 동안 그의 『역사』는 여러 면에서, 로마가 괄목할 만한 융성을 이루게 된 동력을 파악하려는 가장 체계적인 시도로 남아 있다. 그 책에서 폴뤼비오스는 로마가 이룬 예사롭지 않은 상승의 기반과 여러 세기 후에 여느 인간 공동체들처럼 로마가 결국 당면하게 된 내적 취약성 사이의 관계를 파악하는 데도 모종의 노력을 기울였다.

99 Millar, *The Roman Republic in Political Thought.*

100 Millar, *The Roman Republic*, 48-49.

101 Millar, *The Roman Republic*, 23-36; F. W. Walbank, *Polybius*(Berkeley, Calif.: University of California Press, 1972); Kurt von Fritz, *The Mixed Constitution in Antiquity*(New York: Columbia University Press, 1954); Claude Nicolet, 'Polybe et les institutions romaines', E. Gabba(ed), *Polybe*(Geneva, 1973), 209-58. 로마 권력과 로마 문화에 대한 폴뤼비오스의 애증이 엇갈리는 태도에 대한 흥미로운 연구로는 Craige B. Champion, *Cultural Politics in Polybius'* Histories(Berkeley, Calif.: University of California Press, 2004)가 있다.

폴뤼비오스는 특유의 교육적인 시각에서 로마를 바라보았다. 아카이아 동맹의 실질적 수도인 메갈로폴리스의 유력 정치인 가문에서 태어나 자란 그는 기원전 168년 희랍이 로마에 정복당하게 되자 젊은 나이에 집정관 아이밀리우스 파울루스Aemilius Paullus의 볼모가 되어 이탈리아로 끌려가서 자기 정복자의 집안과 긴밀히 접촉하며 수십 년을 살았는데, 적어도 그중 일정 기간 동안은 아이밀리우스 파울루스의 아들들 가운데 한 명의 가정교사로 지냈다. 바로 그 아들, 즉 스키피오 아이밀리아누스는 20여 년이 지난 후 로마 장군이 되어 결국 카르타고를 쳐부수고 약탈하게 되는데, 카르타고는 이전 한 세기 내내 지중해 패권을 두고 로마와 겨루던 주요 경쟁자이자 반세기 전에는 위대한 장군 한니발의 지휘 아래 로마를 거의 끝장낼 뻔했던 도시국가다. 다른 자질들 가운데서도 폴뤼비오스는 역사적 기회에 대한 훌륭한 감각을 지녔으며, 그의 출중한 제자가 불길에 휩싸인 카르타고를 굽어보면서 언젠가는 (5백 년 이상이 지난 후에 일어난 것처럼) 로마 역시도 영원히 몰락하리라는 데 생각이 미쳐 눈물지었던 일을 꽤 거창하게 기록한다.[102]

*102* Polybius, *The Histories*, tr W. R. Paton, 6 vols(Cambridge, Mass.: Harvard University Press, 1922-27), XXXVIII, 22, Vol. 6, 438-9: "철저히 파멸되어 가면서 완벽한 파괴의 마지막 진통을 겪고 있는 그 도시를 지켜보고 스키피오는 눈물을 흘리면서 공공연하게 적들을 위해 울었다고 한다. 오랫동안 생각에 잠긴 끝에 그리고 모든 도시와 민족, 권위체들이 사람처럼 자기들의 운명을 맞아야 한다는 것, 한때 번창했던 도시인 일리온과 당대에 가장 큰 제국이었던 아시리아, 메디아, 페르시아 제국, 또 아주 최근에 찬란한 광채를

어떤 면에서 로마 정치 질서에 대한 폴뤼비오스의 묘사는 이제 읽기 어렵다. 그의 텍스트 중 상당 부분이 우리에게 전해지지 않았다. 그의 책은 장기간에 걸쳐 작성되었으며, 아리스토텔레스의 『정치학』처럼 아마도 저작 과정에서 중심 주제가 저자의 관점에서 볼 때 의미 있게 바뀌었을 법하다. 오늘날 우리가 판단할 수 있는 한, 그의 사유의 일부 측면들은 완전히 분명해지거나 정합적이 된 적이 결코 없다고 결론 내리는 것 또한 합당하다. 그러나 틀림없는 것은 로마가 여러 세기 전 군주정이 아니게 된 이후로 어느 시점에선가 민주주의가 되었다는 생각이 그에게는 전혀 떠오르지 않았던 것으로 보인다는 점이다. 대대로 집정관을 배출한, 그 도시의 주요 정치 가문 가운데 하나의 관점에서 보면 이것은 놀랄

얻은 마케도니아에 그 일이 일어났다는 것을 깨닫고서 그는, 작정하고서든 아니면 시구가 무심코 새어나온 것이든 간에, 이렇게 말했다.

> 성스러운 트로이가 멸망하고
> 프리아모스와 그의 인민이 살해당할 날이 올 것이다(호메로스, 『일리아스』 VI, 448-9).

또 폴뤼비오스가 스키피오의 선생이었던 터라 자유로이 그와 이야기를 나누면서 그 말들이 무슨 의미인가를 물었을 때, 그는 숨기려는 어떤 노력도 하지 않은 채 자기 조국의 이름을 댔다고들 한다. 모든 인간적인 것들의 운명에 대해 반추하면서 그가 염려했던 바로 그 조국의 이름을 말이다. 폴뤼비오스는 실제로 그의 말을 들었고 자기 역사책에서 그 말을 회상한다"(이 단편은 Appian, Punica, 132에만 남아 있다. 하지만 *Histories*, XXXVIII, 21, 436-37도 참조). 월뱅크는 지나치게 거창한 이 구절(Polybius, 11)의 중요성에 대해 회의적이다. 의심의 근거에 대한 주의 깊은 논의는 A. E. Astin, *Scipio Aemilianus*(Oxford: Clarendon Press, 1967), 282-87에 있다.

만한 일이 아니었다. 약간 덜 명석하게이긴 하지만 아무튼 아리스토텔레스처럼 폴뤼비오스도 정치 공동체 조직에 있어, 그의 경우에 맞게 보다 특정하게 말하자면 로마 공화국 조직에 있어, 민주주의적 요소가 갖는 실천적 가치를 온전히 인정했다. 그러나 아리스토텔레스처럼 그도 민주주의적 요소가 가진 이 가치가 귀족정적 요소와 군주정적 요소라는 또 다른 두 요소에 의한 확고한 통제에 철저히 의존한다고 주장하는 데 공을 들였는데, 그 두 요소는 많은 쟁점에 대한 주도권을, 로마의 경우에는 무엇보다도 원로원과 집정관에게로 한정했다.[103] 스키피오 집안의 문객門客이 로마를 민주주의로 본다는 것은 몹시 이상했을 것이다. 비록 그 집안의 남자 구성원들이 높은 정치 관직을 얻을 전망이 민회에서 선출될 능력에 계속해서 좌우되었지만 말이다.[104]

아테네의 평의회(불레)와 로마 원로원의 구성, 권한 부여, 실제 권력

*103* Aristotle, *Politics*, 특히 1281b-1284a, 220-24. Polybius, *Histories*, VI, 10-18, Vol. 3, 292-311 참조. 그의 핵심 목표에 대해서는 *Histories*, I, 5-6, Vol. 1, 2-5를 참조. “하긴 로마인들이 불과 53년도 못 되는 기간 안에 사람이 사는 전 세상을 그들만의 유일무이한 통치(역사상 아주 독특한 것) 아래 복속시키는 데 성공했던 것이 어떤 수단을 가지고 어떤 정치체제에서인지를 알아보고 싶지 않을 만큼 쓸모없고 게으른 사람이 누가 있는가?” 민주주의라는 범주가 로마 정치에 대한 직접적인 묘사인 양 비치는 것이 얼마나 어울리지 않는가에 대한 분별은 Andrew Lintott, *The Constitution of the Roman Republic*(Oxford: Oxford University Press, 1999)과 Claude Nicolet, *The World of the Citizen in Republican Rome*, tr P.S. Falla(London: Batsford, 1980)로부터 얻을 수 있다.

*104* Millar, *Roman Republic*, 170.

을 단순 비교만 해봐도 그런 동일시가 얼마나 받아들이기 어려운지 쉽게 알 수 있는데,[105] 폴뤼비오스 자신에게도 분명히 그랬다. 그러나 주목할 것은 폴뤼비오스가 로마를 이미 민주주의라고 (혹은 누군가가 쉽게 그렇다고 생각할 수 있으리라고) 판단하지는 않았지만, 결국에는 언젠가 때가 되면 참담하게도 민주주의가 될지 모른다고 판단했다는 점이다. 그렇게 된다면, 그리고 그렇게 될 때는, 그 상황이 오래갈 수 없고 어쩔 수 없이 도시 자체를 파멸시키게 되리라고 폴뤼비오스는 경고했다.[106] 카르타고를 휩싼 불길이, 로마가 결국 고트족 알라리크 같은 외세에 의해 정복되고 강탈당하리라는 전조였다고 한다면, 폴뤼비오스 자신은 로마의 대장정이 맞이할 순전히 국내적인 종말의 가능성, 즉 민주주의의 도래라는 가능성을 또한 예상해 보았던 것이다.

분석의 이 지점에서 폴뤼비오스의 어휘는 다소 모호해지고, 민주주의는 플라톤의 선례를 따라 오클로크라티아ochlokratia[107](즉 가장 나쁜 종류의 민주주의, 그러니까 데모스의 가장 비천하고 가장 무질서한 구성 부분의 지배 혹은

105 Hansen, *The Athenian Democracy*, 다음을 참조하라. Millar, *Roman Republic*, 166-67; Polybius, *Histories*, VI, 13, Vol. 3, 298-301(원로원과 외교에 관해).

106 Polybius, *Histories*, VI, 57, 396-99: 특히 "이 일이 일어나게 될 때 국가는 그 이름을 모든 것들 가운데 가장 멋있게 들리는 자유와 민주주의(데모크라티아)로 바꾸게 되겠지만, 그 본질은 모든 것들 가운데 가장 나쁜 우중 지배(오클로크라티아)로 바꾸게 될 것이다." 밀러는 이 지점에서 폴뤼비오스가 염두에 둔 국가가 로마일 수밖에 없다고 설득력 있게 주장한다. *Roman Republic*, 30, 35-36.

107 Polybius, *Histories*, VI, 57, 398-99.

나중에 영어가 표현한 대로라면 우중愚衆, mob의 지배)로 재명명된다. 그러나 이런 재명명은 개선을 위해 문제의 원인을 진단하는 것이라기보다는 오히려 모욕을 심화하는 것이었다. 로마로 하여금 자신이 아는 세상 대부분을 정복할 수 있게 해준 정치 구조(폴리테이아)는 경쟁하는 요소들이 능란하게 (그렇다고 계획에 의한 것은 전혀 아니지만)[108] 균형을 이루는 것이었는데, 이 요소들 가운데 어느 하나가 무제한적인 권력을 행사해 그 권력에 대한 모든 외적 제약을 잃을 뿐만 아니라 그때 그 권력을 행사하고 있는 사람들 사이의 모든 내적 상호 금제禁制 또한 잃게 됨으로써 그 구조는 너무도 쉽게 최후를 맞을지 모른다.

로마에 대한 폴뤼비오스의 묘사는 1천5백 년 동안 시야에서 완벽하게 사라졌다. 그러나 그렇게 되기 전에, 그리고 르네상스의 여파로 다시 시야 속에 들어왔을 때, 그것은 세상에 민주주의를 유망한 정체 형태로 추천하는 일을 거의 하지 않았다. 그의 눈을 통해 보면, 민주주의는 어떤 유럽인이든지 의식 정도는 하고 있는 단연 가장 인상적인 역사적 모델의 최악의 악몽이거나 돌이킬 수 없는 파멸이었다. 즉, 한 문명 전체가 맞이한 비운의 상징이자 그런 비운의 잠재적 메커니즘이기도 했다. 모든 단어들 가운데 이 단어가 세상을 정복하게 되리라고 누가 생각이나 했을까?

우리가 아는 한 데모크라티아라는 단어는 1260년대에 도미니크회 수사 뫼르베크의 윌리엄William of Moerbeke이 (고대 세계로부터 살아남아 전해진,

*108* Polybius, *Histories*, VI, 10, 12-14, 292-93.

실천적 활동으로서의 정치에 대한 가장 체계적인 분석인) 아리스토텔레스의 『정치학』[109]을 번역하면서 라틴어에 들어왔다. (이보다 앞서, 이슬람 문명의 큰 중심지들에서 아리스토텔레스 사상이 상당히 이른 시기에 아주 정교하게 수용되었는데, 데모크라티아라는 단어가 그와 더불어 아랍어에 들어오지 않았다는 것은 이슬람 지성사와 근대 중동 정치사에서 아주 중요하다.)[110] 일단 적절히 라틴어로 번역되고 나자 그 단어는 정치적 실천 및 가능성을 평가하는 데 도움이 되는 수단으로 이용될 수 있게 되었고, 이후 내내 그래 왔다. 이런 모습으로 그것은 곧 유용성을 입증 받게 되었는데, 그 이유는 일단의 주권적 민주주의 체제가 고려의 대상이 될 정도로 가까이 있었기 때문이라기보

*109* Millar, *Roman Republic*, 55-58; Joseph Canning, *A History of Medieval Political Thought* (London: Routledge, 1996), 125-26; Janet Coleman, *A History of Political Thought from the Middle Ages to the Renaissance*(Oxford: Blackwell, 2000), 62; Coleman 50-80은 아리스토텔레스의 『정치학』이 교육적 실천 속으로 흡수된 배경에 관한 설명이 탁월하다; Anthony Black, *Political Thought in Europe 1250-1450*(Cambridge: Cambridge University Press, 1992), 20-21.

*110* Coleman, *History of Political Thought*, 55. 이슬람 문명의 절정기에 아리스토텔레스 사유의 여러 측면에 대한 실질적인 수요가 있었음이 밝혀졌다. 그러나 이슬람 사회의 정치 조직에는 정치의 중요성에 대한 아리스토텔레스의 탐색을 절박하게 고심해 보게 할 만한 요소가 전혀 없었다. Dimitri Gutas, Greek *Thought, Arabic Culture: The Graeco Arabic Translation Movement in Baghdad and Early Abbasid Society*(London: Routledge, 1998); Muhsin Mahdi, *Alfarabi and the Foundation of Islamic Political Philosophy*(Chicago: University of Chicago Press, 2001); Muhsin Mahdi, 'Avicenna', *Encyclopedia Iranica*, Vol. 3(London: Routledge, 1989), 66-110; Richard Walzer, *Greek into Arabic*(Oxford: Bruno Cassirer, 1962), chapter 14, 'Platonism in Islamic Political Philosophy'.

다는, 아리스토텔레스가 주의 깊게 주목했던 것처럼, 매우 상이한 종류의 정치체제들이 각각 어느 정도 민주주의적 측면을 가질 수 있기 때문이었다. 13세기 이탈리아의 자치적 도시국가들은 자기들 내부 조직의 목적에 대한 그들 나름의 생각을 갖고 있었고, 온갖 다양한 모습으로 나타나는 그 목적을 설명하고 격찬하기 위해 공화주의적 자유를 가리키는 로마 언어를 폭넓게 사용했다.[111] 어떤 도시들은 상대적으로 광범위한 시민 집단을 선출직 집정관 및 권력 행사의 투명한 법적 틀과 결합시켰다. 그러나 이 도시들 가운데 자기 체제의 장점을 옹호하려고 뫼르베크의 그 최신 희랍어 어휘를 채택하겠다는 결정을 내린 도시는 하나도 없었다. 성 토마스 아퀴나스의 책 『군주의 지배』*The Rule of Princes*의 계승자[112] 루카의 프톨레미Ptolemy of Lucca는 기원전 2세기 로마에 호민관 직책이 생긴 것이 공화주의 체제 내에 존재하는 명백한 귀족주의의 우선성(이는 원로원과 집정관의 존재로 대변된다)에다 민주주의 우선성democraticus principatus 요소를 추가하는 것임을 인정했다.[113] 루카의 프톨레미와 거의 동시대에 도시의 체제들에 관해De Regimine Civium 저술하면서 당시 이탈리아를 주목

111 Quentin Skinner, 'The Italian City-Republics', in John Dunn(ed), *Democracy: The Unfinished Journey* 57-69; Hans Baron, *The Crisis of the Early Italian Renaissance*, revised ed(Princeton: Princeton University Press, 1966); Philip Jones, *The Italian City State: From Commune to Signoria*(Oxford: Clarendon Press, 1997).

112 Millar, *Roman Republic*, 58-59.

113 Millar, *Roman Republic*, 60-61.

했던 선도적 법학자 사소페라토의 바르톨루스Bartolus of Sassoferrato는 아리스토텔레스가 명한 대로 소수 지배의 좋은 버전과 나쁜 버전(아리스토크라티아와 올리가르키아), 다수 지배의 좋은 버전과 나쁜 버전(폴리티아 혹은 데모크라티아)을 구별했다.[114] 하지만 중세나 근대 초기 이탈리아 문필가치고 우리가 아는 어떤 이탈리아 도시 정부를 민주주의라고 직설적으로 묘사한 사람은 없었다. 아리스토텔레스의 어휘를 라틴어로(혹은 그 어휘를 수입하게 되는 어떤 다른 언어로) 사용하는 사람은 누구든 그렇게 함으로써 해당 도시를 모욕하고 있는 것일 따름이었다.

민주주의라는 용어가 희랍적인 묘사의 중립성과 단순성 중 일부를 되찾고, 아리스토텔레스에서 나쁜 것을 가리키는 그 용어의 쌍둥이 짝으로 등장해 더 좋은 것을 가리켰던 폴리테이아를 떨쳐 버리게 되는 데는 족히 3백 년이 걸렸다. 그 용어가 그렇게 하기를 시작하고 나서도 폴리테이아(정체)는 강한 긍정적 함축을 적어도 유지하기는 했다. 그저 군주정, 귀족정, 민주정의 가장 좋은 부분을 어떤 식으로든 결합시킨 혼합 정부 형태를 가리키는 데 그치는 것이 아니라, 어떻게든 민주주의에 제한을 가해 민주주의가 계속 최선의 작동 상태를 유지하리라고 합당하게 기대할 수 있게 해주는 하나의 구조를 가리키는 그런 긍정적 함축 말이다.

17세기가 되어서야 비로소 민주주의라는 용어는 그것이 갖고 있던 부정적 함축들을 떨쳐 내고, 대단히 머뭇거리면서이긴 하나 서서히 현존

*114* Millar, *Roman Republic*, 62-63.

정치제도 장치를 옹호하고 정당화하거나 새로운 제도 장치가 절박하게 필요하다는 점을 역설하는 데 이용되기 시작한다. 그 일은 여러 상이한 무대에서 이루어진다. 17세기 초의 한 카탈로니아 사람이 그 기회를 잡았다. 페르피냥Perpignan의 법률가 안드레우 보슈는 코르테스Cortes와 제네랄리타트Generalitat라는 두 핵심 기구를 가진 기존 헌법하의 카탈로니아가 사실상 민주주의적 기초 위에서 통치된다고 단호히 주장했다. "관습법에 따르면 모든 공화국과 촌락에서 그저 정부란 인민es lo govern lo poble"이니까 그렇다는 것이다.[115] 이 경우 그 체제 자체를 노골적으로 민주주의로 묘사할 기회가 되었던 것 같지는 않다. 그러나 그 세기가 흘러가면서 마침내 그렇게 되기 시작했는데, 가장 인상적으로는, 네덜란드 연방의 강력하고 상업적으로 활기가 넘치며 준-공화주의적인 체제에서 나온 요한 드 라 카우르트와 피에터 드 라 카우르트Johan and Pieter de la Court의 문제 많은 거친 저작들 가운데서도 본 주제를 벗어난 곳에서,[116] 그리고 1665년

115 Andreu Bosch, *Summari, index o epitome des admirables y nobilissims titols de honor de Cathalunya, Rossello I Cerdanya*(1628), facsimile Barcelona 1974, cited by Xavier Gil, 'Republican Politics in Early Modern Spain: the Castilian and Catalano-Aragonese Traditions', in Martin Van Gelderen and Quentin Skinner(eds), *Republicanism: A Shared European Heritage*(Cambridge: Cambridge University Press), Vol. 1, 263-88 at p. 280.

116 Wyger R.E. Velema, '"That a Republic is Better than a Monarchy": Anti- Monarchism in Early Modern Dutch Political Thought', in Skinner and Van Gelderen, *Republicanism*, Vol. 1, 9-25, 특히 13-19; Martin Van Gelderen, 'Aristotelians, Monarchomachs: Sovereignty and *respublica mixta* in Dutch and German Political Thought, 1580-1650', Skinner and Van

에 발표된 프란시스퀴스 반 덴 엔덴Franciscus Van den Enden의 『국가의 자유로운 정치적 명제들과 고려들』*The Free Political Propositions and Considerations of State*에서,[117] 그리고 무엇보다도 이교적인 유대인인 베네딕트 드 스피노자의 심오하나 이해하기 어려운 숙고들에서 그랬다.[118]

이 시점에조차도 민주주의라는 용어는 단합의 구호 노릇을 하는 것과는 거리가 멀었다. 민주주의의 길을 개척한 것으로 보는 게 자연스러운 17세기의 위대한 투쟁들에서, 그리고 무엇보다도, 대단히 확장된 선거권을 이용해 잉글랜드 정부를 그 신민들의 적극적인 동의에 묶어 두려 했던 수평파 운동에서,[119] 민주주의라는 용어는 아무런 공적 역할도 수행하지

Gelderen, *Republicanism*, Vol. 1, 195-217.

117 *Vrye Politijke Stellingen en Consideratien van Staat*, 172-73, ed Wim Klever, Amsterdam 1974, cited by Martin Van Gelderen, 'Aristotelians, Monarchomachs and Republics', Skinner and Van Gelderen(eds), *Republicanism*, Vol. 1, 195-217, at 215-16.

118 Hans Erich Bödeker, 'Debating the *respublica mixta*: German and Dutch Political Discourses around 1700', in Skinner and Van Gelderen(eds), *Republicanism*, Vol. 1, 219-46, 특히 222-28; Jonathan Scott, 'Classical Republicanism in Seventeenth-Century England and the Netherlands', in Skinner and Van Gelderen(eds), *Republicanism*, Vol. 1, 61-81, 특히 76-80; Warren Montag, *Bodies, Masses, Power: Spinoza and his Contemporaries*(London: Verso, 1999); Jonathan I. Israel, *Radical Enlightenment: Philosophy and the Making of Modernity, 1650-1750*(Oxford: Oxford University Press, 2001); Hans Blom, *Morality and Causality in Politics: the Rise of Materialism in Seventeenth-Century Dutch Political Thought*(Utrecht: University of Utrecht Press, 1995).

119 핵심 무대는 의회군 내에서의 퍼트니 논쟁(Putney debates)이었다. A. S. P. Woodhouse

못한다. 점점 더 끈질기게 그 용어가 모습을 드러내기 시작한 것은 잉글랜드의 국가를 그 기초까지 흔든 격동의 일대 반란에 대해 걱정스러워 하는 보수적 반응들에서다. 홉스는 대반란Great Rebellion과 국왕 살해의 책임을 여러 상이한 요인 탓으로 돌린다. 특히 기독교 성서를 자국어로 번역한 일[120]과 프로테스탄트 신학의 발전, 그리고 사제가 되겠다는 포부의 끝없는 확산 등을 요인으로 든다. 그러나 그가 꼽는 악역 가운데 으뜸가는 자리는 대학의 값싸고 유치한 학식으로 잔뜩 우쭐해 있고[121] 고대 세계의 공화주의적 무분별함을 만끽하는,[122] 하원House of Commons의 "민주주의적인 양반들"democratical gentlemen에게 돌아간다.

장기 의회Long Parliament 의원들을 "민주주의적"이라고 묘사했을 때, 홉

(ed), *Puritanism and Liberty* 2nd ed(London: J.M. Dent & Sons, 1950); David Wootton, 'The Levellers', in John Dunn(ed), *Democracy: The Unfinished Journey* 71-89와 'Leveller Democracy and the English Revolution', in J. H. Burns and Mark Goldie(eds), *Cambridge History of Seventeenth-Century Political Thought*(Cambridge: Cambridge University Press, 1991), 412-42. 그 운동에 대한 최고의 종합적인 연구는 여전히 H. N. Brailsford, *The Levellers and the English Revolution*, 2nd ed(Nottingham: Spokesman Books, 1976)이다.

*120* Hobbes, *Behemoth, or the Long Parliament*, 2nd ed, F. Toennies(London: Frank Cass, 1969), 21: "성서가 영어로 번역된 후 영어를 읽을 수 있는 모든 사람, 아니 모든 사내아이와 계집아이는 전능한 하느님과 이야기를 나누고 그가 무슨 말을 하는지 이해한다고 생각했기 때문이다."

*121* Hobbes, *Behemoth*, 26-44.

*122* Hobbes, *Behemoth*, 43; *De Cive: the English Version*, ed Howard Warrender(Oxford: Clarendon Press, 1983).

스는 분명 그들의 단어를 사용하고 있는 것이 아니었고, 그들이 실제로 지니고 있는 믿음에 대해 공정하게 묘사하고 있는 것도 거의 아니었다. 그러나 결국, 그들이 지닌 믿음과 태도의 출처만이 아니라 그것들로부터 궁극적으로 따라 나오는 정치적 함축까지도 자신이 그들보다 더 분명히 볼 수 있다고 그가 그토록 확신했던 것은 아마도 옳았다. 잉글랜드 내전 무렵에는 아마도, 그리고 그 내전이 (물론 평온한 회상은 결코 아니지만 아무튼) 회상의 대상이 되었을 무렵에는 확실히, 충성의 잠재적 원천을 골라낼 수 있는 이 경멸적인 분석 용어의 잠재력이 드디어 시야 속에 분명히 들어왔다. 그 이후로 그 단어가 최소한 언어 수준에서는 세상을 장악하게 될 정도로 상승하는 것[123]은 그저 시간문제일 따름이었다. 홉스의 『베헤모스』*Behemoth*(1676) 출판 이래 여러 세기 동안 충성은 왔다 갔다 하고 체제는 부침을 거듭했다. 그러나 그 기간 내내 그리고 점점 더 집요하게, 한 단어는 자기 길을 잘 개척해 갔다. 그것은 소수에게만 알려졌고 불명예에 시달렸던 과거를 떨쳐 내고 개방적이며 자랑스러운 미래를 공언했다. 이는 그 단어에 마땅히 주어져야 할 것 그 이상이자, 그 단어가 거둔 승리의 실질적 기초에 대한 아주 빈약한 묘사다. 그러나 그것은 그 자체만으로도 충분히 인상적이고 의미 있다는 인정을 받을 만한 인간 경험 상의 변천이다.

그다음 세기 초쯤 되면, 그 단어가 가진 외견상 매력의 이런 변천이 더

123 Dunn, *Western Political Theory in the Face of the Future*, chapter 1 참조.

쉽게 포착된다. 그 단어는 처음엔 사적인 자기 묘사에 대단히 많이 등장한다. 예를 들어 우리는 아직 상대적으로 젊었던 아일랜드 이신론자理神論者 존 톨런드John Toland[가톨릭 사제의 사생아이며 이미 널리 비난받은 『신비롭지 않은 기독교』*Christianity not Mysterious*(1696)의 저자]가 1705년에 제임스 해링턴, 존 밀턴 및 다른 "민주주의적 통치 기획"democratical schemes of government 옹호자들의 생애를 널리 알리고 그들의 작품을 편집하면서 자신이 세운 공적을 자랑하고 있음을 발견한다.[124] 그러나 이것은 철저히 사적인 편지의 맥락에서 이루어졌고, 그 편지 자체로만 보더라도 솔직함과는 거리가 멀었다. 톨런드는 종잡을 수 없는 매력과 전설적인 경솔함을 지닌 인물이었다. 그는 아주 신분이 높은 귀족 후원자들에서부터 아주 비천한 동료 글쟁이들에 이르기까지 그를 상대해야 했던 모든 사람을 몹시 화나게 만들었다. 그는 또한 지칠 줄 모르고 입신 영달에 열을 올리는 사람이었고 그러기 위해 즐겨 활용하는 기술들은 유난히 형편없었다. 하지만 그런 톨런드조차도 그토록 위축됨 없이 분명하게 자기의 정치적 충성을 공공연히 천명하는

*124* Blair Worden, *Roundhead Reputations*(London: Penguin, 2002), 100. 워든은 활동 당시의 톨런드에 대한 생기 넘치는 묘사를 제공하는데(95-120), 특히나 그가 지닌 젊은 패기와 교활한 기회주의를 강조하고 있다(119). 또한 Sullivan, *John Toland and the Deist Controversy*(Cambridge, Mass.: Harvard University Press, 1982)와 Chiara Giuntini, *Panteismo e ideologia repubblicana: John Toland(1676-1722)*(Bologna: Il Mulino, 1979); Blair Worden, 'Republicanism and the Restoration 1660-1683', in David Wootton(ed), *Republicanism and Commercial Society 1649-1776*(Stanford: Stanford University Press, 1994), 139-93; Israel, *Radical Enlightenment*를 참조.

데는 망설임이 없지 않았을 것이다.

민주주의라는 단어가 맞이한 변천을 가능케 한 것이 무엇인지를 알려면, 우리는 더 확고하고 더 노골적인 견해가 필요하다. 그런 견해를 얻기 위해서는 17세기의 가장 위대한 정치사상가 두 사람, 즉 홉스와 스피노자로 돌아가는 것이 제일 좋다. 홉스는 민주주의에 반대하는 글을 꽤 길게 썼고 민주주의의 주요 결점들을 단번에 집어내는 날카로움을 보이는 데 최선을 다했다. 그가 기댄 고대 출처들이 부추긴 대로 그는 민주주의를 무질서하고 불안정하며 극히 위험한 것으로 보았다. 그러나 그는 또한 민주주의를 상당히 자기 나름의 방식으로 보기도 했다. 즉, 민주주의란 자연 상태(포괄적이고 지속적인 위험 상황)의 커다란 불안정성을 일정한 수준의 상호 공격, 즉 인간들이 서로 상대방의 말을 인내심을 갖고 정도 이상으로 길게 경청해 주리라 기대되는 환경에서만 상상할 수 있는 수준의 상호 공격과 결합시킨 것이라고 보았던 것이다.

민주주의는 특히 연설가들(혹은 자신들을 연설가라고 믿는 사람들)에게 천국이었고, 또한 사실상 연설가들에 의한 독재의 한 형태였다. 자신의 의지와 상관없이 타인을 위해, 더 좋은 논변의 힘이 아니라 더 강력한 연설의 힘에 복종하는 것 말이다.[125] 홉스는 연설에서 패배하는 것이 고통

125 당대 번역인 Thomas Hobbes, *De Cive: The English Version*은 약간 부정확한 면이 있긴 하지만 홉스의 저술이 가진 풍미를 더 잘 포착하고 있다. 보다 분석적이고 역사적으로 믿을 만한 버전으로는 Thomas Hobbes, *On the Citizen*, ed Richard Tuck, tr Michael Silverthorne(Cambridge: Cambridge University Press, 1998)을 보라. 홉스가 고전 수사학

이라는 점, 그리고 승패가 걸려 있는 일에 관심을 갖지만 특별한 연설 재주는 전혀 없는 누구에게든 이런 감정이 민주주의적 참여 안에서 핵심이라는 점을 누구보다도 잘 포착했다.

누군가는 다음과 같이 말할 것이다. **인민의 국가**Popular State가 **군주 국가**Monarchicall보다 훨씬 선호되어야 한다. 모든 사람이 공적인 일에 관여하는 곳에서는, 아주 대단히 어렵고 중요한 사안을 심의하는 과정에서 모두가 자기들의 지혜, 앎, 달변을 보여 줄 기회를 갖기 때문이다. 그 일은, 인간 본성 속에 심어져 자라나는 저 칭찬받고자 하는 욕망 때문에, 그런 종류의 능력 면에서 탁월해 그들 스스로 남들을 능가한다고 여기는 사람들에게는 모든 것 가운데 가장 즐거운 일이다. 그러나 군주정에서는 칭찬과 존경을 얻는 이 동일한 길이 신민들 거의 대부분에게 막혀 있는데, 설사 그런 길이 전혀 없다 한들 무엇이 불만인가? 내가 당신에게 말하겠다. 우리가 비웃는 그 사람의 의견이 우리 의견보다 선호된다는 것을 아는 것, 우리의 지혜가 우리 자신의 면전에서 과소평가되는 것, 약간의 공허한 영광을 얻기 위한 불확실한 시도로 인해 가장 확실한 원한을 사는 것(우리가 이기든 지든 간에 이것은 피할 수 없으니까), 의견의 불일치를 이유로 미워하고 미움 받는 것, 우리의 비밀스런 계획과 조언을 모두에게 아무런 목적도 이득도 없이 까발리는 것, 우리 자신의 가정사를 소홀히 하는 것, 이런 것들이 불만이라고 나는 말한다. 그러나 비록 재치를 겨루는

에 관여한 일의 중요성에 대해서는 Quentin Skinner, *Reason and Rhetoric in Hobbes's Philosophy*(Cambridge: Cambridge University Press, 1996)를 참조.

일이 달변인 사람들에게 즐겁다 해도, 그 겨룸에 불참하는 것이 그래서 그들에게 불만거리가 되는 것은 아니다. 용감한 사람들이 싸움을 즐기기 때문에 싸움을 못하게 되는 것은 그들에게 불만거리가 된다고 우리가 말하지 않는 한은 말이다.[126]

아테네 데모스의 핵심적인 평등주의적 특권, 즉 주권적 결정을 내리는 자리에서 동료 시민들에게 연설할 수 있는 평등한 권리isegoria는 언제나 다음과 같은 덜 유쾌한(그러나 그 권리에 늘 따라붙는) 의무에 의해 상쇄되었다. 즉, 그 권리를 행사하기로 마음먹은 모든 동료 시민이 시도하는 설득을 끝까지 들어주어야 하는 의무, 그런 다음에는 동료 시민들이 함께 절차를 밟아 결정하는 것은 무엇이든 받아들여야 하는 훨씬 더 고통스런 의무 말이다. 근대 상업 사회의 상황에서는 이 평등주의적 특권이라는 보상이, 대다수 사람들에게는 그런 특권이 분명 대수롭지 않은 것이라는 사실과 그 특권을 행사하는 데 훨씬 더 막대한 기회비용이 든다는 사실에 의해서, 그저 상쇄되는 데 그치지 않고 손쉽게 압도당한다. (뱅자맹 콩스탕이 나폴레옹의 몰락과 부르봉 왕정복고Bourbon Restoration 이후 1817년에 아테네 루아얄Athénée Royale에서 청중에게 단언했던 대로) 근대적 자유, 즉 삶의 적어도 상당한 기간 동안 자기가 좋아하는 것을 할 자유는 이제 거의 모든 사람에게 거절하기가 거의 불가능한 제안이 되었다. 고대적 자유, 즉 공개적으로 동료들에게 자신의 견해를 역설함으로써 동료들의 주권적 판단이

126 Hobbes, *De Cive: The English Version*, X, ix, p. 136.

자신의 뜻에 따르게 되도록 최선을 다할 기회는 실제로는 거의 아무것도 약속해 주지 않았다. 그러나 공포정치의 악몽 같은 여러 달 동안 그 고대적 약속의 망령은 정치 온도를 병적 흥분의 수준까지 높여 놓은 바 있었다.[127] 꽤나 부조리한 군주정하에 있더라도 조용하고 즐거운 삶을 추구하라. 근대적 상업이라는 상황에서 고대적 자유를 추구하는 것은 신기루를 잡으려는 일이고, 그 대가로 초조함과 무익함이라는 형벌의 무게에 시달리는 일이며, 거기에 더해 극단적인 위험을 상당한 정도로 그리고 무의미하게 무릅쓰는 일이다.

콩스탕이 자코뱅의 공포정치 이후 새삼스레 강조했던 대로, 그 공포정치는 근대 대의 민주주의가 고대 참여 민주주의보다 우월하다는 것을 보여 주는 증거가 되었다. 그러나 홉스가 펼치는 주장의 주된 취지는 여전히 정치 공동체의 성인 구성원 전체에 정치권력이 분산되는 것에 반대하고, 그와 대조적으로 군주정이 다른 모든 형태의 체제보다 우월하다는 점을 옹호하는 것이었다. 그렇지만 홉스조차도 민주주의가 정치사회를 태동시킨 그럴듯한 기초라는 점뿐만 아니라, 어떤 의미에서는 최초의 정치 질서 확립과 맞먹는다는 점까지도 인정했다. 정치 질서는 개별 인간의 선택을 통해서만 창출될 수 있기 때문에, 애초에 그 시작점은 그저 인간들이 자신들에 대해 행사될 권위의 공통적인 구조를 받아들이기로 하

*127* Benjamin Constant, *Political Writings*, ed Biancamaria Fontana(Cambridge: Cambridge University Press, 1988), 313-28.

는 그들 자신의 인격적 합의일 수밖에 없다. 그들을, 단지 다투기 좋아하는 개인들로 이루어진 다중이 아니라, 지배할 수 있고 권위를 행사할 수 있는 인민a People이라는 단일 존재자로 만든 것이 바로 그 합의였다.[128]

일단 인민으로 전환되어 지배할 수 있는 상태가 되면 어떤 인민이든, 평등한 투표권을 가진 모든 시민의 "협의체"를 통해 자신을 지배하거나(민주정Democraty),[129] 아니면 인민의 지배를 인민 대신 투표권이 더 좁게 한정되어 있는 "협의체들"이 행하거나(귀족정Aristocraty), 한 사람이 행하도록(군주정Monarchy) 결정할 수 있었다. 이들 지배 형태 각각에서 인민과 다중은 시종일관 아주 다르다고 홉스는 인상적으로 강조한다.

> 모든 통치체Governments에서 **인민**the People이 지배한다. **군주정**에서조차도 **인민**이 명령하기 때문이다. **한 사람**의 의지를 통해 **인민**이 의지를 발휘하는 것이다. 그러나 시민들, 즉 신민들은 다중the Multitude이다. **민주정**Democraty과 **귀족정**Aristocraty에서는 시민들은 **다중**인 반면 **재판정**the Court이 **인민**이다. 그리고 **군주정**에서는 신민들은 **다중**이고 (역설로 보이긴 하지만) 왕이 인민이다.

128 Hobbes, *De Cive: The English Version*, chapter VII, 1, and 5-7: pp. 106-07, 109-10; Chapter XII, 8: pp. 151-52. 리처드 턱은 이 판단이 처음부터 정치에 대한 홉스의 시각을 형성하는 데 중요했다는 점을 강조한 바 있다. Richard Tuck, *Philosophy and Government 1572-1651*(Cambridge: Cambridge University Press, 1993, 310-11).

129 Hobbes, *De Cive: The English Version*, chapter VII, 1: pp. 106-07.

당대인들에게 왕과 인민을 동일시하는 것은 확실히 역설이었다. 왕을 주어로 삼든 인민을 주어로 삼든 어느 쪽으로 놓고 보더라도 역설이었다. 그런 동일시는 찰스 1세를 격앙시켰다. 인민이 (혹은 인민의 이름으로 행동한다고 주장하는 사람들이) 그를 목숨이 걸린 재판에 붙이고 그 목숨을 처형대에 올려놓기 훨씬 전에 말이다.[130]

홉스는 쉽게 파악이 안 되는 괴짜 사상가요 너무 독립적인 사람이었다. 그러나 그는 17세기 중엽 잉글랜드의 혼란을 대단히 특권을 가진 입장에서 바라보았다. 다양한 교육적 감수성을 지닌 여러 부류의 젊은 귀족들과 함께 여행 중에 파리 망명 궁정에서 젊은 찰스 2세의 개인 교사 노릇을 잠깐 했고, 카벤디시Cavendish 가문의 개인 교사이자 비서 노릇을 장기간 한 탓이었다.[131] 그를 "민주주의적 통치 기획"의 옹호자로 오해할 사람은 아무도 없었을 것이다. 스피노자는 (유명 지식인들과의 관계를 빼면) 유달리 연줄이 덜 든든했지만,[132] 홉스도 주목했던 것처럼, 요령을 부릴

130 C. V. Wedgwood, *The Trial of Charles I*(London: Fontana, 1964), 71.

131 특히 *The Correspondence of Thomas Hobbes*, ed Noel Malcolm, 2 vols(Oxford: Clarendon Press, 1994)를 참조. 유럽의 지식인층 사이에서 전개된 그의 작품에 대한 인상적인 묘사가 맬컴의 *Aspects of Thomas Hobbes*(Oxford: Clarendon Press, 2002), chapter 14, 457-545에 있지만, 특별히 조명해 주는 바가 많은 홉스 전기는 아직 없다. 기다릴 만한 전기는 이번에도 노엘 맬컴의 것인데, 클래런던 출판사에서 나올 예정이다.

132 최근에 나온 흥미 있는 스피노자 전기가 둘 있다. Steven Nadler, *Spinoza: A Life*(Cambridge: Cambridge University Press, 1999)와 Margaret Gullan-Whur, *Within Reason: A Life of Spinoza*(London: Pimlico, 2000). 유럽 사상과 감정 일반에 끼친 그의 영향에 대한

만한 성향이라곤, 있다 해도, 훨씬 더 없었다.[133] 암스테르담 도심의 한 멋진 상인 주택에서 잘나가는 포르투갈 출신 유대인 가정의 둘째 아들로 태어났지만,[134] 잉글랜드의 바다 약탈자들과 바버리Barbary 해적들에 의해 그 집안의 방대한 해외 사업이 파괴되어 곧이어 파산을 하게 되고[135] 그 자신은 스물세 살 나이에 사악한 의견과 소행, 혐오스런 이단설, 기괴한 행적 등으로 욕을 먹으면서 세파르디 공동체에서 추방당함으로써, 그의 세속적 성공 전망은 어두운 쪽으로 바뀌었다.[136] 이 이단적 언행들의 철학적 기반은 대단히 일찍 마련되었던 것으로 보이며, 그에게 지적 독창성과 예리함에 대한 적지 않은 은밀한 명성을 제공했고, 20대 후반부터 얻은 그 명성은 사망 후까지도 한참 동안 지속되었다. 그 이후 내내 그는 친구들에게 약간의 금전적인 도움을 받으면서 주로 광학 렌즈 가는 일로

가장 야심차고 박식한 소개는 이즈라일(Jonathan Israel)의 주목할 만한 *Radical Enlightenment: Philosophy and the Making of Modernity*(Oxford: Clarendon Press, 2000)인데, 언제나 흥미롭긴 하지만 그 판단이 반드시 설득력 있는 것은 아니다. 예를 들어 홉스의 영향에 관한 맬컴(Noel Malcolm)의 *Aspects of Hobbes*의 한 장과 비교해 보라.

133 홉스의 전기 작가 존 오브리는 홉스가 스피노자의 『신학정치론』에 대해 이렇게 말한 것으로 기록한다. 자기가 "그를 막대기 하나 거리만큼 앞질러 있다. 그는 그렇게 대담하게 쓰지는 않으니까"라고 말이다. John Aubrey, *Brief Lives*, ed Andrew Clark, 2 vols(Oxford: Clarendon Press, 1898), I, 357.

134 Nadler, *Spinoza*, 44.

135 Israel, *Radical Enlightenment*, 166.

136 Nadler, *Spinoza*, chapter 6, 특히 127-29.

생계를 유지하며 살았고,[137] 에너지의 대부분을 괄목할 만한 지적 체계, 즉 독특한 끈기와 결단력을 갖고 인간의 삶 전체를 자연 질서 내에 위치시키는 지적 체계를 발전시키는 데 쏟았던 것으로 보인다.

이 지적 체계의 정치적 함축들은 두 저작, 즉 추문에 시달리다가 1670년에 비밀리에 출간된 『신학정치론』*Tractatus Theologico-Politicus*(사정거리 안에 있는 당대의 모든 종교적 고백을 모욕함으로 해서 그가 무신론자라는 평판을 굳힌 저작)과 사망 당시 미완성인 채였고 사후에야 비로소 출간된 『정치론』*Tractatus Politicus*에 집약되어 있다.[138] 두 텍스트 모두가 민주주의에 관해 (덜 호의적인 몇 가지 언급들뿐만 아니라) 호의적인 언급들을 많이 한다. 『정치론』은 여자들을 정치적으로 동등한 사람들로 대우할 어떤 절박한 이유도 없다는 견해에 대한 간략한(그리고 눈에 띄게 형식적인) 옹호(그들은 육체적 힘이 약하며, 그들을 동등한 사람들로 대우하는 것은 무의미한 성적性的 경쟁을 하는 남자들이 이미 보여 주고 있는 실망스런 경향을 악화시킬 것이다)에서 갑자기 중단된다. 그러나 그렇게 중단되기 전에,[139] 확실히 『정치론』은 평등

137 Nadler, *Spinoza*, 182-83.

138 Spinoza, *Political Works*, ed & tr A.G. Wernham(Oxford: Clarendon Press, 1958). 스피노자 정치사상에 대한 유용한 평가로는 특히 Malcolm, *Aspects of Hobbes*, 40-52; Wernham의 서론; 그리고 Theo Verbeck, Spinoza's *Theologico-Political Treatise: Exploring 'The Will of God'*(Aldershot: Ashgate, 2003)을 참조. 스피노자 정치사상의 네덜란드적 배경에 대해서는 Israel, *Radical Enlightenment* 외에 그의 'The Intellectual Origins of Modern Democratic Republicanism', *European Journal of Political Theory*, 3(2004), 7-36도 참조.

주의적이요 참여적인 민주주의를 이상적인 정치 질서로 옹호하는 일에 착수하려 했던 것으로 보인다. 정확히 어떻게 이 옹호가 진행되었을지는 분명치 않으며, 또한 그것이 이전에 그가 인정했던 바, 즉 인민의 혹은 민주주의적인 국가보다 오래 지속되지 못한다고 판명된 국가는 없으며 그만큼이나 폭동으로 붕괴되기 쉽다고 판명된 국가도 없다는 입장과 어떻게 맞아떨어졌을지도 분명치 않다.[140] 그러나 분명한 것은 스피노자가 정치적 무질서를 몹시 싫어했으며, 사상과 표현의 자유에 대한 인간의 필요가 최우선이라는 점을 고수하기 위해 평생 동안 줄기차게 싸웠다는 점이다. 이런 헌신은 분명히 그의 두 주요 정치적 저작 모두에 핵심적이다. 그리고 그는 사상과 표현의 자유에 대한 필요가 민주정 내에서만큼이나 건전한 군주정 혹은 귀족정하에서도 똑같이 쉽고 안전하게 충족될 수 있으며, 민주정의 존속 가능성에 위협이 되지 않는 만큼이나 군주정 내지 귀족정의 존속 가능성에도 위협이 되지 않으리라고 주장하는 데 공을 들였다. 인간들은 자유롭게 생각하고 그들의 생각을 두려움 없이 표현할 필요가 있다. 그들은 또한 함께 살아가는 그들의 삶을 보호해 줄 분명하고 효과적인 권위의 틀을 필요로 한다. 둘 중 어느 쪽 필요도 다른 쪽을 반드시 침해하는 것은 아니며, 다른 쪽보다 분명한 우위를 갖는 것도 아니다.

*139* Spinoza, *Political Works(Tractatus)*, Chapter XI, 440-43.

*140* Spinoza, *Political Works(Tractatus)*, 316-17.

민주주의는 (모든 코먼웰스commonwealth의 핵심 선결 조건으로서 법을 만들고 폐지하며 전쟁이냐 평화냐를 결정하는 권위인) 주권이 보통의 다중들로 구성된 협의체Council에 의해 행사되는 국가state다.[141] 코먼웰스는 마치 단일한 마음에 의해 이끌리듯 다중의 권력을 보유하고 행사한다.[142] 여기서 단일한 마음이란 건전한 이성의 눈에 모든 사람에게 유용해 보이는 것을 코먼웰스 자체(키비타스civitas)가 최상위 목적으로 삼을 때에만 의미가 성립하는 마음들의 연합animorum unio을 말한다.[143] 스피노자가 기대고 있던 전통의 압도적인 판정대로, 만일 민주주의 코먼웰스들이 귀족정이나 군주정 쪽 코먼웰스들보다 더 수명이 짧고 더 많이 분열된다면, 이 마음들의 연합이 민주주의를 고집할 개연성은 결코 높지 않았다. 스피노자가 민주주의 체제를 사상이나 표현의 자유와 조금이라도 더 믿음직하게 결합된 것으로 보았어야 할 명백한 이유 또한 전혀 없었다. 홉스와 거의 모든 다른 자연법 사상가들이 그랬던 것처럼, 이 측면에서 그가 분명히 믿은 것은 민주주의가 모든 정치적 권위의 기반, 즉 그 권위가 행사되는 대상인 인간들의 보편적 합의(역사적이든 합리적이라고 추정된 것이든 간에)에 구조상 가장 가깝다는 점뿐이었다. 이런 의미에서 민주주의는, 스피노자

141 Spinoza, *Political Works(Tractatus Theologico-Politicus)*, 276-78. Compare Hobbes, *De Cive*, VII, 1, 106-7.

142 Spinoza, *Political Works(Tractatus Theologico-Politicus)*, 284.

143 Spinoza, *Political Works(Tractatus Theologico-Politicus)*, 288.

가 여러 곳에서 강조하듯이, 모든 정치체제들의 궁극적 근원이었으며,[144] 바로 그 동일한 의미에서 모든 체제들 가운데 가장 자연스러운 것이었다. 민주주의는 세 번째이자 완전히 절대적인 유형의 국가[145]라고 『정치론』은 결론 내린다. 민주주의에서는 시민들의 자식 모두, 본토박이 거주자 모두, 그리고 법률이 인정하기로 결정한 사람이면 그 외 누구든 국가의 최고 협의체에서 투표하고 공직을 담당할 자연적 권리를 갖는데, 이 권리는 그들이 개인적 범죄나 악행 때문이 아니라면 잃을 수 없

144 Spinoza, *Political Works(Tractatus Politicus)*, 376.

145 Spinoza, *Political Works(Tractatus Politicus)*, chapter X, 440: "*tertium et omnino absolutum imperium.*" 이 문구가 의도하는 뜻이 무엇인지는 분명치 않다. 스피노자에게 모든 주권은 정의상 절대적이다. 인간들이 어떻게 행위해야 하는지 혹은 어떻게 행위해서는 안 되는지에 관한 모든 것을 주권자가 판단할 자격이 있(으며 잠재적으로 그래야 할 필요가 있)다(*Tractatus Politicus*, IV, 2, pp. 300-01). 그는 민주정이 결코 자포자기하거나 자기 기반을 스스로 허무는 것이 되지 않으리라는(혹은 그런 것으로 드러날 수가 없다는) 점에서 군주정, 귀족정과 다르다고 논변하고 싶어 하는 것처럼 보일 때가 이따금씩 있다(*Tractatus Politicus*, VIII, 3, 4, 6, 7, pp. 370-73: "절대 주권 같은 어떤 것이 있다면, 그것은 사실 다중 전체가 떠받치고 있는 무엇이다"). 그러나 실제로 민주주의적 주권자들은 귀족들이나 군주들 못지않게 자신들의 이익에 대해서는 물론, 심지어 자기들의 장래 기호에 대해서조차도 잘못 판단할 수 있다. 어떤 지점에서도 스피노자는 이것을 부인할 근거를 아무것도 제시하지 않으며, 그가 그것을 부인하고 싶다는 기분을 조금이라도 느꼈다는 어떤 증거도 없다. 민주주의하에서 국가가 그때그때마다 무엇을 선택하든 그것을 행하지 못하게 막는 것은 정말이지 데모스 자신밖에는 없다. 그러나 이것은 데모스가 정합적으로 혹은 정확하게 판단하리라는 것을 전혀 보장해 주지 않으며, 자기 행위의 결과를 시간을 두고 헤아려 보리라는 것도 전혀 보장해 주지 않는다. 스피노자가 이것을 알지 못했을까? 그가 그것을 부인하고 싶어 했을까? 그 대답을 우리가 안다고 할 수 없다.

는 권리다.[146] 이런 의미의 민주주의[147]는 체제들 가운데 가장 자연스런 것이다. 그것은 자연이 각 인간에게 허용하는 자유를 보존하는 데 가장 가까이 다가서 있다. 어느 누구도 자신의 자연권을 두 번 다시 상의가 필요 없을 정도로 완전히 다른 사람에게 넘겨주지는 않는다. 그러나 각자는 자신의 자연권을 그들이 속한 공동체의 다수에게 넘긴다. "그러므로 모든 사람은, 전에 자연 상태에서 그랬듯, 여전히 평등하다."[148] 두 저작 모두에서 자연권을 더 적은 수의 인민이나 단일 개인에게 넘겨주는 것이 갖는 잠재적 불이익에 대해 다양한 방식으로 탐구가 이루어지고 있다.

스피노자는 네덜란드 정치에서 공적인 역할을 수행한 적이 전혀 없었다. 가진 재산이 적고 그의 의견에 대한 평판이 나빴기 때문에, 설사 그가 그러고 싶어 했더라도 허용되기 어려웠을 것이다. 그러나 그는 잠깐 동안 17세기 홀란드의 가장 위대한 정치가인 수석 행정관Grand Pensionary 요한 드 비트Johan de Witt의 분명한 열성 지지자였고, 심지어 그와 개인적 친분이 있는 잠재적인 문객이었을지도 모른다. 두 드 비트 형제가 동료 시민들에 의해 감옥에서 끌려 나와 린치를 당하던 날, 그 전형적인 **우중 지배**ochlocratic의 순간에,[149] 스피노자 자신은 헤이그의 시내 바로 건너편에 살고 있었

146 Spinoza, *Political Works(Tractatus Politicus)*, 440, 442.

147 Spinoza, *Political Works(Tractatus Theologico-Politicus)*, 136.

148 *Atque hac ratione omnes manent ut antea in statu naturali aequales.* Spinoza, *Political Writings (Tractatus Politicus)*, 135-36.

다. 4년이 지난 후에 그는 철학자 라이프니츠에게 다음과 같은 이야기를 직접 털어놓았다. 문단속을 철저히 하라는 루터교 신자 집주인의 신신당부 덕분에 바로 그날 자기가 결연히 집을 뛰쳐나와 살인자들을 진정한 야만인이라고 비난하는 플래카드를 들다가 곧장 몸이 발기발기 찢기는 일을 면했노라고 말이다.[150] 지식인들 중에 누군가는 그런 경우에 자신들의 영웅적 행동을 회고적으로 이야기하면서 얼마든지 과장할 수도 있겠지만, 스피노자에 관해 우리가 아는 것들을 총동원해 볼 때, 그가 이런 말을 어쨌든 했다면, 그저 단순한 진실을 이야기하고 있던 것일 수밖에 없다.

그가 민주주의에 관해 동시대인들에게 들려주고자 했던 것은 정확히 무엇이었는가? 인간에게 특별히 필요한 모든 것들 가운데 그가 보기에 가장 절박한, 사상과 표현의 자유[151]가 다른 어느 곳에서보다 민주주의

149 Polybius, *Histories*, VI, 57, 398-99. Nadler, *Spinoza: A Life*, chapters 10, 11.

150 Nadler, *Spinoza: A Life*, 306.

151 Spinoza, *Political Works(Tractatus Theologico-Politicus)*, XX, pp. 240-243: "나는 다음과 같은 것들을 보여 주었다. I. 인간들에게서 그들이 무슨 생각을 하고 있는지를 말할 자유를 빼앗는 것은 불가능하다는 것. II. 이 자유는 주권자의 권리와 권위를 침해하지 않고도 모든 사람에게 부여될 수 있으며, 모든 사람은 그 자유를, 어떤 것이든 법으로 국가에 도입할 수 있는 혹은 이미 받아들여진 법에 반하는 일을 무엇이든 할 수 있는 일종의 면허로 사용하지 않는 한, 주권자의 권리를 침해하지 않고도 보유할 수 있다는 것. III. 이 자유는 국가의 평화에 아무런 위험도 되지 않으며, 그것으로부터 생기는 모든 문제는 쉽게 방지될 수 있다는 것. IV. 이 자유는 경건에도 전혀 위험이 아니라는 것. V. 사변적인 문제들과 관련해 통과된 법들은 완전히 무용하다는 것. 그리고 끝으로 VI. 이 자유는 공공 평화, 경건, 주권자의 권리에 위험을 끼치지 않으면서 부여될 수 있을 뿐만 아니라 실

안에서 조금이라도 더 안전하다는 점을 동시대인들에게 확신시키려는 것은 결단코 아니었다.[152] 민주주의가 더 강력한 경쟁자들에 비해 그들 동시대인들의 개별적인 신체적 안전을 더 확고히 보장해 준다는 말을 하려던 것일 리도 없다. 민주주의가 무장한 외부 적들로부터의 위협에 직면했을 때 특별히 효과적인 국가형태라는 말을 하려던 것일 리도 거의 없다.[153] 잉글랜드의 공화주의자 앨저넌 시드니Algernon Sidney처럼[154] 민주

제로 모든 사람이 보호받으려면 반드시 부여되어야만 한다는 것."

152 Hobbes, *De Cive*, X, 8을 참조하라. p. 135: "**자유**(liberty)라는 단어가 어떤 도시든 그 입구에 대문짝만한 글씨로 쓰여 있을지라도, 여전히 그것은 **신민들**(Subjects)의 자유가 아니라 **도시들**(Cities)의 자유를 의미한다. **인민**이 통치하는 도시라고 해도 그 단어가 더 나은 권리를 지닌 채 새겨질 수 없으며, 그러니 **일인 군주**가 지배하는 도시도 마찬가지다." 홉스가 염두에 둔 도시는 루카(Lucca)였다. Hobbes, *Leviathan*, ed Richard Tuck(Cambridge: Cambridge University Press, 1991), Chapter 21, 149: "오늘날 루카 시의 작은 탑들에 큰 글자로 **리베르타스**(LIBERTAS)라는 단어가 쓰여 있다. 그렇지만 특정 개인이 **콘스탄티노플**에서보다 더 많은 자유(Libertie)를 갖는다거나 코먼웰스에 대한 의무에서 더 많이 면제(Immunitie)된다는 것을 그로부터 추론해 낼 수 있는 사람은 아무도 없다." 그 새김글은 여전히 거기에 있다. 그러나 홉스가 뒤엎으려 했던 정치적 이해의 전통에 대해서는 Quentin Skinner, *Liberty before Liberalism*(Cambridge: Cambridge University Press, 1998)과 비교하라. 스피노자의 견해와 홉스의 이 판단 사이에 상당한 정도로 중첩이 있다는 데 대해서는 Spinoza, *Political Works(Tractatus Theologico-Politicus)*, XVI, p. 136의 마지막에서 두 번째의 긴 문장을 참조. 스피노자 자신이 결론을 내리는 것처럼 더 이상 말할 필요가 없다("Nec his plura addere opus est").

153 Spinoza, *Political Works(Tractatus Politicus)*, VII, 5, p. 338-39는 전쟁을 보다 효과적으로 수행하기 위해 평화 시에 기꺼이 노예로 산다는 것은 어리석은 일이라고 단호하게 주장한다("inscitia sane est, nimirum quod, ut bellum felicius gerant, in pace servire.") 그러

주의적이든 아니든 모든 형태의 공화국이 스스로 무장해 다른 모든 국가에 위협을 가하는 데 탁월한 능력을 갖추고 있다고 떠벌리려던 것이 아님은 말할 것도 없고 말이다. 그가 민주주의에 속한다고 본 가장 분명한 실천적 장점은 문명 세계 전체에 걸쳐 그것을 대신해 왔던 경합하는 국가형태들, 즉 귀족정 및 군주정과의 직접 비교 속에 들어 있었다. 스피노자가 성인으로 살던 동안 네덜란드에 거주했던 어느 누구도 민주주의가 평시에 더 능하다는 그의 판단을 실천적인 이점으로 이해할 수는 없었겠지만,[155] 민주주의보다 더 성공적인 경쟁적 국가형태들이 갖는 군사적 이점과 그런 국가형태들이 보이는 더 추악한 국내 정치적 결과 사이에 존재하는 모종의 연관성은 아마도 이해할 수 있었을 것이다. 스피노자는 민주주의가 지배하는 데모스에게 미치는 교훈적인 정신적 영향을 노래하는 음유시인이 아니었다. 오히려 그는 개인적인 권력이 귀족이나 군주를 타락시키는 효과가 있음을 문제 삼은 날카롭고 직설적인 비판자였는데, 그가 문제 삼은 것은 당시에 상당히 더 풍부하고 새로운 증거가 있는

나 그는 민주주의의 미덕이 전쟁에서보다 평화 시에 훨씬 더 효과적이라는("ejus virtus multo magis in pace quam in bello valet") 민주주의에 대한 흔한 비난에 이의를 제기하려 들지 않는다.

*154* Algernon Sidney, *Discourse on Government* 2nd ed(London: J. Darby, 1704), 146: "그것은 전쟁을 가장 잘 대비하는 최선의 정부다."

*155* Spinoza, *Political Works(Tractatus Politicus)*, VII, 338-39. 이것은 그 자체로 어떤 아테네인도 아연실색케 했을 만한 판단이었다.

주제였다. 갑자기 중단된[156] 그의 최종 판정에서 (지금도 그렇지만 그 당시에 정치체제를 옹호하는 데 가장 호소력 있는 기초가 되는 것들인) 안전이나 자유를 근거로 민주주의가 우월하다고 보는 분명한 주장을 발견하기는 어렵다. 그의 판정에 들어 있는 것이면서, 요한 드 비트 같은 냉철한 정치적 심판자를 당황하게 만들 수밖에 없었던 것[157]은 모든 통치 형태의 한계에 대한 계속 지적받은 견해, 그리고 민주주의와 평등 간의 특별한 유대에 대한 날카로운 주장이었다.

그 유대의 중요성은 3백 년 이상 실천적 탐색을 벌였음에도 불구하고 여전히 판단이 어렵기는 마찬가지다. 그러나 그 유대 자체는 시작점으로 거슬러 올라가며, 아테네인들이 민주주의를 실현하고 지키기 위해 펼쳤던 전망과 실천의 한가운데 자리 잡고 있었다.[158] 자유freedom or liberty가 어

*156* Spinoza, *Political Works(Tractatus Politicus)*, chapter XI, 440-41: "Reliqua desiderantur." 나머지는 누락되고 없다.

*157* 라이덴(Leiden)의 학자 그로노비우스(Gronovius)의 일기에는 스피노자가 요한 드 비트와 청중에게 『신학정치론』에 대해 드 비트가 보인 (것으로 소문난) 부정적 반응에 대해 논의해 줄 것을 요청했고, 드 비트가 아주 분명하게 자기는 "그가 자기 문턱을 넘는 것을 보고 싶지 않다"라고 대답했던 것으로 기록되어 있다(W. N. A. Klever, 'A New Document on De Witt's Attitude to Spinoza', *Studia Spinoziana*, 9(1993), 379-88; Nadler, *Spinoza*, 256).

*158* 특히 Hansen, *Athenian Democracy*, 71-2, 228-29, 266-68(ho boulomenos에 관해), 81-85(isonomia와 isegoria에 관해); Finley, *Politics in the Ancient World*를 보라. 그리고 Martin Ostwald, *From Popular Sovereignty to Sovereignty of Law: Law, Sovereignty and Politics in Fifth-Century Athens*(Berkeley, Calif.: University of California Press, 1986)를 참조.

떤 국가형태에 대해 갖는 관계는 (설득력 있는 정의定義나 뻔뻔한 거짓말에 속수무책으로 휘둘리는) 허울만 그럴듯한 것일 수 있다. 모든 국가에서 자유freedom and liberty는, 아무리 복잡하고 정중하게라 하더라도, 결국에는 불가피하게 그 국가의 방식대로 그 국가 자체에 의해 정의될 수밖에 없다.[159] 그러나 (차후에 우리에게 무슨 일이 일어나는지에 상관없이 그저 우리가 존재하는 방식인) 자연 자체에 잠재해 있는 어떤 평등이든, 평등은 국가의 요구에 대한 그리고 아마도 궁극적으로는 국가의 권력에 대한 외적 한계인 것처럼 들린다. 민주주의가 인간의 평등(단지 인간이라는 것에 수반되는 어떤 평등이든 간에)을 다른 어떤 체제가 할 수 있는 것보다 잘 표현한다면, 그것은 조만간 일정한 영향력을 가진 상대적 이점으로 드러나게 될 수 있다. 아마도 결국 그것은 **결정적인** 이점으로 보이게 될지도 모른다.

그러나 한 국가가 정말로 평등을 표현할 수 있는가? 국가는 가장 결정적이며 적어도 포부에 있어서는 가장 지속적인 평등의 말살자 아닌가? 그것도 정당한 폭력이라는 수단의 효과적인 독점에 의해 지원을 받기도 하는 말살자 아닌가? 자연 자체에 잠재해 있는 어떤 평등이든 그것이 균일하고 상대적으로 효과적인 종속의 구조 내에서 어떻게 살아남을 수 있

*159* 이것이 가진 정치적 중요성은 스키너(Quentin Skinner)가 'From the State of Princes to the Person of the State', *Visions of Politics*, Vol. 2, 368-413에서 잘 포착하고 있다. 이것이 가진 보다 장기적인 함축들에 대해서는 특히 Istvan Hont, 'The Permanent Crisis of a Divided Mankind', in John Dunn(ed), *Contemporary Crisis of the Nation State?*(Oxford: Blackwell, 1994), 166-231을 참조.

는가? 결국 어떤 사람들은 누가 누구에 의해 강요당할 것인가를 늘 결정하고 있고 다른 사람들은 요구되는 그 강요를 때가 되면 수행하고 있게 될 그런 종속의 구조 내에서 말이다. 어떤 사람들이 다른 사람들보다 어마어마하게 더 많은 자원을 소유하고 통제하고 소비하는 세상에서 어떻게 평등이 잔인한 꿈 이상일 수 있는가? 끊임없이 솜씨 있게 무효화하지 않는 한 무한정한 미래를 향해 불평등이 계속 재창출되고 확대될 것이 확실한 방식으로 그들이 이런 자원을 소유하고 통제하는 마당에, 어떻게 평등이 잔인한 꿈 이상일 수 있는가?

오늘날 민주주의 편에 설 때 우리가 긍정하는 것은 망설이면서, 혼란스러워 하면서, 그리고 종종 불신 상태에서 긍정하는 것이다. 그것은 거의 언제나, 우리 자신의 가치관 아래 놓여 있는 전제들을 우리가 더 분명히 드러낼수록, 그리고 그 전제들이 추천한다고 우리가 받아들이는 제도를 만들어 내는 현실을 우리가 더 공공연히 인정할수록, 그만큼 더 설득력이 줄어든다. 시간이 지남에 따라 우리가 더 명료해지고 더 솔직해지고 더 확신하게 된 것은 우리가 민주주의 입장에 설 때 무엇을 부인하는가에 있어서다. 무엇보다도 우리가 부인하는 것은, 어떤 부류의 인간들은 그들이 단지 누구인가 혹은 무엇인가 하는 점 때문에 정치적 권위를 가질 자격이 있고 또 그것을 위탁받을 수 있다는 것이다. 17세기 잉글랜드 내전을 생각나게 하는 위대한 수평파의 문구를 빌려 말하자면, 우리는 어떤 인간이든 안장에 누인 채 세상에 태어난다거나, 누구든 말에 탈 부츠 신고 박차 붙인 채 태어난다는 주장(혹은 판정)을 거부한다.[160]

*160* 이 위대한 구절은 수평파 운동 자체가 올리버 크롬웰에 의해 분쇄된 지 수십 년 후 한 비전향 수평파 지도자 리처드 럼볼드(Richard Rumbold) 대령이 행한 (추도 연설보다 더 개인주의적인 장르라 할) 임종 연설에 나온다. 그는 1685년 6월 에딘버러의 마켓 크로스(Market Cross)에서, 찰스 2세를 겨냥한 라이 하우스 음모(Rye House Plot)를 통해 국왕 살해를 계획한 죄로 교수되고 끌어내려져 사지가 찢겨지기 직전에 (그에게 허용된 정도까지만, 그리고 그를 체포한 자들의 상당한 반발에도 불구하고) 그 연설을 행했다[『천주교와 전제 정부에 항거하는 열정으로 인해 고통을 당한 여러 훌륭한 사람들의 임종 연설』*The Dying Speeches of Several Excellent Persons who Suffered for their Zeal against Popery and Arbitrary Government*, London, 1689(Wing 2957), 24]. "다른 사람 위에 있는 하느님 표시를 달고 태어난 사람은 아무도 없다고 난 확신합니다. 누구도 안장에 누인 채 세상에 태어나거나 말에 탈 부츠 신고 박차 붙인 채 태어나는 사람은 없으니까요."

그 음모 자체는 그 무대로 계획된, 켄트 주의 라이(Rye)라는 동네에 있는, 편의를 위해 높이 지은 정원 담장이 있어 매복하기에 안성맞춤인 럼볼드 자신의 집에서 이름을 땄다. Richard Ashcraft, Revolutionary Politics and Locke's 'Two Treatises of Government' (Princeton: Princeton University Press, 1986), 352-71, 특히 364.

*2*

# 민주주의의 두 번째 도래

18세기에 접어들어서도 민주주의는 여전히 매우 저급한 단어였다. 존 톨런드나 알베르토 라디카티 디 파세라노Alberto Radicati di Passerano 같은 가장 태평하고 다루기 힘든 반체제 인사들만이, 그것도 남의 눈을 피해서 혹은 친한 사람들 사이에서나, 민주주의라는 단어를 써서 자신들의 정치적 입장을 나타낼 수 있었다.[1] 그렇게 하기로 선택한 사람은 누구든 자기 자

1 Franco Venturi, *Saggi sull'Europa Illuminista*, Vol. 1, *Alberto Radicati di Passerano*(Turin: Einaudi, 1954), 'Deismo, cristianesimo e democrazia perfetta', 248-69; Jonathan I. Israel, Radical Enlightenment(Oxford: clarendon Press, 2001). 좀 더 이른 시기인 17세기에 있었던 주목할 만한 예시(극히 제한된 정보만으로 판단컨대 라틴어로 표현되었으며, 아직 연대가 믿을 만하지 않은)로는 홉스의 가까운 지인이자 숭배자였던 젊은이 윌리엄 페티(William Petty)가 홉스의 민주주의 비판에 대해 보인 단호한 거부를 참조할 것. Frank Amati and Tony Aspromourgos, 'Petty contra Hobbes: a previously untranslated manuscript', *Journal of the History of Idea*, 46(1985), 127-32, 특히 130의 다음과 같은 설득

신을 정치적 삶의 경계를 훌쩍 넘어 사실상 모든 동시대인들의 지적인 삶 바깥 변두리에 처하게 하는 셈이었다. 그러나 한 세기가 지나지 않아서 결정적으로 어떤 변화가 발생했다. 우리는 그런 변화가 어디서 최초로 명백해졌는지 꽤 자신 있게 집어 말할 수 있다. 판단하기가 좀 더 어려운 것은 그런 변화를 발생시킨 원인이 무엇인가 하는 점이다.

18세기 말에 민주주의에 정치적 삶을 되찾아 준 것은 북대서양의 양편에서 각각 발생한 두 거대한 정치적 위기였다. 첫 번째 위기는 한 번도 프랑스의 지배하에 들어간 적이 없었던 북아메리카 영국 식민지들에서 1760년대 중반에 발생했다. 그리고 두 번째 위기는 그로부터 20여 년 후에 프랑스의 중심부에서 발생했다. 두 위기가 발생한 무대는 더할 수 없이 서로 달랐다. 반란을 선택한 열세 군데의 영국 식민지들은 세계 그 어느 곳에 못지않은 사회적 유동성과 경제 환경의 역동성을 갖추고 있었는데, 그러면서도 광활하고 여전히 대부분이 미지의 상태(사람들이 거주하고 있지 않은 상태와는 거리가 멀지만)로 남아 있는 풍경을 눈앞에 펼쳐 놓고 있었다.[2] (곧 그렇게 불리게 되었던 대로) 구체제Ancien régime 프랑스는 유럽 대륙

력 있는 문장을 보라. "그들의 권력을 영구히 단 한 사람의 손에 양도하는 것이 인간의 본성에 더 어울리는가, 아니면 동일한 바로 그 사람을 섬기되 단지 점진적인 과정을 거친 후 짧은 기간 동안 공직에 임명해 그렇게 하는 것이 나은가? 나는 권력이 인민들 자신에 의해 형성되고 그들로부터 나와야 한다고 제안한다. 그렇지 않으면 군주는 매일매일의 사안의 변화나 그의 기분에 영향을 받기 쉬울 것이다."

2 Gordon S. Wood, *The American Revolution: A History*(London: Weidenfeld & Nicolson, 2003).

에서 자부심과 문명국으로서의 자기의식이 가장 강한 국가였는데, 세계의 패권을 놓고 한 세기에 걸쳐 잉글랜드와 벌인 전쟁으로 발이 묶인 상태였다. 구체제 프랑스는 태양왕 루이 14세의 가공할 유산인 절대 군주정의 화신이었다. 그러나 그 프랑스의 오만한 통치자들은, 그들의 정치적 의도를 점점 더 수상쩍어 하면서 자신들이 실질적으로 정치적 선택에서 배제되어 있다는 데 대해서는 점점 더 감수하지 못하는 한 적극적인 집단의 도전이 날로 거세어지고 있음을 깨달았다. 미국독립전쟁에서 프랑스는 반란에 나선 식민지들을 군사적·외교적으로 지원했다. 한동안 이 두 무대는 서로 맞물려 돌아갔고, 결국 새로운 국가와 프랑스 육해군의 가장 화려한 승리가 남게 되지만, 프랑스 경제조직이나 국가 구조가 감당할 준비가 안 된 국채 부담도 함께 남았다. 미국독립전쟁이 끝나고 6년 후 이제 프랑스 역시 혁명에 휘말렸는데, 그것은 유럽 대륙 전역과 그 너머에까지 거부할 수 없이 퍼져 나간 새롭고 독특하게 파괴적인 정치적 개념(즉 혁명 그 자체에 대한 근대적 관념)을 세계에 선사하게 되는 매우 격렬한 내전이었다.

미국독립전쟁과 프랑스혁명이라는 이 두 정치적 위기는 그 원인과 격동의 과정, 결과에 있어 서로 달랐다. 하지만 둘 다 민주주의 역사에 지금까지도 결코 지울 수 없는 방식으로 흔적을 남겼다. 민주주의라는 용어는 북아메리카 식민지들의 위기가 시작되는 데도 아무런 역할을 하지 않았으며, 그 위기를 놀라울 정도로 견고한 종결 상태로 이끈 정치 구조들의 윤곽을 그리는 데 있어서도 아무런 긍정적인 역할을 하지 않았다. 미국 정치 지도자들의 위대한 투쟁 과정에서 그들이 구사한 언어 속에 민주주의라는 용어가 모습을 드러냈을 때, 그것은 아테네의 경험에서 유래한, 그들이 무슨 수를 써서라도 피해야 했던 결과의 부정적 모델을 일컫는 친숙한 이름으로서 가장 일관되고 가장 두드러지게 사용되었다. 민주주의를 보는 관점은, 미국의 새 헌법이 작동하고 새 국가가 제 길을 가게 됨에 따라 오직 회고적으로만 급격하게 바뀌었다. 그것이 그렇게 바뀌게 되었을 때, 잉글랜드식 대의 정부, 무엇보다도 입법부 의원들의 핵심 집단을 뽑는 선거(북아메리카 지역은 대부분의 영국 의회 선거구들에 비해 훨씬 넓은 참정권에 기반하고 있었다) 같은 친숙한 관행들이 고대 세계의 언어로 재명명되었다. 일단 그것이 그렇게 재명명되자 미국인들은 오랜 식민지 과거를 반추하면서 자신들이, 민주주의를 모르면서도 이미 오랫동안 민주주의자였던 것으로 간주하기 시작했다. 그런 묘사를 고전 수준으로 해준 사람은 미국인 저자가 아니라 토크빌이라는 프랑스의 젊은 귀족이었다. 미국이 독립한 지 약 반세기 후에 책을 쓴 토크빌은, 미국인들에 대한 설명을 동시대 프랑스와 유럽인들에게만이 아니라 미국인들 자신에게도 해주었는데, 이전과 이후의 그 누가 한 것보다도 더 은근히 기분을 맞춰 주는 방식으로 설명했다.[3] 토크빌이 본 미국의 경험에서 핵심은 민주주의 그 자체가 미국의 생활 방식과 의식 형태를 속속들이 물들이며 만연해 있다는 것이었다. 이는 장차 적절한 때가 되면 미국이 지구 전역

3 Alexis de Tocqueville, *Democracy in America*, tr & ed Harvey C. Mansfield and Delba Winthrop(Chicago: University of Chicago Press, 2002).

의 다른 모든 인간 사회에 제공하게 될 모범적인 영향력의 원천이기도 했다. 토크빌의 책 『미국의 민주주의』*Democracy in America*에서[4] 우리는 최초로, 민주주의가 근대의 정치적 경험이 갖는 독특함의 핵심이라는 인식, 그리고 그 같은 경험의 특성을 파악하고자 하는 사람은 민주주의가 함축하는 것이 무엇인지에 초점을 맞추고 그것을 이해해야 한다는 인식을 발견한다.

미국 혁명은 오랫동안 누려 온 자유들이 위협받고 있다는 널리 퍼진 인식에서 비롯된 근심 어린 반응이었는데, 바로 그 자유들이 차차 시간이 지나면서 미국의 과거가 오랫동안 민주주의적이었음을 입증하는 증거를 구성하게 된다.[5] 일단 그런 자유들을 성공적으로 방어하거나 무력으로 되찾게 되자, 미국인들이 장차 자유를 안전하게 보장하기 위해 고안한 헌정 질서는 정치적 자유의 요건을 심사숙고하고 이 놀라우리만치 공적인 숙의 과정의 결과를 이행함에 있어 특출하게 선견지명 있는 장치인 것처럼 회고적으로 보이게 되었다. 그것과 유사한 어떤 것도 이전에 존재했던 적이 없었다. 그리고 차후의 헌법 제정 과정에서 생긴 어떤 에

4 Sheldon Wolin, *Tocqueville Between Two Worlds: The Making of a Political and Theoretical life* (Princeton: Princeton University Press, 2001).

5 Bernard Bailyn, *The Ideological Origins of the American Revolution*(Cambridge, mass.: Harvard University Press, 1967). 한 식민지(혹은 주)에서 다른 식민지(혹은 주)로 갈 때마다 정치 구조와 문화가 얼마나 다양하게 바뀌는가를 알려면 Richard Beeman, *The Varieties of Political Experience in Eighteenth-Century America*를 보는 것이 도움이 된다.

피소드도 새로운 국가의 정치 지도자들이 보여 준 진단의 예리함에 온전히 필적할 만하지 않았으며, 그런 진단에 따라 그들이 내놓은 치유책이 지닌 놀라운 수명에도 한참 못 미쳤다. 90년 후 (빅토리아 여왕의 위대하면서도 몹시 심기를 건드리는 수상이었던) 윌리엄 글래드스턴William Gladstone은 그들이 기울인 노력의 결과를 "주어진 시간 안에 인간의 두뇌와 결의로 뚝딱 해낸 가장 훌륭한 업적"이라고 묘사했다.[6] 미국 정치 지도자들의 진단과 치유책에 한계가 있었음을 보여 주는 가장 암울한 증거인 잔혹한 미국 내전의 여파 속에서 글래드스턴의 이 같은 묘사는 관대한 평가였다. 그러나 그의 묘사는 거기 기울인 노력의 수준이나 참여자들의 범위 혹은 그런 결과를 가능하게 만들었던 정책 결정 과정의 혼란과 적의를 거의 전달해 주지 못한다.

애초에 미국 헌법의 초안은 1787년 5월에서 9월 사이에 필라델피아에서 비공개로 열린 회합에서 책략과 거래가 오간 공들인 과정 끝에 마련되었다.[7] 그렇게 만들어진 초안은 1787년 9월 17일에 처음으로 일반에 공개되었고, 그것을 승인하고 후속적인 수정 작업에 들어가기 위해 열두 개 주에서 비준을 위한 회합이 열렸다. 이후 열 달 동안 각 주 단위

6 Bernard Bailyn, *To begin the World Anew*(New York: Alfred Knopf, 2003), 106.

7 Bailyn, *To begin the World Anew*; Jack N. Rakove, *James Madison and the Founding of the American Republic* 2nd ed(New York & London: Longman, 2002); Gordon S. Wood, *The Creation of the American Republic*(Chapel Hill: University of North Carolina Press, 1969).

로 헌법 초안에 대한 공개적인 토론이 이루어졌다. 적어도 이듬해 7월까지는 노스캐롤라이나와 로드아일랜드를 제외한 모든 주가 정식으로 그것을 비준하기로 했다. 프랑스에서 혁명이 가속화함에 따라, 1789년 3월에서 9월 사이에 그 헌법의 지원 아래 열린 첫 번째 의회의 첫 회기 동안 두 가지 근본적인 요소가 원래의 헌법 초안에 부가되었다. 헌법의 첫 열 개항의 수정 조항인 권리장전Bill of Rights은 제임스 매디슨James Madison이 초안을 마련했는데, 개별 주 의회들에서 보내온 다수의 권고안들을 토대로 삼았다. 그리고 그것은 승인을 위해 다시 각 주로 보내졌다. 또한 연방 재판 제도를 고안하고 그것에 필수적인 권한을 부여하는 사법제도 조례Judiciary Act가 상원에 의해 통과되었다.[8]

이 과정에서 가장 치열한 국면은 헌법이 최초로 공표된 다음에 나타났다. 여기에는 헌법 텍스트 전체를 샅샅이 조사했던, 주 비준 회의에 참석했던 1천5백 명의 대의원들뿐만 아니라 전국적 파급력을 가진 설교강단, 신문, 개인 서신 등에서 진행된 상당량의 공적·사적 토론이 관련되었다.[9] 이런 왁자지껄한 평가와 논쟁을 통해 하나의 구체적인 텍스트가 이제 비범한 권위를 갖고 모습을 나타내기 시작했다. 당시 그것은, 이미 저명한 정치적 인사였던 세 사람, 즉 제임스 매디슨과 알렉산더 해밀턴Alexander Hamilton, 존 제이John Jay가 익명으로 기고한 일련의 신문 기사로

8 Bailyn, *To begin the World Anew*, 106.

9 Bailyn, *To begin the World Anew*, 107.

시작되었다. 매주 급히 집필된 데다 서로 명백히 다른 견해를 갖고 있던 세 저자 사이에 공동 조율도 거의 되지 않은 그것이 헌법의 비준 논쟁에 대담하고도 효과적으로 개입했다. 『페더럴리스트』가 새로운 통치 체제의 장점을 옹호하는 논거는 목전의 청중들 다수를 확신시키는 데는 실패했지만,[10] 이후 줄곧 공화국의 기초를 정당화해 주는, 거의 논란의 여지가 없는 근거로 금방 자리 잡게 되었다. 그것은 여느 국가들처럼 세입을 증대하고 육해군을 통제하며 외부 세력과 조약을 체결하되, 개인의 자유(미국인들이 그런 정도의 위험을 감수하며 옛 식민 종주국으로부터 되찾은)에 아무런 위협도 가하지 않는 방식으로 그런 일을 할 수 있는 강력한 중앙정부가 필요할 뿐만 아니라 안전하기도 하다는 데 대한 옹호였다.

미국 혁명을 옹호하는 논거는 과장되게 단순화되어 있었다. 무제한적인 권력은 개인의 자유에 대한 치명적인 위협인데, 대영제국 정부가 자기 권력에 대한 모든 제한을 철폐하기 위해 용의주도하게 그리고 상당한 에너지를 투여해 가며 움직이고 있다는 것이다. 『페더럴리스트』의 절반 이상은 해밀턴이 썼는데,[11] 그는 경제적 측면에서 가장 정교한 인식을 가진 미국의 지도자들 가운데 한 사람이었으며, 장차 미국 사회가

10 Wood, *The Creation of the American Republic*; Jackson Turner Main, *The Antifederalists: Critics of the Constitution 1781-1788*(Chicago: Quadrangle Book, 1964).

11 Jacob E. Cooke(ed), *The Federalist*(Alexander Hamilton, John Jay and James Madison)(Cleveland: Meridian Books, 1961) Introduction, xix-xxx.

직면하게 될 것이 확실한 상업상 및 전략상의 위협과 기회에 대해 독특하게 민감한 인물이었다. 하지만 그 책에 특유의 권위를 부여한 논문들은 해밀턴이 쓴 게 아니었다. 그 논문들의 저자는 수줍음을 잘 타고 근면하며 대인관계가 원만했던, 버지니아 주 한 농장주의 큰 아들 매디슨이었는데, 그가 필라델피아에서 열린 헌법제정회의Constitutional Convention에 버지니아 대표로 참석했을 당시 나이는 36세였다. 1787년 5월까지[12] 11년 넘게 매디슨은 영국에 대항한 미국의 투쟁과 새로운 국가의 혼란스러운 정치에서 적극적인 역할을 담당했다. 그는 어떻게 단원제 의회를 갖는 아메리카 식민지 연맹American Confederation이 서로 다른 대의代議의 기반 위에서 선출되고 각각 특유의 책임을 맡는 양원제 입법부를 포함하는 세 개의 독립된 통치 기구로 재구성될 수 있는가에 대한 일련의 정교한 제안을 연방 회의Federal Convention에 제출했다.[13] 다른 주에서 파견되어 필라델피아에 도착한 첫 번째 대표[14]이자 회의가 시작되기로 예정되어 있던

12 Rakove, *James Madison*, 11. 라코프의 이 명쾌하고 신중한 연구와 헌법의 지적·정치적 배경에 대한 그의 풍부한 분석이 담긴 *Original Meanings*(New York: Vintage, 1997) 이외에 특히 Lance Banning, *The Sacred Fire of Liberty: James Madison and the Founding of the Federal Republic*(Ithaca: Cornell University press, 1995)을 참조. 한 달 더 빠른 1787년 4월에 매디슨은 'The Vices of the Political System of the United States'[*Papers of James Madison*, ed Robert A. Rutland et al, Chicago: University of Chicago Press (1975), IX, 345-58, 특히 354-57]라는 놀라운 진단에서 그의 결론을 요약한 바 있다.

13 Rakove, *James Madison*, 64-5.

14 Rakove, *James Madison*, 61-2.

당일에 참석한 얼마 되지 않는 사람들 가운데 하나였던 매디슨은 버지니아 주 대표로 온 그의 동료들과 함께, 차후에 전개될 모든 논쟁의 핵심이 되는 15개 항의 정부 구성안 초고를 작성할, 어쩔 수 없이 떠넘겨진 이 막간의 기회를 잡게 되었다. 과연 그답게 매디슨은 일단 제헌회의가 공식적으로 열리자, 역사가들의 줄기찬 감사를 받을 만하게, 그 회의에서 벌어진 논쟁을 모두 기록했다.[15] 그가 그렇게 했던 주된 목적은 유별나게 복잡하면서도 중대한 의제를 그 자신이 확고히 장악하려는 데 있었다. 필라델피아 회의에서 발표된 정부 구성안은 매디슨 혼자만의 작품이 아니었으며, 제헌회의의 숙의 과정을 통해 등장한 헌법 초안은 여기저기서 그의 강한 신념들 일부와 충돌했다. 하지만 어느 누구보다도 그는 한결같고 참을성 있고 꾸밈없고 놀라우리만치 사려 깊은 방식으로 미국 헌법이 최종 모습을 갖추는 데 기여했다.

『페더럴리스트』 전체를 통틀어 가장 잘 알려진 10번 글에서 매디슨은 헌법이 갖게 된 저 최종 모습의 핵심 목적을 아주 명료하게 제시하고 옹호했는데, 그것은 그가 한 달 전에 작성해서 그의 버지니아 동료이자 가까운 친구이며 독립선언서 초안자이기도 했던 토머스 제퍼슨에게 보낸 한 편지에 들어 있는 논변을 되풀이해 보여 주고 있다. 그 10번 글은 인민의 정부가 갖는 핵심적인 약점[16]이자 그런 정부의 공적 협의체들을

15 Rakove, *James Madison*, 63.

16 Cook(ed), *Federalist*, 56. 당시 제퍼슨은 파리 대사였다. 매디슨의 1787년 10월 24일자

괴롭히는 "불안정성, 불의, 혼란"의 근원이고, "인민의 정부를 도처에서 몰락하게 만드는 치명적인 질병"의 근원이며, "자유의 적대자들이 좋아하는 생산적인 화제"의 근원인 파벌의 폭력성에 대한 치유책을 제시한다. 파벌은 자유 그 자체를 제거하지 않고는 제거될 길이 없다. 그것의 잠재적인 원인은 "인간의 본성에 심어져" 있다. 즉, 인간 능력의 다양함과

편지에 대해서는 Papers of James Madison, ed Rutland(University of Chicago Press, 1977), X, 205-220을 보라. 앞선 두 개의 편지(206)처럼 이 편지 또한 대서양 건너편으로 편지를 전할 믿을 만한 사람을 구하는 일의 어려움과 미국의 뛰어난 해군 장교 존스(John Paul Jones)의 긴급히 다룰 만한 우려 사항 때문에 지연되었다(218-19). 미국의 정치적 곤경과 민주주의의 관계에 대해서는 특히 212-13의 다음과 같은 내용을 보라. "다수의 감각에 의해 활성화되고 협소한 한계 내에서 작동하는 단순한 민주주의 혹은 순수한 공화국을 주장하는 사람들은 온통 허구적인 어떤 경우를 가정하거나 상상합니다. 그들은 사회를 구성하는 사람들이 단지 정치적 권리의 평등만을 향유하는 것이 아니라 모두 엄밀하게 똑같은 이해관계를 갖고 모든 측면에서 똑같이 느낀다는 생각에 기초해서 추론합니다. 그 생각이 실제로 맞는다면 그들의 추론은 결정적일 것입니다. …… 다수의 이익은 또한 소수의 이익일 것입니다. 결정은 오직 (다수의 목소리가 그것의 가장 안전한 기준이 될) 전체의 선에 관한 의견에만 좌우될 수 있을 것입니다. 그리고 작은 영역 내에서 이런 다수의 목소리가 가장 쉽게 취합될 수 있고 또 공적인 사안들이 가장 정확하게 관리될 수 있을 것입니다. 그러나 우리는 어떤 사회도 지금까지 거대한 시민 집단을 그처럼 동질적으로 구성하지 못했음을 혹은 그렇게 할 수 없음을 압니다. 사실상 야만적인 주에서 그런 상태를 지향하는 접근이 시도됩니다. 하지만 그런 주에서는 정부가 거의 필요 없거나 전혀 필요 없습니다. 모든 문명화된 사회에서 차이는 다양하고 피할 수 없습니다. 재산의 차이는 자유로운 정부가 재산을 취득함에 있어 불평등한 능력들에 제공하는 바로 그 보호의 결과입니다. 문명화된 사회들에서는 부유함과 빈곤이 있고, 채권자와 채무자가 있고, 지주의 이익과 상인의 이익, 제조업 종사자의 이익이 있을 것입니다" 등등.

재산 소유상의 차이에, 그리고 그 결과로서 사회가 서로 다른 이해관계와 당파들로 분할되는 데 있다. 당파적 정체성의 원천은 끝없이 다양하다. 그러나 그중에서 가장 유력하고 일관된 것은 "다양하고 불평등한 재산 분배"다.[17] 재산이 있는 사람과 없는 사람은 "사회에서 서로 구별되는 이해관계를 형성해 왔다." (1787년 당시 이 같은 인식의 직접적인 배경은 미국의 모든 주들이 독립을 쟁취하는 과정에서 항상 개별 채권자들에게 늘려 놓은 거대한 부채를 존중할 것인가 혹은 거부할 것인가라는 이슈였다.) 어떻게 이런 첨예하게 대립되는 이해관계들이 서로서로 정당한 균형을 이룰 수 있었을까?

매디슨은 파벌의 원인이 제거될 수 없다고 확신했다. 합리적으로 바랄 수 있는 것이라고는 그 효과를 통제하는 길밖에 없었다.[18] 소수 파벌은 끝없는 분란을 불러일으킬 수 있을 것이다. 하지만 공화주의 정부 내에서 소수 파벌이 법을 통해 자신의 입장을 관철시킬 기회를 발견해서는 결코 안 된다. 그러나 한 파벌이 다수를 형성하는 곳에서 인민의 정부는 그 다수파에게 자신들의 열정과 이해관계를 위해 소수자의 권리와 공공선 둘 다를 희생시킬 모든 기회를 준다.[19] 인민의 정부에 대한 핵심 도전은 인민의 정부의 정신과 형태를 희생하지 않으면서 동시에 파벌적인 다수의 위협에 맞서 공공선과 사적 권리 둘 다를 보장해야 한다는 것이었

17 *Federalist*, 59.

18 *Federalist*, 60.

19 *Federalist*, 60-61.

다. 매디슨의 주장에 따르면, "순수한 민주주의", 즉

> 소수의 시민들이 직접 정부를 구성하고 운영하는 사회는 파벌의 해악에 대한 아무런 치유책도 허용할 수 없다. 공통의 열정이나 이익은 거의 모든 경우에 전체 가운데 다수에 의해 감지될 것이다. 의사소통과 합의는 정부 형태 그 자체에서 나오는 결과물이다. 그리고 더 약한 당파나 미움을 받는 개인을 희생시키도록 유인하는 동기를 저지할 길은 전혀 없다.[20]

그렇기 때문에 그런 민주주의 체제들은 언제나 그토록 소란스러우며 분쟁이 많았고, 언제나 개인의 안전이나 재산권과 양립 불가능하다고 판명되었으며, "대개 그 죽음이 격렬했던 것만큼이나 그 삶이 짧았다." 따라서 민주주의의 이론적 신봉자들은, 매디슨이 보기에 터무니없게도, 사람들을 완전한 정치적 평등 상태에 두는 것이 동시에 그들을 소유의 측면에서 완벽하게 평등하고 의견과 열정의 측면에서 균일하고 조화롭게 하리라고 가정하지 않으면 안 되었다.

평준화와 균질화라는 그런 위험한 기획 대신에 매디슨은 민주주의의 폐해에 대한 치유책을 제공해 주리라 기대되는 다른 모델을 제시했다. "공화국, 즉 내가 뜻하는 바로는, 대의의 기획이 실행되는 정부"가 그것이다. 매디슨이 말하는 의미에서 공화국은 여러 면에서 순수한 민주주의

20 *Federalist*, 61.

와 달랐다. "민주주의와 공화국 간에는 두 가지 큰 차이점이 있다. 첫째, 공화국에서는 정부가 소수의 시민들에게 위임된다는 것과 둘째, 공화국이 보다 많은 수의 시민들과 보다 큰 영역의 국가로 확장될 수 있다는 것이 그 차이이다." 미주 연합the Union of American States은 거대한 영토를 포괄하고 있었으며, 매우 많은 수의 인구를 수용하고 있었다. 그것은 "민주주의적인 정부"가 분명 할 수 없는 방식으로 거대한 영토와 많은 인구를 모두 아우를 수 있는 정부 기획을 필요로 했다. 그러므로 매우 많은 수의 시민들을 위해 행동할 수 있는 상대적으로 적은 수의 대표를 뽑지 않을 수 없었다. 그리고 바로 이처럼 선발했다는 것이 그렇게 뽑힌 대표의 질을 보장하리라고 매디슨은 낙관적으로 가정했다. 영토의 규모와 시민 수의 크기는 정당과 이해관계의 다양성을 더 광범위하게 할 것이고, 다른 시민의 권리를 침해할 의도를 가진 다수자 연합majority coalitions이 생길 위험은 더 줄일 것이다. 그런 연합이 실제로 생기는 경우에도 훨씬 더 큰 무대에서 정치적으로 작동해야 한다는 필요 자체가 은밀하고 명백히 남세스런 정책들이 서로 조직적으로 작용하는 일을 막을 것이다. 종교적 편협성이, 즉 "지폐나 부채 말소나 평등한 재산 분배 혹은 어떤 다른 부적절하거나 사악한 기획에 대한 열망"이 "미주 연합 전체에 스며드는 일"은 그것들이 어떤 특정 주를 감염시키게 되는 일보다 일어날 개연성이 훨씬 작을 것이다. 그런 것들이 어떤 주 전체를 더럽히는 일보다 어떤 특정 카운티나 구역을 더럽히는 일이 일어날 개연성이 더 큰 것처럼 말이다.[21]

그러므로 미주 연합의 범위와 구조는 "공화주의적 정부에 가장 생기기 쉬운 질병에 대한 공화주의적 치유책"을 제공할 수 있을 것이고 또 제

공할 것이다.[22]

석 달 반 후 『페더럴리스트』 63번 글에서 매디슨은 그런 판단으로 되돌아갔는데, 그 한 측면은 수정했지만 핵심 요소는 재확인했다. 대의 원리가 미 공화국의 중추를 이루었다.[23] 심지어 희랍 민주정들 가운데 가장 순수한 것에서조차도 행정 권력을 쥔 공공 관리들을 선출하는 데 대의의 요소들이 있었다.[24] "그런 공동체들과 미국 정부 간의 진정한 차이"는 폴리스의 관리에서 인민의 대표들이 포괄적으로 배제되는 것이 아니라 정부 내의 "어떤 역할에서도 '집단으로서의 인민이 전면 배제되는 것'"이었다.[25] 이처럼 작고 너무도 친밀한 공동체들에서는 성공적인 대의 정부가 실행될 수 없었을 것이다. 그러나 미주 연합의 규모에서는 대의 정부가 명백히 필요하기 때문에, 대의 정부가 그 확고한 장점들을 아주 분명히 드러내 보이기에 충분할 정도로 오랫동안 평온하게 작동할 수 있도록 충분한 정치적 뒷받침이 그런 필요에서 나올 수 있고 또 그렇게 될 것이다.

설사 우리가 오늘날 민주주의라는 용어를 그토록 다르게 사용한다고

21 *Federalist*, 65.

22 *Federalist*, 65.

23 *Federalist*(Number 63), 427.

24 *Federalist*, 427.

25 *Federalist*, 428.

하더라도, 집단으로서의 인민을 미국 정부 내의 어떤 역할에서도 전면 배제해야 한다는 매디슨의 주장이 갖고 있는 힘은 여전히 충격적인 어떤 것으로 다가온다. 하지만 매디슨 자신에게 그것은 고대 희랍의 민주주의적 도시국가들과 그가 옹호하려고 고심했던 새로운 국가가 실제로 얼마나 다른가를 보여 주는 가장 분명한 징표였고, 그런 도시국가들과 달리 자신의 새로운 국가가 전혀 민주주의가 아님을 입증하는 증거였다. 플라톤이나 아리스토텔레스가 사용한 어휘에서 그랬듯이 매디슨의 어휘에서도, 집단으로서 자기들 공동체의 통치에서 전면 배제되는 인민이 공동체를 직접 지배한다고는 도무지 생각될 수 없었다. 최종적으로 공동체를 통제하는 것은 그 시민들 대다수의 의지였다. 그러나 공동체에 대한 즉각적인 통제권은 어딘가 매우 다른 곳에 놓여 있었다. 미국이라는 새로운 국가를 그 밖에 다른 무언가로는 부를 수도 있고 아닐 수도 있겠지만, 제대로 된 용어로 부르자면 민주주의라고는 부를 수 없었다.

대의 정부가 민주주의와 결정적으로 다른 점은 그 밑바닥에 놓인 권위의 기본 구조가 아니라 진행 방향을 정하고 그것이 세월의 경과 속에서 유지되도록 돕는 제도적 메커니즘들에 있었다. 이 메커니즘들의 효과는 단지 그것들을 규정해 온 법률적 엄밀성("권력의 침략적 의도에 맞선 양피지 장벽들")[26]뿐만이 아니라, 좀 더 결정적으로는 그 메커니즘들과 그것들이 끌어낼 것으로 기대할 수 있었던 정치적 에너지 간의 실제 관계에 달

26 *Federalist*(Number 48), 333.

려 있었다. "다수 인민이 직접 입법부의 기능을 행사하며, 정기적인 심의는 물론 행정권을 장악한 자들의 야심 찬 음모에 공동으로 대처하는 데 대한 무능이 끊임없이 드러나는" 민주주의에서 폭정의 위협은 원칙적으로 행정부에서 유래할지도 모른다. 하지만 미국에서 위협은 주로 입법부에서 왔다. 제퍼슨이 3년 전 『버지니아 주에 대한 고찰』*Notes on the State of Virginia*에서 지적한 바 있는 "선거 독재"elective despotism의 위협 말이다.[27]

미국인들이 1774년의 혁명을 향해 나아가자, 뉴욕의 젊은 귀족이며 머지않아 『페더럴리스트』의 공동 저자이자 장차 국무장관이 될 존 제이는 약간의 과장을 보태어 미국인들을 "자기들이 그 아래서 살아야 하는 정부의 형태에 대해 숙고하고 그것을 선택할 기회를 가질 수 있도록 하늘이 은총을 베푼 최초의 사람들"이라고 묘사했다.[28] 이 단계에서 그런 기회는 한껏 고무적인 것으로 보였고 그것과 연관된 위험(영국에 저항하는 위험과는 현격한 대조를 이루는)은 상대적으로 사소해 보였다. **민주주의**라는 용어가 아무런 특별한 영감도 지니지 않은 것이라면 거의 위협적이지

27 *Federalist*, 335-36. Thomas Jefferson, *Notes on the State of Virginia*(New York: Harper, 1964), 113-24의 다음과 같은 언급과 비교하라. "선거 독재는 우리가 쟁취하려는 정부가 아니었다. 그것은 자유로운 원리들에 기반을 두어야 할 뿐만 아니라 정부의 권력이, 그 누구도 타인들에 의해 효과적으로 견제되고 제한받지 않고서는 법적 한계를 뛰어넘을 수 없도록, 여러 부문의 행정직들 사이에서 고도로 분할되고 균형을 이루어야 하는 것이었다."

28 Wood, *The American Revolution*, 62.

않거나 혹은 전혀 즉각적인 위협이 되지 않았다. 존 애덤스John Adams 같은 완고한 정치적 회의론자조차도 "민주적 독재란 용어상 모순이다"라고 확신했다.[29] 새로운 국가의 헌법은 선거구를 좀 더 동등하게 만들기 위해 그 경계를 재설정하고, 연례 선거를 고수하고, 참정권을 확대하고, 유권자와 대표에게 똑같이 거주 요건을 부과하고, 선거구민들이 자기들의 대표에게 지시를 내릴 수 있는 권한을 갖도록 했다.[30] 그렇게 하면서 그 헌법은 정치적 대의代議에 대한 미국과 영국의 경험 간에 존재하는 핵심적인 차이를 강화하고 예리하게 만들었다. 구舊세계는 역사적 지속성, 단일한 공동체의 주권적 통일, 대표하는 자와 대표되는 자 사이에 이루어지는 연계의 상징적이고 실질적인 특성을 강조했는데, 이런 것들이 현실성, 선택, 동의 및 지금까지보다 더 완전하고 더 평등한 참여를 주장하기 위해 단호히 폐기되었던 것이다.[31]

헌법제정회의의 즉각적인 여파 속에서 이런 숙고와 선택의 과정 역시 매우 순조롭게 진행되었다. 그리고 그런 과정에 접근하는 덜 참여적이거나 덜 평등주의적인 방식을 공공연하게 옹호하는 사람도 전혀 남아있지 않았다. 훨씬 더 극적으로 부각된 문제는 어떤 확고한 결론에 이르지 못할 위험이 있다는 것과 그런 위험이 악화되는 데 민주주의 그 자체

29 Wood, *The American Revolution*, 67.

30 Wood, *The American Revolution*, 66.

31 Wood, *The American Revolution*, 40-41.

가 상당한 기여를 할 수 있고 또 그럴 것이 거의 확실하다는 점이었다.

이 단계에서 미국인들에게는 본질적으로 네 가지 선택지가 있었다. 그들은 새로운 국가에서 가장 민주주의적인 요소들을 거부하는 선택을 할 수도 있었다. 그 요소들이란 자유로운 남성 주민들에게 유례없이 특출한 지위를 부여해, 공적인 결정의 틀을 짜고 실제 결정을 수행하는 일에 인민이 정치적으로 거의 평등한 조건하에서 광범위하게 참가할 수 있게 하는 일을 가리킨다. 유럽 대륙에는 심지어 한 세기 후에도 여전히 이런[민주주의적 요소를 거부하는_옮긴이] 대응에 대한 특출한(개중에는 영향력도 있는) 옹호자들이 많았다. 그리고 양차 대전 사이 유럽과 일본에서도 파시스트 정부가 그중 어떤 측면들을 실행하려고 노력했는데, 이는 자국 내에서나 해외에서 파괴적인 결과를 초래했다. 그러나 미국에서는 패배한 국왕파가 캐나다로 혹은 대서양 너머로 달아나면서 민주주의적 요소를 거부하자는 입장의 공개적인 옹호자는 한 사람도 남지 않았다.

그 선택지 대신에 미국인들은 또한, 매디슨이 지적했듯이, (여전히 남성들에게 한정되고, 별다른 변명 없이 아주 상당수의 노예 인구가 여전히 옆에 붙어 있는) 정치적 평등 원칙을 대담하게 밀어붙여, 그것이 재산권 주장에 충격을 가해 무효화하고 채무를 말소하며 대규모 토지 재산을 재분배하고 사회를 지속적으로 평등한 모습으로 재창조하도록 만드는 선택을 할 수도 있었다. 이 경우에도 당시 미국인들 사이에서 앞서의 선택지보다 과격하면서 잠재적 파괴성은 똑같은 이런 대안을 옹호하는 사람은 역시 전혀 없었던 것으로 보인다.

아마도 더 현실주의적으로 보면, 미국인들은 어느 쪽으로든 아예 선택을 쉽사리 하지 못했을 수도 있다. 아메리카의 새로운 국가의 중앙 권력이 강화되면 틀림없이 그들이 그토록 비싼 대가를 치르고 막 빠져나온 이질적이고 늘 잠재적으로 폭압적인 구조가 재창출될 것이라는 두려움에 움츠러들어서 말이다. 이것은 사실상 반反연방주의자들이 승리하면 즉각 맞게 될 실천적 결말이었다. 연맹 규약Articles of Confederation 시대에 이미 드러났던 대로, 개별 주 정부들 간에 아무런 효과적인 공통의 상위 구조도 없이 기존의 정부 형태들을 수동적으로 받아들이는 것 말이다.

미국인들이 택한 선택지, 큰 윤곽에서 볼 때 매디슨과 동료 저자들이 역설한 것이기도 했던 그 선택지는 새 헌법에 구현되었는데, 새 헌법이 비준과 수정, 그리고 초대 대통령 워싱턴의 재임 기간 중에 이루어진 시행의 난관을 잘 견뎌 냄에 따라 그렇게 될 수 있었다. 그 선택지는 미국인들과 (또 머지않아 때가 되었을 때) 전 세계에 많은 것을 가져다주었다. 그것은 (적어도 남성들의) 정치적 자유의 체제와 광범위한 노예 소유권을 조화시키지는 못했다. 그 둘 간의 조화는 그로부터 75년 후 내전의 격동을 겪으면서, 그것도 단지 부분적으로만 이루어지게 된다. 그런 조화가 그 이후로 얼마나 진행되었는지 혹은 그것이 이루어지리라는 어떤 희망이 남아 있는지에 대해서는 언제나 그랬듯 오늘날에도 거의 합의된 바가 없다. 확실한 것은 1787년에 택한 그 선택지가 미국의 계속된 정치적 상상에서 평등주의적 충동을 제거하는 데 현저히 실패했다는 것이다. 하지만 그것은 미국의 상상 내에서 그 충동이, 그 다음 두 세기에 걸쳐 전 세계 다른 사회들 대부분에서 드러난 것보다 훨씬 덜 필수적이거나 덜 지속적이거나 덜 두드러진 요소가 되게 함으로써, 독특한 역할을 갖게 해주었다. 그 선택지는 새로운 공화국을 지극히 효과적으로 보호했고, 지금 우리가 알고 있듯이 아주 오랫동안 그렇게 보호했다. 그 과정에서 그 선택지는 미국을 지구상에서 정치적으로 가장 선명하고 가장 잘 통합되어 있으며 정치적으로 가장 자신감 넘치는 사회로 변모시켰다. 그것은 또한 시간이 흐르면서 미국이 인류 역사에서 압도적으로 가장 강력한 국가가 되는 길을 열었다(이는 자유분방하고 참을성 없는 재무장관 해밀턴이 장차 대단히 만족스러워 할 일이기도 했다).

만년에 매디슨은 헌법이 탄생하던 당시의 상황, 즉 "국내 문제들이 어수선하게 돌아가고 국외로부터는 거의 존중을 받지 못했던 상황"을 환기하면서 헌법 제정을 회고한 적이 있는데,[32] 그때도 그는 "그토록 암울한 혼돈으로부터 그토록 만족스러운 질서를 가져온 헌법"에 자부심을 가질 충분한 이유가 있다고 보았다. 인간 사회의 어떤 정부도 권력 남용의 위험을 제거할 수 없을 것이다. 하지만 미연방 공화국은, 30여 년이 넘는 세월을 증거로 보건대, 그런 위험을 최소한으로 줄였다.[33] 그것은 민주주의

32 매디슨이 에드워드 에버렛(Edward Everett)에게 1831년 11월 14일. Drew R. McCoy, *The Last of the Fathers: James Madison and the Republican Legacy*(Cambridge: Cambridge University Press, 1989), 133.

33 McCoy, *Last of the Fathers*, 116-17. 매디슨이 토머스 리치(Thomas Ritchie)에게, 1825년 12월 18일. "인간의 수중에 있는 모든 권력은 자칫 남용되기 쉽습니다. 인민으로부터 독립되어 있는 정부들에서, 전체의 권리와 이익은 정부의 견해에 희생당할지도 모릅니다. 인민이 그들 자신을 다스리는 공화국에서, 그리고 물론 다수가 다스리는 공화국에서도, 소수에게 닥치는 위험은 그들의 권리를 다수의 이해관계(그것이 실제적인 것이든 추

의 요구를 유보 없이 수용함으로써 그렇게 한 것이 아니었으며, 또한 매디슨 자신은 만년에도 민주주의라는 용어에 대해 마음이 푸근해지는 조짐을 거의 보여 주지 않는다. 그러나 그는 민주주의라는 그 새로운 개념이 이제 얼마나 깊이 스며들어 있는지, 그리고 그런 상황에 공개적으로 저항하는 일이 얼마나 무익한지를 분명 인정했다. 1820년대 초 즈음에는 선거권을 위한 재산 자격 규정(헌법제정회의 당시에는 그토록 명백하게 유익한 것으로 보였던)이 무의미한 시대착오가 되었다.[34] 뉴욕의 대법관 제임스 켄트James Kent 같은 좀 더 완고한 보수주의자는 "민주주의의 악령"[35]을 길들이는 데 그런 자격 규정이 중요한 역할을 담당한다고 여전히 주저하지 않고 공공연하게 주장했을지 모른다. 그러나 매디슨은 다수의 무산대중이 소수의 유산자들을 위협한다는 논점에 대해, 그것은 무산자 다수에게 참정권을 허용하지 않는 것으로 적절하게 조정될 수 있는 종류의 위험이 아

정된 것이든 간에)를 위해 희생하도록 부추기는 기회들에서 발생합니다. 그러므로 어떤 형태의 정부도 권력 남용에 대항한 완벽한 보호막이 될 수 없습니다. 공화주의적 정부 형태를 추천하는 것은 남용의 위험이 다른 어떤 정부 형태들보다 덜하기 때문입니다. 그리고 연방주의적인 공화국 체제를 좀 더 높이 사는 것은 그런 체제가 외부의 위험에 더 효과적으로 대처하면서 억압적인 다수가 성급하게 형성되는 데 맞서 소수에게 더 큰 안전을 가져다준다는 점에서입니다." James Madison, *Letters and Other Writings*, ed William C. Rives and Philip R. Fendall, Philadelphia, 1865, III, 507

34 McCoy, *Last of the Fathers*, 193-206: James Madison, *Notes on Suffrage* c 1821.

35 Gordon S. Wood, *The Radicalism of the American Revolution*(New York: Vintage, 1993), 270.

니라고 보았다. 다수에게 참정권을 주지 않는 것은 "자유로운 정부의 핵심 원칙, 즉 법에 의해 서로 결속되는 사람들이 그 법을 만드는 과정에서 목소리를 낼 수 있어야 한다는 원칙을 침해한다."[36] 그것[다수에게 참정권을 주지 않는 것_옮긴이]은 또한 실제로 어떤 자유로운 정부도 파괴해 버릴 것이 틀림없는 통치의 기초를 확립한다. 즉, "그것은 수적이고 물리적인 힘이 공적 권위에 대항하는 항구적인 투쟁에 휘말리도록 할 것이다. 그런 투쟁이 모든 당사자들에게 치명적인 상비군에 의해 진압되지 않는 한 말이다."[37] 대신에 매디슨은 그의 희망을, 그가 만들어 내기 위해 그토록 애썼던 헌법의 내적 규제에 덧붙여, 교육이 가진 개선의 힘에서 찾았다. 그의 냉철한 결론은 15년 전 저명한 건축가인 벤저민 라트로브Benjamin Latrobe가 제퍼슨의 이탈리아인 친구 필리프 마체이Philip Mazzei에게 보낸 편지에서 내놓은 의견과 공통점이 많았다. "연방 헌법을 채택한 후 모든 주들이 성인 남성 시민 다수에게로 선거권을 확대한 것은, 서서히 자라서 미합중국 전체에 실제적이고 실현 가능한 민주주의와 정치적 평등을 퍼뜨릴 싹을 심은 것이었습니다."[38] 그 결과는 의심할 여지없이 인상적인 것, 즉 "아마 어떤 국가도 지금까지 누려 보지 못했던 행복의 최대치"였다. 하지만 그들은 그 비용을 치렀다. "우리 주 입법부에는 우월한 재능을 가진 개인이

36 McCoy, *Last of the Fathers*, 195.

37 McCoy, *Last of the Fathers*, 195.

38 Wood, *Radicalism of the American revolution*, 295-96.

단 한 명도 없습니다. 사실은 이렇습니다. 우월한 재능은 실제로 불신을 불러일으킵니다." 존경과 사회적 차별성이 이처럼 전반적으로 퇴조하는 데에는 "탄탄하고 일반적인 장점들"이 있었다. 하지만 그가 자신과 똑같이 까다로운 그 편지 수신인에게 솔직하게 언급한 것처럼, "교양 있는 지성에게, 글을 배운 자에게, 예술 애호가에게 그것은 매우 불쾌한 그림을 제시"[39]한다. [이에 대해서는 미국의 소설가이자 극작가_옮긴이] 헨리 제임스Henry James가 만반의 준비를 하며 기다리고 있었다.

이런 달갑지 않은 그림을 제시한 것은 민주주의 정치였는데, 그것은 전적으로 일상적인 것, 정치적 삶의 온전한 방식이 되어 있었다. 그 자체의 논리와 모든 곳으로 침투하는 그 자체의 문화를 가지고 말이다. 일단 이런 식으로 일상적인 것이 되고 나서도, 민주주의는 노예제도를 둘러싸고 남부와 북부 간에 벌어진 혹독한 투쟁에 의해 혹은 심지어 거의 70년 후에 발생하게 되는 대공황의 심각성(그것은 사회질서나 그것을 뒷받침하는 경제의 근본을 뿌리째 흔드는 엄청난 압력이었다)에 의해서도 여전히 위협받을 수 있었다. 그러나 정치 그 자체 내에서 민주주의는 단연 빼어난 것이 되었다. 그것은 살아남은 어떤 경쟁자와도 마주치지 않았고, 자신의 우세에 대한 현실적 도전에 맞서 스스로를 방어하도록 하는 압력은 고사하고 그 자신의 본성을 반성적으로 숙고하도록 하는 압력 아래에도 거의 놓이지 않았다. 그때부터 줄곧 미국인들에게 민주주의는 정치의 지평을 풍미

39 Wood, *Radicalism*, 296.

했다. 민주주의를 공공연히 거부하기로 선택하는 자는 누구든 그들 자신을 그야말로 정치적으로 무력하게 만들 뿐이었다. 미국에서 민주주의를 위한 싸움은, 미국인들이 이해했던 대로, 실질적으로 부전승을 거두었다. 비록 그 핵심의 상당 부분은 훨씬 일찍 쟁취되고, 그 대부분의 노력이 전혀 다른 이름으로 이루어지긴 했지만 말이다.

민주주의라는 용어가 정치 행위자들(즉, 국가를 변혁하기 위해 투쟁하며, 또 자기들이 전략을 짜고 자기들의 목표가 갖는 함축을 이해하게 된 기반을 설명하려고 시도하는 그런 정치 행위자들)의 담화에서 최초로 모습을 드러낸 것은 18세기 말 유럽에서였다. 이런 모습으로 그 용어가, 드문드문 아주 희미하게, 처음 등장한 것은 1780년대에 네덜란드 공화국의 퇴색한 정치적 삶을 재활성화한 애국당 반란Patriot Revolt에서였다. 애초에 이 반란은 그 목표가 산만했고, 정치적 전략에 있어서는 그저 혼란스러운 상태 그 이상이었다.[40]

40 Simon Schama, *Patriots and Liberators*(London: Fontana, 1992); R. R. Palmer, *The Age of the Democratic Revolution* Vol. 1(Oxford: Oxford University Press, 1959). 애국당의 반란에서부터 바타비아 공화국(Batavian Republic)의 생성과 몰락에 이르기까지 네덜란드 공화국의 궤적에 대한 예리한 분석은 Jonathan I. Israel, *The Dutch Republic: Its Rise, Greatness and Fall 1477-1806*(Oxford: Oxford University Press, 1995) chapters 42-44에 나온다. 18세기 초 정체 형태로서의 민주주의를 향한 네덜란드의 바로 그 제한된 열정에 대해서는 Leonard Leeb, *The Ideological Origins of the Batavian Revolution*(The Hague: Nijhoff, 1973), 114, 132, 144-145 등을 참조.

하지만 1785년에서 1787년 사이에 일단의 애국당 지도자들은 도시의 부유한 과두정치 지지자들과 오라네가House of Orange 간의 유구한 다툼(이것은 네덜란드 연방의 기원으로까지 거슬러 올라가는 오랜 것이다)에서 때때로 벗어났으며, 새롭고 의식적으로 평등주의적인 정치 강령을 제시했다.

그들이 제기한 도전의 가장 급진적인 측면들에 있어 제도적 핵심은 네덜란드 주들의 도시 민병대, 즉 자유 군단Free Corps이었는데,[41] 이들은 1784년 12월 이후부터 통상 유트레히트Utrecht에서 정기적인 회합을 열었다.[42] 평등주의적인 애국당 지도자와는 거리가 먼 요안 더크Joan Derk van der Capellen tot den Pol 남작이 언급한 것처럼 "자유와 무장하지 않은 인민은 직접적인 모순 관계에 있다."[43] 그리하여 1784년 무렵이 되면 애국당 운동이 무장을 갖추게 되었다. 그 운동의 정점에서 델프트 자유 군단Delft Free Corps의 한 대표는 다음과 같이 단호하게 선언했다.

> 동지 여러분, 시민은 이제 더 이상 그늘에서 헤매지 않습니다. 우리가 맹렬히 깨운 새벽의 빛 속에서 시민은 자신을 두려움 없이 보여 줄 수 있습니다. 시민의 자유와 행복의 태양은 시시각각으로 더 강하게 빛나고, 우리는 가장 강력한 근거들을 가지고 여러분에게, 태양이 정점에 이르기 전에 더 이상 인민의 폭군들이 이 땅에서

41 Schama, *Patriots and Liberators*, 80-135.

42 Schama, *Patriots and Liberators*, 94.

43 Schama, *Patriots and Liberators*, 81.

발견되지 않으리라고 단언할 수 있습니다. 무장한 자유는 인민의 폭군이라는 바로 그 이름을 완전히 지우게 될 것입니다.[44]

네덜란드 공화국의 주들은 애국당과 오라녜당으로 첨예하게 갈라졌다. 1787년 무렵에는 애국당 운동을 진압하는 데 프러시아 군대의 개입이 필요했다. 그 군대는 오라녜가의 빌헬미나Wilhemina 공주를 구하기 위해 급파되었는데, 그녀는 오라녜가의 깃발을 올리기 위해 헤이그로 여행을 감행하는 만용을 부리다가 고우다Gouda 지역 자유 군단에 체포되는 불운을 겪고, 화가 난 체포자들에 의해 거칠고 무례한 대우를 받게 된 호엔촐레른Hohensollern가의 공주다.[45] 1787년 9월까지는 브런즈윅 공작Duke of Brunswick의 지휘하에 프러시아 세력이 헤이그에서 총독Stadholder의 지배를 복원했다. 그리고 10월 10일에는 애국당 저항의 마지막 보루인 암스테르담이 브런즈윅 공작에게 항복했다.

애국당 운동은 어느 시점에서도 자신을 민주주의를 위한 운동으로 규정하지 않았다. 그 운동이 일관되고 공통의 어떤 목적을 갖는 한, 그 목적은 네덜란드 주들의 전체 거주자를 대표하며 잠재적으로 억압적인 오라녜 군주정 혹은 부유하고 자기 방어적인 도시 과두정(둘 다 똑같이 인민의 권력을 빼앗는 데 여념이 없는)의 지배로부터 그들을 자유롭게 하는, 네

44 Schama, *Patriots and Liberators*, 94.

45 Schama, *Patriots and Liberators*, 127.

덜란드 주들을 위한 헌정 질서를 확립하는 것이었다.

네덜란드 국민에게 덜 억압적이고 더 적절한 대의 형태가 무엇인지를 규정하려고 시도하는 가운데, 자유 군단 지도부는 민주주의적이라고 묘사하는 것이 전적으로 자연스러운 어떤 입장을 채택할 기회를 적어도 두 번 만났다. 1785년 유트레히트에서 열린 3차 자유 군단 회의는 연합 결의안act of Association을 이끌어 냈는데,[46] 그 과정에서 참가자들에게 마지막 피 한 방울까지 바쳐 진정한 공화주의적 헌정을 지킬 것, 시민들의 잃어버린 권리를 되찾을 것, 그리고 "대표에 의한 인민의 정부"Volksregierung bij representatie를 수립하려고 노력할 것을 맹세시켰다. 몇 주 후 홀란드 주에서 열린 자유 군단 회의는 한결 더 혁명적인 선언문, 즉 라이덴 초안Leiden Draft을 채택했다. 그 선언문의 전문은 대담하게도 다음과 같은 입장을 표명했다. "국가, 특히 자유에 기초한 공화국의 시민들은 이것을 그들 각자에게 똑같이 수여한다. …… 자유는 네덜란드 코먼웰스의 모든 시민들에게 속한 양도할 수 없는 권리다. 지상의 어떤 권력도, 진정 인민으로부터 유래한 권력은 더더군다나 …… 이런 자유의 향유에 도전하거나 그것을 방해할 수 없다." 선언문의 조항들은 인민의 주권, 선출된 대표들이 유권자에 대해 지는 책임, 자유로운 헌법의 토대가 되는 자유로운 연설의 절대적 권리, 모든 시민들의 계파적으로 차등 없는 민병대 가입 허가(그들의 지속적인 자유에 대한 효과적인 강제적 보장)를 확인했다. 선언문 조

46 Schama, *Patriots and Liberators*, 94-95.

항들은 이런 것들을 한데 모아 "공화주의적 인민주권의 관념"[47]이라는 주목하지 않을 수 없는 표현을 만들어 냈다.

군대를 동원한 탄압의 여파로 애국당 운동은 곧 프랑스대혁명이라는 국제정치 및 군사상의 거대한 소용돌이 속으로 헤어 나올 길 없이 휩쓸려 들고 말았다. 애국당 운동이 이 소용돌이치는 혼돈 속으로 사라짐에 따라 그 추정상 상속자인 1795~1805년의 바타비아 공화국은 국가 자율성의 흔적을 다 내던지고, 급격히 변모해 가는 과정에 있던 프랑스 국가의 단순한 꼭두각시로 보이게 되었다. 바타비아 공화국이 떨어져 내린 나락의 밑바닥은, 나폴레옹 황제가 네덜란드를 "내 제국의 주요 강들"이 쓸고 내려가 쌓인 충적토라고 묘사할 정도로 무례하게 굴었던 데서 알 수 있다.[48] 하지만 네덜란드인들 자신은 자연스럽게 자국 내에서 벌어진 다툼들에 대해 더 민감한 관심을 유지했다. 그런 다툼들을 더 분명하게 정의하려고 애쓰다 보니, 그들은 자신들이 대체로 파리에서 연유하는 어떤 단어에 점차 매혹되어 가고 있음을 깨달았다. 그런 노력들이 진행되는 과정에서 **민주주의**와 **민주주의자**는 네덜란드의 정치적인 프로그램과 정체성에서 전례 없이 두드러지게 되었다. 1795년 무렵 암스테르담은 선도적 신문인 『드 데모크라텐』*De Democraten*과 **민주주의 체제**democratisch systema의 확보를 목표로 하는 정치 클럽을 자랑했다. 1797년에는 프랑스 자신의

47 Schama, *Patriots and Liberators*, 95.

48 Schama, *Patriots and Liberators*, 2.

총재정부Directory가 홀란드 담당관에게 네덜란드인들이 원하는 것은 "자유롭고 민주주의적인 헌법"이라고 장담하고 있었다. 때 맞춰 다음 해 1월 네덜란드 제헌의회Dutch Constituent Assembly 구성원의 3분의 1이 "민주주의적인 대의제 헌법"을 위한 청원에 서명했다. 그리고 다음 달에는 동 의회의 한 위원회가 그 프랑스 담당관에게 네덜란드인은 "프랑스인에게 적합한 것보다 훨씬 더 대단한 정도의 민주주의를 할 수 있다"고 미련하게 떠벌렸다.[49] 이 무렵쯤이면 이미 귀족주의자들은 오래전에 무대의 중앙에서 물러나 있었다. 그러나 프랑스 자체에서도 그랬듯이, 홀란드에서 정치적인 집단 분류를 분명히 하는 데 최초로 도움이 된 이들은 **귀족주의자**들이었으며, **민주주의자**들은 그들보다 훨씬 나중에 그럴 수 있게 되었다. 1786년에 오랫동안 오라네가의 열렬한 신봉자였던 게이스베르트 카렐 반 호겐도르프Gijsbert Karel van Hogendorp는 한 편지 수신인에게 프랑스어로 자신의 나라를, 사람들이 "귀족주의자와 민주주의자로 나뉘어 있다"고 말하는 어떤 도당徒黨에 의해 곤경에 빠진 상태로 묘사했다.[50] 반 호겐도르프 자신은 네덜란드 기준에 따르면 매우 확실히 귀족주의자였는데, 심지어 그가 1787년에 로테르담의 펜시오나리스Pensionary[16~18세기

49 Palmer, *Age of the Democratic Revolution*, Vol. 1, 17; 그리고 R. R. Palmer, 'Notes on the Use of the Word "Democracy" 1789-1799', *Political Science Quartely*, LXVIII, 1953, 203-26을 더 보라.

50 Palmer, *Democratic Revolution*, I, 15.

네덜란드 공화국에서 막강한 정치권력을 행사했던 관직명_옮긴이]가 되기 전부터 그랬다. 그는 최상류층에 끼게 되었는데, 빌헬미나 공주의 무모한 행위에 직접적인 자극을 제공한 것은 그의 아들이었다.[51] 반 호겐도르프는 또한 노련한 도당꾼caballer으로 불릴 만한 자였고, 사반세기 후 오라녜 왕정의 복원 당시 오라녜가의 대의大義를 위해 여전히 정력적으로 음모를 꾸미고 있었다.[52] 그러나 1786년에 그는 네덜란드의 파벌 다툼에 대한 자신의 시각이 여전히 외부자적이고 공평하며 범세계적이고 정교한 것이기를, 즉 주의 깊게 이루어진 정치적 판단이기를 바랐다. 그것은 그 자체가 정치적 행위는 아니었으며, 국내적이거나 혹은 특유하게 네덜란드적인 것으로 의도된 용어로 표현되지도 않았다.

민주주의자라는 용어가 유럽(혹은 세계) 근대사에서 국내 정치 소속의 한 축으로 의심할 여지없이 등장한 첫 번째 무대는 대륙의 좀 더 선진적인 국가들(홀란드나 프랑스 혹은 영연방 같은) 가운데 한 곳이 아니라, 현재는 벨기에로 불리고 당시에는 오스트리아령 네덜란드Austrian Netherlands라고 불렸던 곳이다. 모두 오스트리아 황제에게 복속되어 있던 오스트리아령 네덜란드의 주들은 저지대 국가Low Countries의 남반부를 차지했는데, 스페인은 16세기 네덜란드의 반란 이후 그곳을 어떻게든 재정복하고자 고심했다. 그 재정복의 결과로서, 그리고 재정복을 면한 주들과 극단적인

51 Schama, *Patriots and Liberators*, 127.

52 Schama, *Patriots and Liberators*, 630-48.

대조를 이루며, 그 지역은 여전히 확고하게 가톨릭 신앙을 유지했고, 바다로 나가는 운항로인 스켈트Scheldt 강이 봉쇄(이는 네덜란드의 독립이라는 견지에서 강행되었다)됨에 따라 국제무역에서 사실상 배제되었다. 그 지역 내에서는 교회가 정치적·경제적 삶을 상당한 정도로 (그리고 다소 숨 막힐 정도로) 지배했다. 그 지역을 사실상 "중세 조합적 자유들의 박물관"이 되게 하면서 말이다.[53] 브런즈윅 공작이 다시 질서를 잡음에 따라 1787년에 국경을 넘어 달아난 네덜란드 애국당 망명자들은 그 지역이 "퇴행적이고 미신적이고 온통 성직자 판이며 과두주의적"이라고 여겼다.[54] 벨기에가 그 정치적 수면 상태에서 깨어나게 된 것은 매우 외부적인 요인에서 비롯되었으며, 계몽된 전제군주의 전형인 요제프 2세 황제의 기백 넘치는 개혁 구상에 대한 응답이었다. 활기차고 철저하며 술수를 모르는 특성을 지닌 요제프 2세는 처음에 고문을 폐지함으로써 행형법을 개혁하고 (상당수의 수도원들을 해체하고 성지 순례와 대중적인 축제의 시기를 규제하는 방식으로) 교회의 활동을 합리적으로 개선하는 일을 했는데, 이런 개혁은 길드의 독점권에 도전하면서, 주인이 노동력을 고용할 수 있는 조건들에 대한 규제를 철폐하면서, 그리고 관직을 가톨릭교도가 아닌 자들에게도 개방하면서 이루어졌다.[55] 1787년에 그는 계속해서, 오히려 더 급

53 Palmer, *Democratic Revolution*, I, 341.

54 Palmer, *Democratic Revolution*, I, 342.

55 Palmer, *Democratic Revolution*, I, 345-46.

격하게, 그 지역 주들의 전체 행정 및 사법 체계를 재조직화하는 개혁을 진행했다. 이 같은 개혁은 벨기에 전역에서 아주 정확하게 구질서에 대한 공격으로 보였고, 또 바로 그 점에서 자연스럽게 원성을 샀다. 모조리 다 뻔뻔한 귀족주의자였던 알로스트Alost의 귀족들은 다음과 같이 격렬하게 불평했다. "황제여, 우리의 재판권은 우리 재산입니다. 우리는 그것을 은총에 의해 누리고 있는 것이 아닙니다. 우리는 그것을 우리 선조로부터 받았고 피와 황금으로 샀습니다. 그것을 우리 의지에 반해서 우리로부터 취해서는 안 됩니다."[56] 브뤼셀의 변호사들은 자신들이 자신들의 지위를 확보하기 위해 충분한 돈을 지불해서 그 지위를 확보했고 또 그 수익으로 처자식을 부양하리라는 확신에 찬 기대에서 자신들의 책임을 이행하는 데 필요한 지식을 습득하기 위해 노력했다고, 호기는 덜하나 그렇다고 해서 설득력이 덜하지는 않게, 항의했다.[57] 그렇게 할 그들의 권리는 그 주의 자유들을 보장하는 역사적 주춧돌, 즉 4세기 이상 앞선 1355년에 브라반트 공작Duke of Brabant이 공표한 바 있는 그 유명한 환희의 입성Joyeuse Entrée에 기반을 둔 것이었다.

1788년 후반에 브라반트와 하이놀트Hainault의 영지는 황제에게 세금을 낼 것을 거부했고, 요제프 2세는 처음 선포된 이래 4세기가 넘은 환희의 입성을 부인하는 것으로 그에 대응했다.[58] 그 반란의 두 주요 지도자

56 Palmer, *Democratic Revolution*, I, 346.

57 Palmer, *Democratic Revolution*, I, 347.

인 반 데르 노트Hendrik Van der Noot와 본크Jan-Frans Vonck는 각각 브뤼셀의 변호사였다. 반 데르 노트는 부유했으며 적어도 귀족주의와 연관은 있었다. 본크는 훨씬 가난한 농부의 아들이었다. 반 데르 노트는 선동적인 팸플릿에서 오스트리아인들을 공격했지만, 즉시 국외로 달아나서는 네덜란드에 개입해 나라를 재통합하라고 오라녜가를 설득하는 헛된 노력을 하느라 바빴다. 본크는 브런즈윅이 네덜란드 애국당에 행한 엄격한 진압에서 교훈을 얻었고, 그래서 브뤼셀의 동료 집단과 함께 비밀 단체인 프로 아리스 에트 포키스Pro Aris et Focis(제단과 화덕을 위해)를 조직하고 군사 훈련을 위해 국외로 나갈 젊은 자원봉사자 집단을 편성해 그런 집단을 벨기에 자체 내에 있는 은밀한 동조자들의 네트워크와 연계하는 일에 투신했다. 본크는 가장 부유한 수도원의 원장에서부터 최상위의 세속 귀족층에 이르기까지 벨기에 사회 전역에 걸쳐 많은 추종자들을 매혹시켰다.

1789년 6월 18일에 요제프 2세는 브라반트의 영지를 해체하고 환희의 입성을 무효화하는 것으로 대응했다. 이 무렵에는 프랑스 내에서 혁명이 상당히 진행된 상태였고 삼부회Estates General가 베르사유에서 이미 회합을 시작했다.[59] 바로 하루 전날 제3신분 대표들은 자신들을 국민의회National Assembly로 선포했다.[60] 리에주Liège의 제후-주교령Prince-Bishopric of Liège

58 Palmer, *Democratic Revolution*, I, 347-57.

59 Palmer, *Democratic Revolution*, I, 479-502.

60 Palmer, *Democratic Revolution*, I, 349.

에서도 8월에 혁명이 발발했고,[61] 젊은 본크파는 무장 투쟁에 대비하기 위해 국경을 가로질러 물밀듯 밀려들었다. 사실상 투쟁은 거의 필요하지 않았다. 오스트리아 당국이 이 지역 저 지역에서 전투 없이 물러났기 때문이다. 본크가 설립했던 도시 혁명 위원회 네트워크는 중세적 자유들의 조각 누비를 단일한 주권적 국민 정부로 재구성했다. 이런 과제들을 수행하는 과정에서 본크의 협력자들은 "그들의 적들에 의해 본크파로 불렸지만, 그들 스스로는 자신들을 민주주의자라고 불렀다."[62] 그런 적들 가운데에는 당연히 반 데르 노트의 초기 추종자들뿐만 아니라 (당시 적들의 반열에서 두드러진 존재가 되어 있던) 통걸루Tongerloo의 최고 수도원장과 같은 기존 질서의 주요 수혜자들 역시 대다수 포함되어 있었다.[63] "하나의 집단으로서 수도원장들은 수도원 내에 사는 성직자들은 물론 수도원 밖의 일반 교구에 거주하는 성직자들도 대표하며, 최대 지주인 그들은 사실상 전체 시골 지역 역시 대표한다. 결국 관례는 늘 이런 식이었고, 계속 그래야 한다. 그것이 헌법적이고, 헌법은 바뀔 수 없기 때문이다."[64]

61 Palmer, *Democratic Revolution*, I, 349-50.

62 이는 그 혁명에 대한 선두적인 벨기에 사학자인 수잔 타시에(Suzanne Tassier)의 요약이다(*Revue de l'Université de Bruxelles*, 1934, 453, cited by Palmer, *Age of the Democratic Revolution*, I, 350).

63 Palmer, *Age of the Democratic Revolution*, I, 351.

64 Suzanne Tassier, *Les Démocrates Belges de 1789: étude sur le Vonckisme et la Révolution brabançonne*(Brussels: *Mémoires de l'Academie royal de Belgique*, classe des letters, 2nd ser,

그것은 대등하지 않은 싸움이었다. 본크파는 프랑스혁명의 위협에 직면하게 되었는데, 특히 많은 지도자들이 체포되고 나머지는 수많은 추종자들과 함께 혁명의 본거지인 프랑스로 망명할 수밖에 없게 된 1790년 3월 이후에 그러했다. 그들은 또한 새로운 오스트리아 황제 레오폴드 2세의 앞잡이로 묘사되기도 했는데, 이는 전적으로 틀린 것은 아니었다. 레오폴드 2세의 개혁 구상은, 비록 요제프 2세의 것보다 그 방식에서 덜 가혹하다 하더라도, 브라반트에서 신성시되어 온 관습과 별난 특권에 모든 점에서 동조하지 않는 것이었다. 둘 중 어느 노선도 상대방의 외국 지지자들을 안심시키지 못했다. 하지만 그 둘을 합치면, 비록 그 결합이 일관성 없는 것일망정, 민주주의자들에 맞서 대다수 벨기에인들을 통합하기에 매우 충분했다. 1790년 6월, 3년 후 방데Vendée에서 일어난[65] 무참하게 진압된 반혁명 봉기의 예행연습인 양, 시골 브라반트의 교구 성직자들은 수천이나 되는 그들의 독실한 농민 회중을 일깨워, 위협받고 있는 자기들 신앙의 휘장을 내걸고 불안감을 조성하는 일련의 농기구들을 무기로 휘두르면서, 여러 주 동안 계속해서 브뤼셀의 중심부를 향해 위협적으로 행진했다.[66] 바로 그런 교구 출신인 본크 자신은 국가로서 벨기에를 민주주

XXVIII), 190.

65 Arno J. Mayer, *The Furies*(Princeton: Princeton University Press, 2000), 323-70.

66 Palmer, *Age of the Democratic Revolution*, I, 355-56. 또한 Janet Polasky, The Success of a Counter-Revolution in Revoulutionary Europe: the Brabant Revolution of 1789, *Tijdschrift fur Geschiednis*, 102, 1989, 413-21과 그녀의 *Revolution in Brussels*(Brussels: Académie Royale

의적으로 재건하기 위한 공적 프로그램을 채택하는 것이 현명하다고 생각해 본 적이 결코 없었다. 그의 추종자들은 처음부터 프랑스식 국가 재건의 더 선명하고 더 극단적인 버전을 추구하기로 선택했기 때문에 자신들을 민주주의자로 보지 않았다. 그들이 그런 버전을 추구했던 것은 당면한 목전의 적이 프랑스의 제1, 제2 신분에 있는 자들이 누리는 것에 비해 훨씬 더 조밀하고 훨씬 더 자의적인 귀족주의적 특권을 가진 무리였기 때문이며, 이런 적이 프랑스의 해당 특권층이 끌어낼 수 있었던 것으로 판명된 것에 비해 훨씬 더 폭넓은 인민의 지지로 뒷받침을 받았기 때문이다. 2백여 년 후 알제리에서도 그랬듯이,[67] 벨기에에서 대다수 성인 거주자들이 선택한 민주주의적 결과가 세속적이고 민주주의적인 공화국의 확립과 공고화를 의미하지 않았을 것은 틀림없다. 현실 국가pays réel는, 기회가 주어지면, 그런 민주주의는 어떤 것이든 한순간의 망설임도 없이 부결시켰을 것이다. 본크파 운동의 함의와 그 운동의 운명을 돌이켜 충분히 생각해 본 어느 누구도 그로부터 민주주의의 대의大義가 세상을 휩쓸게 될 운명이라는 것을 도저히 추론해 낼 수 없었을 것이다.

왜 민주주의가 그런 미래를 맞게 되었는지 이해하기 위해서 우리는

de Belgique, 1985)을 참조. J. Craeybeckx, 'The Brabant Revolution: a conservative revolt in a backward country?,' *Acta Historiae Neerlandica*, 4(Leiden: E. J. Brill, 1970), 49-83은 벨기에의 상대적인 경제적·사회적 후진성에 대한 강조를 문제 삼고 있다.

67 Frederic Volpi, *Islam and Democracy: The Failure of Dialogue in Algeria*(London: Pluto Press, 2003).

반드시 다음 세기 내내 북아메리카에서 민주주의가 겪은 운명과 민주주의의 방패 아래에서 이루어진 미국 경제의 웅장한 발흥에 유념할 필요가 있다. 그러나 이 경험이 아메리카 대륙 전체를 넘어 다른 나라들의 정치에 끼친 영향은 제1차 세계대전이 있기까지는 여전히 그리 대단하지 않았으며, 제2차 세계대전의 여파가 몰아치고 나서야 그 진가를 정말로 발휘하게 되었다. 그전까지 세계 도처에서 민주주의가 불안정하게 확산된 것은 미국의 힘을 보여 주는 증거가 결코 아니었고, 미국 사례의 영향력을 보여 주는 증거도 그다지 아니었다. 만일 그것이 무언가의 증거가 된다면, 오히려 다음 두 가지 중 하나에 대한 증거가 될 것이다. 그것은 (정치적으로 바람직한 것을 나타내는 개념으로서 그 생애를 채 시작하지도 않았고, 매우 분명하게 정치적으로 바람직하지 않은 것의 대명사로 오랫동안 쓰여 온 정치 용어로서는 기이하게도) 관념으로서 민주주의 그 자체의 고유한 힘을 보여 주는 증거일지 모른다. 더 그럴듯하지만 꽤 당혹스럽기는 여전히 마찬가지인 추측을 하자면, 그것은 또 다른 그리고 훨씬 더 지나치게 애매한 역사적 사례, 즉 프랑스를 압도했던 그 엄청난 혁명의 영향력을 보여 주는 증거일지 모른다.

1788년에서 1794년 사이의 짧은 기간에 프랑스에서 일어난 일은 전 세계의 인류 공동체가 가진 정치적 가능성들의 구조를 거의 알아볼 수 없을 정도로 바꾸어 놓았다. 그것은 급격하면서도 영구적으로 그런 변화를 초래했는데, 우리는 여전히 그 이유를 매우 모호하게만 알고 있다. 1794년 테르미도르에 로베스피에르가 몰락하면서 혹은 1798년 브뤼메르에 나폴레옹이 등장하면서 혹은 나폴레옹이 최후에 이르게 되는 1815

년 워털루 평원(브뤼셀과 매우 가까운 곳에 위치한)에서 그 혁명적 변화가 끝이 났을 때에도, 그것은 정치가 무엇을 의미하는가에 대한 다른 생각, 어떻게 사회들이 그들 스스로를 정치적으로 조직할 수 있는지 혹은 조직해야 하는지에 대한 새로운 비전, 그리고 그들 자신의 정치적 삶이 어떤 사회에든 또 그들의 영향력이 미치는 어떤 것들에든 가할 수 있는 위협의 규모가 어느 정도인지에 대한 변형된 감각을 남겼다. 민주주의가 공동체들 하나하나에 느리지만 가차 없이 자신을 받아들이도록 강요한 것은 이런 새로운 생각의 범위 내에서였다. 민주주의가 다시 한 번 이런 영향력을 발휘한 것은 프랑스혁명의 주요 행위자들이 행한 연설에서 그것이 두드러지게 등장함으로써도 아니었고, 정치 집단들, 당파들, 제도들을 가려내기 위해 채택된 명칭들을 통해서도 아니었다. 그런 명칭들(자코뱅당원, 지롱드당원, 산악파, 좌파 같은)은 모두 그것들 고유의 역사를 가졌다. 적절한 때에 그중 일부는 먼 세계 구석구석에 긴 그림자를 드리웠다. 하지만 그 가운데 어떤 것도 정치적 정당성의 범세계적 기초의 역할을 놓고, 심지어 잠깐 동안만이라도, 결코 경합하지 못했다. 또한 살아가는 동안 따라야 할 정치적 권위에 비교적 확고한 기준을 제공하지도 못했다. 프랑스혁명의 민주주의적 유산은 격렬하고 종종 매우 파괴적이었던 정치투쟁의 산물이었다. 그러나 그것은 혁명의 공적 상징들의 반향은 아니었으며,[68] 그런 정치투쟁들이 공공연하게 수행될 때 사용된 언어의 반향

*68* Richard Wrigley, The Politics of Appearances: Representations of Dress in

또한 아니었다. 오직 몇 가지 점에서만 민주주의라는 범주가 그런 정치투쟁들 내에서 무엇이 당면 문제인지를 규정하기 위해 명료하게 사용되었는데, 심지어 그때조차도 그런 정치투쟁의 폭풍 한가운데서 단 한 번 사용되었다. 유럽인들이 여러 세기 동안 정치가 의미하는 것이 무엇이며 왜 그것이 지금 그 모습으로 작동하는지를 파악하고자 애쓰는 과정에서 활용했던 가장 독립적이고 분석적인 범주들이, 과연 전체로서의 프랑스 혁명이 정말로 무슨 의미였는지를 헤아리기 위해 작동하게 되면서, 오직 회고적으로만 민주주의가 서서히 그 혁명의 핵심 사안으로, 그것도 다른 것에 의존하지 않고 자신의 이름으로, 출현하기 시작했다.

이 지점에서, 민주주의는 프랑스의 정치적 곤경에 대해 그 세기의 더 이른 시기에 제시되었던 가장 흥미로운 비전들 가운데 하나, 즉 『프랑스의 옛 정부와 현재 정부에 관한 고찰』[이하 『고찰』_옮긴이]*Considérations sur le gouvernement ancien et présent de la France*로 거슬러 가서 연결되었다.[69] 『고찰』은 저명한 귀족인 르네-루이 드 부아이에 드 폴미, 다르장송 후작René-Louis de Voyer de Paulmy, Marquis d'Argenson의 저작이었다. 다르장송은 오랜 궁정 고위 관리 집안 출신이었고, 그의 아버지는 파리 경찰청장을 역임했다.[70] 그는 몇몇 고위

Revolutionary France(Oxford: Berg, 2002).

69 René-Louis de Voyer de Paulmy, Marquis d'Argenson, *Considérations sur le gouvernement ancien et présent de la France*, 2nd ed 1784 Amsterdam.

70 Nannerl O. Keohane, *Philosophy and the State in France*(Princeton: Prinston University Press, 1980), 376.

직에 복무했는데, 그중 가장 주목할 만한 자리는 외무장관직이었다. 하지만 그는 너무 무뚝뚝하고 독립적이어서 왕의 노련한 신하일 수는 없었다. 그리고 충성심의 측면에서나 대부분의 사회적 상상력에 있어 그는 자신이 속한 계층에 대한 배반자였다. 『고찰』은 대단히 미완성 상태의 원고를 토대로 1764년에 익명으로 처음 출판되었다.[71] 그것은 프랑스의 정치적 재건을 꾀하는 계획을 내세웠는데, 그런 계획은 다르장송이 이미 1737년에 제시한 바 있었으며, 그는 왕을 설득해서 제1장관의 역할을 맡고 있는 자신이 그 계획을 수행할 수 있도록 허락받기를 오랫동안 희망했다. 원고 형태로 그리고 나중에는 인쇄물 형태로 그것은, 20년 후 내용이 상당히 증보된 제2판 서문에서 그의 아들이 자랑한 대로, 그 세기 중반 이후 죽 프랑스의 위대한 정치적 저작들 대부분에, 예컨대 중농학파, 케네François Quesnay, 미라보Honoré Gabriel Riquetti Comte de Mirabeau, 몽테스키외, 튀르고Anne-Robert-Jacques Turgot, 루소, 마블리Gabriel Bonnet de Mably 등의 저작에 강한 영향을 미쳤다.[72]

다르장송의 계획은 테즈 루아얄thèse royale을, 즉 하나의 국가이자 사회로서 프랑스를 개조하고 합리화하며 전체로서의 그 인민의 이해관계에

71 Argenson, *Considérations sur le gouvernement ancien et présent de la France*(Amsterdam: Mare Michel Rey, 1764). Keohane, *Philosophy and the State*, 377

72 *Considérations* 1784, iv-v. 그의 아들은 이 (공식적인) 2판에 자신이 상당한 양의 내용을 덧붙인 것이 적절하다고 보았다.

봉사하기 위한 최선의 희망을 계몽 군주의 개혁에서 찾는, 프랑스의 통치와 경제, 사회에 대한 조망을, 인상적으로 표현한 것이었다.[73] 하지만 다르장송은 그런 개혁 과제에, 그의 원고 제목이 명시하듯이[74], 단지 국왕의 행정부royal administration를 개편하려고 시도함으로써가 아니라 "민주주의가 군주정적 통치에 얼마나 도입될 수 있는가"를 자문함으로써 접근했다. 이는 베르사유의 궁정에서 싸구려 인기를 얻기 위해 계산된 그런 유의 물음이 결코 아니었다. 수십 년 후 왕의 통치가 주된 헌법적 재판정인 고등법원들Parlements과 마찰을 빚게 됨에 따라 다르장송은 그가 전략상 중요한 자리(즉 왕의 권력 행사를 방해할 수 있도록 하는 자리)에서 귀족을 배제하고자 애쓰는 동안 보였던 날카로움을 몇 가지 점에서 수정했다.[75] 하지만 그가 정치 인생을 통틀어 두각을 나타내게 된 것은 민주주의적인 절차와 제도를 프랑스의 지배 방식으로 도입하는 것이 필수적이라고 강하게 믿었기 때문이다. 그가 보기에 민주주의적인 절차를 없어서는 안 될 것으로 만드는 것은 순수한 군주정적 권력 구조를 통해 공동선을 실행하는 일의 어려움이나, 군주의 이해관계와 인민의 이해관계 사이에 장차 발생할 수 있는 어떤 차이라기보다는, 공동선이 일차적으로 무엇인지 자리매김하

73 Franklin L. Ford, *Sword and Robe*(Cambridge, Mass.: Harvard University Press, 1953, chapter 12).

74 *Philosophy and the State*, 376.

75 *Philosophy and the State*, 390.

는 일의 더없는 어려움이었다. 이 후자의 과제와 관련해 민주주의적 제도와 절차는 독특한 이점을 지녔다. 그는 이 점을 1754년 디종 아카데미 현상 논문을 위해 제출한 그의 (마찬가지로 성공하지 못한) 원고에서 분명하게 지적했는데, 당시 당선작은 장-자크 루소의 『인간 불평등 기원론』*Discours sur les origines de l'inégalité parmi les hommes*이었다. 자연은

> 신성하며 우리에게 오직 실행하기 용이한 법률만을 명한다. 그러나 당신은 자신을 따르라는 자연의 명령을 들어야만 한다. 자연은 오직 평등한 시민들과 동료들 사이에서만 자기 말이 들리도록 만든다. 이런 상태에서 모순되는 이해관계들이 서로를 통제하고 달래며, 날카로움이 유연해지고, 어려움들은 명백한 것에 의해 평탄해지며s'aplanissent, 공동선이 발견된다. 따라서 좋은 법률이 우리에게로 오게 되는 것은 오직 평등으로부터다. 좋은 법률의 시행manutention이 보장될 수 있는 것은 서로 평등한 사람들의 모임을 통해서다.[76]

다르장송이 프랑스를 위해 제안했던 새 행정부 안案[77]에서 공공선, 즉 최고법은 결코 왕의 권위를 침해하지 않는 잘 이해된 민주주의의 도움으로 잘 조직된 군주정을 인도하게 되어 있었다.[78] 이는 왕과 인민 간의 중재

76 Roger Tisserand(ed), *Les Concurrents de J.J. Rousseau à l'Académie de Dijon*(Pari, 1936), 130-31.

77 *Considérations* 1784, chapter 7, 192-297. 초판의 215-328은 훨씬 더 엉성하다.

권력의 여지를 거의 남기지 않았다(그리고 그것이 무엇이든 그럴 필요도 없었다).[79] 다르장송의 주장에 따르면, 민주주의적 권위의 유일한 애로 사항은 그 권위가 지나치게 나뉘어 있어 자신[즉, 민주주의적 권위 자신_옮긴이]에 대한 복종을 보장하지 못한다는 점이다. 그러므로 민주주의적 권위는 국가 전체와 관련되지만 일반적인 이해관계 외에는 결코 어떤 이해관계도 갖지 않는 단 하나의 정신에 의해 통제되고 지휘되어야 한다. 그것이 바로 왕의 권위가 담당하는 역할이었다.

민주주의의 역할은, 프랑스의 모든 군주정 옹호자들이 결연히 주장했던 것처럼, 인민의 이해관계에서 분리된 자신만의 이해관계를 전혀 갖지 않고, 그래서 그들을 배반하려는 동기도 전혀 갖지 않지만,[80] 그들의

78 *Considérations* 1784, 195. 초판 303-4 참조. “Le roi ne peutil régner sur des Citoyens sans dominer sur des esclaves?” 노예들을 지배하지 않으면서 왕이 시민들을 통치할 수는 없는가?

79 *Considérations* 1784, 272. 1764년 판의 305-10을 참조. 하나의 권력이 다른 권력을 막을 수 있는 장치로서의 중재 권력에 대한 『법의 정신』(*L'Esprit des Loix*)(1748) 전체에 걸친 (특히 제6권 6장의) 몽테스키외의 고전적 옹호를 『페더럴리스트』에 나오는, 권력분립의 지연시키는 기능에 대한 옹호와 비교할 것. Bernard Manin, ‘Checks, Balances and Boundaries: the Separation of Powers in the Constitutional Debate of 1787’, Biancamaria Fontana(ed), *The Invention of the Modern Republic*(Cambridge: Cambridge University Press, 1994), 27-62를 참조.

80 *Considérations* 1784, 296. 다르장송의 최초의 문구(1764년 판의 314)는 상당히 재치 있게 군주 자신의 권위 쪽에 무게가 실리도록 표현되긴 했지만, 군주에게나 인민들 서로에게나 공히 그들의 이해관계가 실제로 어떤 것들인지를 알아낼 원천으로 인민이 필수 불

이해관계가 무엇인지를 알아내는 데는 너무도 쉽게 실패할 수 있는 주권자를 깨우치는 것이었다. 그러므로 어떤 주권자든지 그들의 이해관계 가운데 어떤 것이 진정 공통된 것인지를 확인하기 위해서는 신민의 도움이 필요했다. 그것은 인민 쪽에서도 특수한 이해관계를 일반 선과 구별하기 위해 서로의 판단을 알 필요가 절박하게 있는 것과 꼭 마찬가지로 절박하게 필요했다. 군주가 과세의 수준과 배분을 평가하는 일에서보다 더 절박하게 이런 도움을 필요로 하는 곳은 없었으며, 전 세계적인 육해군 충돌에 드는 비용이 가차 없이 증가하고 그와 함께 정부의 채무도 가파르게 상승함에 따라 그 일은 전에 없이 논쟁적인 사안이 되었다.[81] 다르장송의 안案에서 프랑스 전 구역의 조세 수준을 정하는 관리자들은 그 시점 이후로는 해당 구역 내에 거주하고 해당 구역 내에 재산이 있는 사람들 중에서 다수결 투표에 의해 그리고 비밀 투표를 통해 선택되어야 했다.[82] 그들은 해당 구역의 선출된 의회에서 해마다 재선 혹은 교체 대상이 되어야 했다. 프랑스의 소용돌이치는 국가 재정 위기에 대처하기 위

가결하다는 데 대한 확신은 아주 똑같았다.

81 Michael Sonenscher, 'The Nation's Debt and the Birth of the Modern Republic', *History of Political Thought*, 18, 1997, 64-103, 267-325. 이 문제 뒤에 놓인 압력에 대해서는 특히 John Brewer, *The Sinews of War, Money and the English State 1688-1783*(London: Unwin Hyman, 1989)을 참조.

82 *Considérations* 1784, 199. 이런 상세한 내용 중 어느 것도 1764년 판에서는 보이지 않는다.

한 정치적 기반을 뒤늦게 제공하는 것 이외에, 이런 민주주의적인 관리자의 선출은 또한 모든 토지가 확실히 그 소유자들에 의해 경작되도록 하면서 프랑스의 농업을 강화하는 데 도움을 주게 된다.[83]

원래 다르장송의 민주주의 개념은 충분히 관습적이었다. "민주주의는 귀족들과 평민들 사이에 아무런 구분 없이 전체 인민이 똑같이 몫을 나눠 갖는 인민의 정부다."[84] 그는 고전적인 방식으로 진정한 민주주의와 거짓된 민주주의를 구분했다.

> 거짓된 민주주의는 순식간에 무정부 상태로 떨어진다. 그것은 인민이 반란을 일으킬 때처럼 다중의 정부Government of the multitude다. 그때 오만한 인민은 법과 이성을 경멸한다. 거짓된 민주주의의 폭압적인 독재는 그 작동의 폭력성에서, 그리고 그 숙의의 불확실성에 의해, 자신의 모습을 드러낸다.
>
> 진정한 민주주의는 대리인들Deputies을 통해 활동하며, 이런 대리인들은 인민의 선거에 의해 권위를 부여받는다. 인민에 의해 선택된 자들의 임무와 그들을 뒷받침하는 권위는 공적 권력을 이룬다. 그들의 의무는 최대 다수 시민들의 이익을 강력히 주장해서 가장 큰 악으로부터 그 시민들을 보호하고 그들에게 최대한의

83 *Considérations* 1784, 199. 이 구절은 1764년 판에는 나오지 않는다. 그의 계획이 시골의 생산성과 번영을 소생시키는 효과가 있다는 점은 최초의 판본(1764, 274-95)에 눈에 띄게 잘 나타나 있다.

84 *Considérations* 1764, 7. 1784년 판의 p. 12는 프랑스의 좋은 정부에서의 공동의 이해관계에 대한 강조를 보태고 있다.

선을 보장하는 것이다.[85]

1764년 그의 저서가 처음 등장했을 때 다르장송은 그 시점에서 [네덜란드_옮긴이] 지역 연합United Provinces 정부가 이런 종류의 민주주의였으며 또 그랬어야 한다고 언급한다. 1784년 무렵에 이르면 그는(더 그럴듯하게는 [1784년 판을 출간했던_옮긴이] 그의 아들이) 거리낌 없이 이런 평가를, 당시 유럽에서 유일하게 참된 민주주의국가는 스위스 인민의 주들the popular cantons of Switzerland뿐이라는 대담한 주장으로 대체했다.[86]

85 *Considérations* 1784, 7-8; 1784, 15.

86 *Considérations* 1784, 8; 1784, 15. 최초 판본(p.12)은 비록 귀족이 일정한 차별성을 누리고 있긴 하지만 그것이 귀족에게 통치할 수 있는 권위를 전혀 제공하지 않기 때문에 스위스가 순수한 민주주의라고 언급하고 있다.

18세기에 스위스 민주주의의 주별 규모와 분포, 성격이 어떠했는지를 보여 주는 설득력 있는 개괄적 견해는 전혀 없다. 개별 주에 대한 평가로는 Benjamin Barber, *The Death of Communal Liberty: A History of Freedom in a Swiss Mountain Canton*(Princeton: Princeton University Press, 1974)을 참조. 민주주의 사례와는 거리가 먼 제네바에 관해서는 다음 두 개의 장, 즉 Franco Venturi, *The End og the Old Regime in Europe: The First Crisis*, tr R.B. Litchfield(Princeton: Princeton University Press, 1989), 340-50과 *The End of the Old Regime in Europe: Republican Patriotism and the Empires of the East*(Princeton: Princeton University Press, 1991), 459-96을 참조. Linda Kirk, 'Genevan Republicanism', David Wootton(ed), *Republicanism, Liberty and Commercial Society 1649-1776*(Stanford: Stanford University Press, 1994), 270-309와 Helena Rosenblatt, *Rousseau and Geneva: From the 'First Discourse' to the 'Social Contract'*(Cambridge: Cambridge University Press, 1997).

작동 중인 민주주의를 긴 시간 동안 경험한 근대 유럽의 유일한 사례를 스위스가 제

다르장송은 뻔뻔한 군주정 옹호자였다. 그는 가톨릭교회에 대한 프랑스 군주정의 배타적인 헌신을 전폭적으로 용인했다. 루이 14세의 낭트칙령 폐지와 그에 뒤이은 위그노 박해의 방식과 시기에 대해 그가 어떤 유보적인 입장을 가졌든지 간에 말이다. 그에게 민주주의는 군주정의 소중한 부속물이었지 그것의 경쟁 상대나 잠재적 대체물은 아니었다. 하지만 그는 일생 대부분 동안 그 당시나 이전 시기의 혼합 정부 이론가들과는 확연히 달랐는데, 혼합 정부 이론가들은 유럽 봉건제의 정치적 여파가 군주정적·귀족정적·민주정적 요소들을 그들 서로 간의 세심한 균형 속에서 통합하는 통치 체제라고 보고, 귀족정적인 중재 권력이 왕의 의도에 대해 행사하는 억지적 영향력을 다양한 수준으로 음미했다. 프랑스에서 그런 중재 권력은 특히 법복 귀족noblesse de robe, 즉 프랑스의 헌법적 재판정들에서 일하며 그들 자신을 헌신적인 법의 보호자로 여겼던 자들을 의미했다.[87] 다르장송이 보기에 프랑스 군주정이 절실히 필요로 하

공한다는 다르장송의 가정은 1백 년 후 아테네 민주주의에 관한 위대한 빅토리아 역사가 조지 그로트가 보기에도 여전히 설득력이 있었는데, 그는 "손닿을 만큼 가까우며 고대 희랍 공화국들에 가장 가까운 근대적 유사물을 관찰하기 위해 스위스로 여행"을 떠났고, 작동 중인 아테네 민주주의를 해석함에 있어 그 여행 경험으로부터 의식적으로 교훈을 끌어냈으며, 자신의 결론을 『스위스에 관한 편지』(*Letters on Switzerland*)에 실어 출간할 정도였다. Alexander Bain, 'The Interllectual Character and Writings of George Grote', *The Minor Works of George Grote*(London: John Murray, 1873), 102-03을 참조.

87 Franklin L. Ford, Sword and Robe, chapter 12. 보르도 고등법원의 세습 원장이자 저 위대한 『법의 정신』(*L'Esprit des Loix*)(1748)의 저자인 몽테스키외가 고전적인 예다.

는 것은 제약이 아니라 지침이었으며, 귀족도 교회도 신뢰할 만한 형태로 그런 지침을 제공할 최소한의 능력도 갖고 있지 않았다.

다르장송은 성공하지 못한 군주정 개혁가였는데, 그는 개혁되지 못한 채 남게 된 프랑스 군주정이 상대적으로 가까운 미래에 혼돈 속에서 붕괴하고 말 것이라고 두려워했다. 비록 그는 프랑스 군주정이 몰락하기 수십 년 전에 죽었지만, 프랑스 군주정의 근본적인 결함에 대한 그의 묘사는 매우 예리했고, 그 종말을 재촉할 공산이 가장 큰 게 무엇인가에 대한 그의 감각은 흔치 않게 선견지명이 있는 것이었다.[88]

> 만일 언제든 국민이 그 의지와 권리를 회복하게 된다면 보편적인 국민회의une Assemblée nationale universelle를 확립하는 데 실패하지 않을 텐데, 이는 매우 다른 방식으로 왕의 권위에 위험할 것이다. 그것은 그 회의를 필수적으로 만들고 늘 존재하게 할 것이다. 그것은 그 회의를 대다수의 귀족들과 각 주 및 도시의 대리인들로 구성할 것이다. 그 회의는 모든 점에서 잉글랜드 의회를 모방할 것이다. 국민은 그 회의에 입법을 맡길 것이며, 왕에게는 그것을 시행할 오직 잠정적인 권리만을 부여할 것이다.

88 Charles-René D'Argenson(ed), *Mémoires du Marquis d'Argenson*(Paris: P.Jannet, 1857-58), V, 129, Reading note on *Lettres historiques sur le Parlement.* 또한 1756년에 출간된 증보판 349-50 등과 1784년 판 *Considérations* 272도 참조.

결국 프랑스 군주정을 무너뜨린 것은 요령 없는 장관들, 대담성 부족, 판단의 변덕스러움, 순전히 운이 없어서 생긴 일 등이 전혀 예측할 수 없이 잇달았던 그 군주정 자체의 정치적인 미숙과 불운이었다. 그러나 프랑스 군주정을 파국으로 몰아넣은 것은, 당시 왕위에 있던 군주의 개인적인 어떤 특별한 허약함이나 오스트리아 출신 왕비의 심한 인기 부족이라기보다는, 다르장송이 주된 적으로 삼았던 (동시에 그 자신의 출신 계층이었던) 프랑스 귀족의 완고함과 자만심, 무자비함이었다. 프랑스혁명은 귀족 계층에 대항한 혁명이었으며, 훨씬 나중에 재임 중인 군주에 대항하는 것으로 방향이 바뀌었다. 우리가 아는 한, 프랑스혁명의 잘 알려진 토박이 행위자들 가운데 어느 누구도,[89] 그 혁명이 명백하게 발발한 지 한참 지난 후까지도, 확신에 찬 (그들 자신의 용어로든 우리가 사용하는 용어로든) 민주주의자가 아니었다. 시에예스Emmanuel Joseph Sieyes[90]처럼 혁명을 선동하는 데 대단히 앞장선 사람들조차도 오랫동안 오직 혁명의 군주정적 통치가 갖는 지속적이고 효과적인 권위의 보완물로서만 민주주의적 요

89 프랑스혁명에 대한 해외의 찬미자들 가운데 한 가지 예외로 아마도 토머스 페인(Thomas Paine)의 경우가 거론되어야 한다. *The Rights of Man* Part II(London: J.M. Dent, 1916), 176-77 등을 참조할 것.

90 시에예스에 관해서는 특히 그의 *Political writings*, ed Michal Sonenscher(Indianapolis: Hackett, 2003), Murray Forsyth, *Reason and Revolution: the Political Thought of the Abbé Sieyes*(Leicester: Leicester University Press, 1987) 그리고 Pasquale Pasquino, *Sieyes et l'Invention de la Constitution en France*(Paris: Odole Jacob, 1998)를 참조.

소들을 옹호했다.

미국의 헌법 제정 상황에서 그랬던 것처럼, 프랑스 국가의 재구성을 추동했던 것은 전쟁 부채의 심각한 부담과 그런 부담을 공개적으로 거부하지 않으면서도 회피할 수 있는 기반을 찾으려는 정치적 도전이었다. 미국에서 이것이 주로 요구했던 것은 재산 소유property를 무책임하게 반대하는 적들에게 장악당할 위험이 없는 통치 체계를 설계하는 것이었는데, 이는 곧 민주주의의 가장 악명 높은 약점 혹은 다르장송이 "거짓된 민주주의"라고 불렀던 것[91]에 대한 확고한 방벽을 설계하는 것이었다. 하지만 프랑스에서 부채를 효과적으로 처리하는 데 직접적인 장애는 국왕의 정부가 대단히 부분적이고 제한된 범위에서 세금을 걷을 수밖에 없었다는 것, 그리고 주마다 또 계층마다 정교한 면세 세포 조직(이는 국가의 세수 범위를 제한하는 데 일조했다)이 뻗어 나가 있었다는 것이다. 이런 모든 면세들은 법의 문제였으며, 대부분의 경우에 그 법은 여러 세기 동안 지속되었다. 분수에 넘치는 생활로 인해 그 어느 때보다 더 쪼들리게 살지 않을 수 없는 정부에서 면세는 그 하나하나가 모두 일종의 특혜, 즉 특별한 형태의 합법적인 면제거나 혹은, 다른 프랑스인 남녀와 관련되므로 법망을 피해 갈 수 있는 일종의 사적인 법적 권리였다. 프랑스는 모든 신민을 위한 하나의 법을 갖는 단일한 왕국이 아니었다. 그 나라는 중첩된 관할권들과 끊임없이 구별되는 사회적 지위들(모두 맹렬히 옹호되었을

91 D'Argenson, *Considérations* 1764, 7; 1784, 15.

뿐더러 몇백 년 묵은 것이라고 적어도 주장은 되었던)의 거대한 군도群島였다. 그것은 일관성 있는 변명은 고사하고 체계적인 이해를 거부했는데, 모든 면에서 브라반트의 관습들이 개혁적인 오스트리아 황제들을 거부한 것 만큼이나 완강하게 거부했다.

가장 두드러진 두 특혜층은 세 신분 중 첫 번째와 두 번째 신분에 해당하는 교회와 귀족에 속했는데, 이런 문제에 관심을 가진 거의 모든 프랑스 주민이 이해하기에 그들이 프랑스 국민French Nation을 구성했다. 교회와 귀족 모두, 프랑스 국민은 물론이요 국왕 정부의 이해관계에 확고히 반대하는 쪽에 가담한 것은 아니었다. 미국이 독립했던 해와 1789년 사이에, 국가 부채를 통제 가능한 수준으로 되돌려 놓기 위해 자기들의 완고한 친구들에게 그들이 누려 온 조세 특권 가운데 적어도 일부를 포기하라고 설득하는 데 온 힘을 다한 주요 장관들은 두 집단 각각에서 나왔다. 그러나 교회와 귀족 모두, 여기저기서 연이어, 그런 제안에 따르길 단호히 거절했다. 귀족이든 사제든 (혹은 둘 다를 겸한 경우도 한 번 있었는데) 그런 장관들은 곧 실각했다. 그리고 1788년쯤에는 점차 불안이 커진 프랑스 왕 루이 16세가 귀족도 아니고 추기경도 아니며 사실상 프랑스 신민조차 아닌 장관, 제네바 출생 프로테스탄트 은행가 자크 네케르Jacques Necker에게 자신이 한 번 더 의지할 수밖에 없게 되었음을 깨달았다.[92] 그

92 혁명을 향한 프랑스의 움직임을 나타낸 가장 생생하고 실속 있는 개괄적 묘사는 여전히 Georges Lefebvre의 pre-war *The Coming of the French Revolution*, tr R. R. Palmer(New

가 꽉 찬 한 세기하고도 75년 만에 처음으로 프랑스 삼부회를 소집하는 데 동의하지 않을 수 없게 되었음을 깨달은 것은 더 당황스러운 일이었는데, 이는 심지어 그의 불운한 장관 로메니 드 브리엔Loménie de Brienne[네케르의 전임 재무총감_옮긴이]이 사직서를 제출하기도 전의 일이었다. 브리엔 자신은 진퇴양난에 빠진 구체제의 정치적 한계를 전형적으로 보여 주었다. 지명 당시 툴루즈Toulouse의 대주교였던 그는 [재무총감에서 물러난 이후_옮긴이] 보수가 상당히 더 많은 상스Sens의 대주교 지위로 자리를 옮기기 위해 자신의 직위를 이용하는 너무도 눈에 띄게 고상하지 못한 모습을 보였다. 그리고 그 주의 자산에 대한 그의 요령 없고 우유부단한 처리는 프랑스 전역에 걸쳐 국왕의 정부에 대한 의혹을 크게 악화시켰다.

그토록 오랜 시간이 흐르는 동안 한 번도 일어나지 않았던 일이기 때문에, 일단 그렇게 하자는 결정이 내려진 상황에서도, 삼부회를 어떻게 소집하는지 어느 누구도 잘 알지 못했다. 또한 어느 누구도 그 구성원들이 어떻게 선출되어야 하는지 썩 확신할 수 없었다. 그들이 허용하거나 요구하도록 위임받게 되는 것이 무엇인지는 고사하고 말이다. 심지어 그 구성원들이 적절한 절차에 따라 때맞춰 모였을 때 그 모임이 어떤 형태의 것일지를 아는 사람조차도 없었다. 브리엔 자신은 삼부회 구성원들에

York: Vintage, 1957)다. 또한 Jacques Godechot, *The Taking of the Bastille, July 14th 1789*, tr Jean Stewart(London: Faber, 1970)와 좀 더 최근 것으로는 Simon Schama의 스릴 넘치는 저작 *Citizens: A Chronicle of the French Revolution*(New York: Alfred Knopf, 1989)을 참조.

대한 선출 절차를 확정할 필요가 있음을 뒤늦게 깨닫고, 그것이 지난번에 어떻게 구성되었는지 혹은 지금 그것이 어떻게 구성되어야 하는지에 대한 의견과 증거를 수집했으며, 그 대답들이 적절히 고려될 수 있도록 검열의 수준을 높였다. 결과는 어마어마한 것이었다.

프랑스 전역에 걸쳐 7월부터 몇 달간 계속 이곳저곳에서 분주히 고문서 연구가 벌어져서 1614년이라는 먼 옛날에 [삼부회 소집 등의_옮긴이] 일들이 어떻게 이루어졌는가 하는 문제를 조사했는데, 그 결과는 다양하고 혼란스러웠다. 프랑스 사회의 모든 계층이 이러저러한 공개 토론회에 참석하도록 요청되었다. 그런 토론회는 더 위엄 있는 귀족이나 주교들처럼 같은 지위에 있는 선택된 사람들이 자신들의 견해가 주의를 끌 수 있으리라는 모종의 희망을 가지고 모인 것일 수도 있고, 아니면 [토론의_옮긴이] 결과가 걸러져 상부로 올라가기에 앞서 농부들조차도 그럴 만한 담력이 있다면 짧게 발언할 수 있는 기회를 얻고 또 투표를 하도록 허용되기도 하는 지방의 시골 회합일 수도 있었다. 각각의 자리에서 불만 사항들의 목록cahiers de doléances이, 프랑스 재정을 곤경에서 벗어나게 하기 위해 필요한 어떤 새로운 조세를 수용하는 전제 조건으로서 혹은 주민들의 상이한 집단 사이에 새로운 세금 부담을 할당하는 데 꺼내 드는 협상 카드로서 작성되었다.[93]

93 그 목록들에 관해서는 Beatrice Hyslop, *Guide to the General Cahiers of 1789*(New York: Columbia University Press, 1936)에 제시된 고전적 분석과 George V. Taylor, 'Revolutionary and

이런 모든 흥분과 그것이 촉발하고 강화했던 자연스러운 낙관론이 한창일 때 내려진 한 가지 특별한 공적 결정으로 인해 이제 막 시작 단계에 있던 사회적·정치적 관심의 윤곽들이 선명해지게 되었고, 국민과 국왕 정부 간의 혼란스러운 투쟁은 돌연 제3신분과 나머지 두 특권계층 간의 공개적 대립으로 재규정되었다. 제1장관으로서 네케르가 행한 초기 시도들 가운데 하나는 1788년 9월에 파리 고등법원을 재소집하는 것이었는데, 직전 수십 년 동안 국왕의 권위에 대한 주된 제도적 도전자였던 그 고등법원은 왕국 전체를 포괄하는 프랑스의 공적인 법률과 왕의 모든 칙령들을 (국왕 자신에 의해 임명된 사법 기구에 유리하도록) 등록하는 역할을 오래전부터 수행하다가 불과 넉 달 전에 즉결로 쫓겨난 바 있었다. 파리로 의기양양하게 귀환한 지 고작 이틀 뒤에 그 고등법원은 삼부회가 어떻게 모여야 하는지에 관한 결정적인 평결을 내렸다. 평결의 내용은 삼부회가 세 개의 서로 구분되는 계층으로 이루어진 1614년의 형태를 유지하되 제3신분이 다른 두 신분 각각에 비해 더 많은 대표를 갖지도 더 적은 대표를 갖지도 않게 한다는 것이었다. 두 달 후 네케르는 명사회 Assembly of Notables를 재소집해서 이런 결과를 뒤집도록 그들을 설득할 수 있는지 알아보려 했는데, 이 역시 별로 성공적이지 못했으며, 12월 말에 열린 국왕 자문위원회Royal Council의 칙령에 의해 비로소 제3신분 대표들의 수를 두 배로 늘릴 수 있었다.

Non-revolutionary Content in the Cahers', *French Historical Studies*, 7, 1972, 479-502를 참조.

이 시점쯤이면 이미 타격이 완전히 이루어진 상태였다.

파리 고등법원의 결정은 프랑스의 모든 주민이 오랜 과거로부터 누적되어 온 일상적 관례와, 정치적 선택을 통해 프랑스 자체를 (자신의 안전과 운명을 감당할 책임을 떠맡기 위해 완전히 채비를 갖춘) 단일한 국민 공동체로 재규정하려는 활력 넘치는 시도 사이에서 어쩔 수 없이 하나를 선택(이는 전례가 없던 일이다)하게 만들었다. 프랑스 전역에 걸쳐 능력 있고 좋은 지위에 있는 많은 인사들은 저 과거에 커다란 이해관계를 갖고 있었다. 군주 자신과 마찬가지로 모든 프랑스 신민은 삶을 살 만한 가치가 있게 만드는 많은 것들의 원천과 기초를, 그리고 실천적으로 유용한 모든 권리(다행히도 그들이 향유할 수 있었던)의 근거를 과거에서 찾는 데 매우 익숙해져 있었다. 하지만 그들 중 매우 많은 사람들은 또한 지난 시간 동안 그들의 삶을 바라보던 이런 방식이 앞뒤가 잘 맞지 않는다는 것과 그런 방식은 명백하게 낡고 터무니없다는 것을 이미 적어도 어렴풋하게나마 깨닫게 된 상태였다. 국가 부채의 치명적인 부담, 그런 부담을 감당할 책임을 회피하려는 구체제 수혜자들의 책략, 그리고 정부와 국민 모두가 직면한 곤경이 꾸준히 더 악화되는 데 누가 가장 책임이 큰가를 둘러싼 소모적인 다툼은 귀족과 교회에, 종국적으로는 군주에게 초점을 맞추었는데, 이데올로기적 증오의 무게가 그토록 무거웠던 적은 이전에 없었다. 결국 귀족과 교회, 군주 모두 그런 이데올로기적 증오 아래서 허물어졌다. 다음 5년 동안 격동적인 정치적 탐험과 투쟁, 열정적인 입법적 숙고와 법률 제정 그리고 격렬한 내전 및 외국과의 전쟁을 통해 프랑스 국민은 스스로에게 새로운 합법적 정체성을 부여하기 시작했다. 프랑스 국민은 또한 스스로 일련의 신선한 제도들, 즉 프랑스의 모든 시민들이 수치도 부조리도 없이 그리고 그들에게 자유와 안전을 보장하는 기반 위에서 함께 살 수 있도록 하는 그런 제도들을 고안하고 시행했다. 그런 필사적인 노력을 오늘날 명료하고 차분하게 이해하기란 당시에 동시대인들이 그것을 깨닫기 어려웠던 것과 거의 맞먹을 만큼 여전히 어렵다. 정치적 행위를 통해 프랑스를 하나의 사회이자 하나의 국가로 재구성하려는 시도는 그 결과가 종종 악몽 같았고, 구체제라는 바로 그 최악의 구렁텅이만큼이나 잔혹하며 위선적이고 혼란스러우며 방향감각을 상실한 것이었다. 그 시도는 문자 그대로 실패로 끝났다. 군사 독재, 벼락출세한parvenu 제국, 그리고 사반세기 후 부르봉 왕정의 달갑지 않은 복원으로 말이다. 그렇게 끝나버리기 전에 그 시도는 유럽 대륙을 폐허로 만들었으며, 셀 수 없을 만큼 많은 거주자들의 삶을 엉망으로 만들었다. (고야의 작품 〈전쟁의 참화〉에 형상화된 이미지를 생각해 보라.)[94]

그러나 정치적 행위를 통해 프랑스를 재구성하려는 바로 그 시도는 또한 적절한 때에 전 세계에 걸쳐 다른 모든 인간 사회를 위한 정치적·입법적 실천의 어떤 새로운 영역을 규정했는데, 미합중국이 그에 대한 단 하나의 그리고 확연히 두드러진 예외다. 그런 사회들 중 다수는 언젠가 그 새로운 영역의 요건을 받아들이도록 강요당해야 했다. 그러나 그

94 고야의 <전쟁의 참화>. 그리고 Arno J. Mayer, *The Furies*(Princeton: Princeton University Press, 2000)을 참조.

중 어느 곳도, 심지어 프랑스의 세계적인 군사적·정치적·경제적 경쟁 상대이며 무엇보다도 프랑스혁명을 그 기력이 다한 결말에 이르게 한 영국조차도 그 이후로 그것을 지속적으로 무시할 수는 없었다.

그 악몽의 심각성을 감안하면 그리고 유혈 낭자한 혁명전쟁의 끔찍한 충격을 감안하면, 프랑스혁명으로부터 유래하는 모델 가운데 일부는 불가피하게 긍정적이기보다는 부정적이다. 즉, 사실상 어떤 비용을 치르더라도 방지할 수단을 강구해야 할 재앙이거나 피해야 할 선례인 것이다. 혁명과 반혁명은 쌍생아이며, 에드먼드 버크가 즉각 경고했듯이,[95] 그 이후로 내내 사실상 분리될 수 없는 것임이 드러났다. 구성원들의 이익을 위해 사회를 합리적으로 재조직하려는 시도의 의도하지 않은 결과가, 그 지도자들이 유별나게 눈에 띄는 무대에서 채택하고 추구했던 더 고무적인 정치적 목적들에 비해 영향력이 조금이라도 더 미약했는지는 말하기 어렵다. 그런 시도가 시간이 지나면서 저지른 해악들이 오로지 그 신봉자들 쪽의 지나친 무모함에서만 기인한 것은 아니었다. 그런 무모함이 더 완고한 적들을 그리고 그들의 두려움을 이용했던 정치 사업가들을 자극해 살아나게 하는 효과를 발휘한 데서 생겨난 해악들 역시 만만치 않았다. 만일 로베스피에르와 공포정치가 스탈린과 마오쩌뚱 그리고 그 두 사람이 각각 불러일으킨 어마어마한 기근을 예비한 것이라면,

95 Edmund Burke, *The Writings and Speeches*, Vol. VIII *The French Revolution 1790-1794*, ed L. J. Mitchell(Oxford: Clarendon Press, 1989).

그것은 또한 다가올 두 세기 이상의 기간 동안 혁명의 위협을 저지하거나 역전시키려는 극한적인 투쟁들의 시작 신호를 파시즘과 제3제국에, 그리고 아마도 진정한 이슬람 혁명에 제공한 것이기도 하다.

다른 어느 누구보다도 한 인물이 전선戰線을 긋고 혁명을 촉발시키는 일을 했다. 시에예스는 그런 역할을 수행할 후보로서는 뜻밖의 인물이었고, 자기가 시작한 일을 마무리하기엔 여러 가지가 갖춰져 있지 않았다.[96] 그는 미라보나 당통Georges Jacques Danton 같이 순전히 연설의 힘만으로 한동안 의회를 장악할 수 있었던 프랑스혁명의 위대한 연설가 가운데 한 사람은 아니었다. 또한 그는 로베스피에르처럼 자신의 정적을 죽음으로 몰아넣는 일을 확실히 처리하는 재능을 갖고 있지도 않았다. 삼부회가 소집되었을 때 40세였던 시에예스는 사제 서품을 받은 지 채 삼년이 지나지 않아서부터, 처음에는 브르타뉴Bretagne에 있는 트레기에Tréguier의 주교 비서 일로, 그다음에는 훨씬 더 부유하고 덜 한적한 샤르트르Chartres의

96 젊은 장군 나폴레옹 보나파르트를 파리의 정치 무대 한가운데로 이끌어 내고 나폴레옹과 협력해 제1 공화국을 완전히 끝장낸 것이 종종 그의 공이라고 여겨진다는 사실에도 불구하고 말이다. 시에예스의 삶에 대해서는 Jean-Denis Bredin, *Sieyes: la Clé de la Révolution française* (Paris: Éditions du Fallois, 1988)을 참조. 그의 이념에 대해서는 Forsyth, *Reason and Revolution* 을 참조. 그의 정치 관련 저작들의 영어본 가운데 가장 이해하기 쉬운 판본으로는 현재 Michael Sonenscher가 편집한 *Political Writings* (Indianapolis: Hackett, 2003)가 있는데, 여기에는 1788년에 쓴 세 개의 주요 팸플릿이 매우 예리하고 도발적인 서문과 함께 모두 실려 있다. 이에 대한 프랑스어 원본으로는 Marcel Dorigny(ed), *Oeuvres de Sieyes*(Paris: Éditions d'Histoire Sociale, 1989), Vol. 1을 참조.

주교 관할구 비서 일로 생계를 유지하기 시작했다. 1780년에 그가 샤르트르의 관할구로 옮겨 가게 된 것은 그가 모시던 주교가 그리로 발령을 받은 행운에 힘입은 것이었는데, 샤르트르는 장엄한 대성당이 있는 곳일 뿐만 아니라 파리의 지식인 사회와 정치적 회합들에 손쉽게 접근할 수 있는 곳이기도 했다.[97] 한때 샤르트르에서 시에예스는 차례로 그 교구의 주교 총대리, 대성당의 참사회 회원이 되었으며, 1788년에는 그곳 사제단의 최고 책임자 자리에 올랐다. 그는 또한 그곳 교회의 다양한 대의기관들에서 명성을 떨치기 시작했다.

1788년에 그는 일련의 사건들에서 압력을 받아 연달아 세 개의 뛰어난 팸플릿을 썼다. (비록 출판은 가장 나중에 이루어졌지만) 가장 먼저 쓰인 것은 삼부회가 이제 어떻게 프랑스를 그 정치적 과거의 깊은 수렁에서 구해 내는 일을 가장 잘 시작할 수 있을지 상대적으로 냉철하고 체계적으로 분석한 『1789년 프랑스의 대표들이 이용할 수 있는 행정적 수단에 관한 견해』[이하 『행정적 수단에 관한 견해』_옮긴이]*Views of the Executive Means Available to the Representatives of France in 1789*였다. 그 저작은 여러 해 동안의 꼼꼼한 독서와 숙고에 폭넓게 의존해서 집필한 것인데, 시에예스는 그 시간을 고도로 상업화된 사회(영국처럼 프랑스도 이미 오랫동안 이런 사회였다)의 정치적 필요와 기회를 이해하는 데 쏟아부었다. 그 저작의 바탕에는 시에예스가 "사회 역학"social mechanics이라고 부른 것에 대한 면밀한 연구가 깔려

97 Forsyth, *Reason and Revolution*, 2.

있었는데, "사회 역학"은 18세기 유럽의 가장 영향력 있는 경제, 사회, 정치사상가들 가운데 일부, 특히 가장 결정적으로는 애덤 스미스의 기여였다.[98] 시에예스의 핵심적인 통찰은 철저한 노동 분업이 이런 새로운 종류의 사회 전체가 무엇보다도 효과성effectiveness이라는 단일 기준에 의해 인도되는 모습을 갖도록 영향력을 행사한다는 것이었다.

이것이 그 자체로 명백하게 민주주의적인 사유 계열에 속한 것은 아니었다. 사실 2천 년 이상 앞선 시대에 플라톤에게 그것은 정의의 요구에 대해 그것이 보이는 뻔뻔한 무관심 때문에 일괄적으로 민주주의를 거부하는 핵심 근거 역할을 한 바 있었다. 민주주의가 "동등한 사람들과 동등하지 않은 사람들에게 똑같이 일정한 평등을 분배하는 것"[99]이라고 말이다. 그러나 시에예스에게 정치 질서는, 그것을 이루는 인간을 권리의 동등한 담지자들로 보고 그렇게 대우한다면, 또한 그들 모두를 보호하고 그들 모두에게 혜택을 주도록 조직된다면, 그리고 오직 그렇게 할 때만, 정의의 요구를 무시하는 것이 아니라 신뢰할 만하게 공정하거나 효과적인 것이 될 수 있었다. 시에예스는 인간 공동체에서 권위의 필요성을 스미스만큼이나 경계했다.[100] 그러나 스미스처럼 그는 국가가 오직 그 신

98 *Vues sur les moyens d'exécution*, 2(Oeuvres, ed Dorigny, Vol. 1); *Political Writings*, ed Sonenscher, 5.

99 Plato, *Republic*, tr Paul Shorey(Cambridge, Mass: Harvard University Press, 1935), 558C, Vol. 2, 290-91. "동등한 사람들과 동등하지 않은 사람들에게 똑같이 무차별적으로 일종의 평등을 부여하는 것."

민들의 필요에 부응함으로써만 합법적으로 권위를 유지할 수 있다고 믿었다. 이런 믿음이 그를 민주주의자로 만들지는 않았다. 그것이 스미스를 민주주의자로 만들지 않은 것처럼 말이다. 시에예스에게 민주주의는 어떤 수사적인 구호도 아니고 사람들이 선호하는 정치 패러다임도 아니었다. (민주주의라는 단어의 오랜 역사를 감안하면, 그것은 벤담이 끝없이 만들어낸 신조어들처럼, 다른 누군가가 폭넓게 받아들이는 일이 잘 일어나지는 않더라도, 잘 알려져 있지 않은 정치와 법의 세계를 새로운 명료성과 엄밀성으로 밝혀내기 위해 구사한 시에예스 특유의 신조어들 가운데 하나라 할 수도 없었다.) 그러나 시에예스가 민주주의자가 아니었다고 하더라도, 결코 단순한 민주주의의 적은 아니었다. 심지어 『행정적 수단에 관한 견해』에서도 그는, 그보다 앞서 다르장송이 그랬듯이, 모든 입법 기관이 민주주의적인 정신에 의해 생기를 되찾을 필요가 있으며, 그 결과, 국가를 이루는 지방 공동체 거주자들을 (그들을 대신해서 적절한 때에 법을 제정할, 연이어 선출된) 대표들로부터 분리하는 단계 수를 최소화할 필요가 있다고 투지에 차서 강조했다.[101] 대의의 정교한 구조를 필수적으로 만드는 것은 하나의 사회로서 프랑스의 규모였다. "소수의 시민들로 이루어지는 공동체에서는 시민들

100 Adam Smith, *Lectures on Jurisprudence*, ed R. L. Meek, D. D. Raphael and P. G. Stein(Oxford: Clarendon Press, 1978), 특히 311-30, 401-4, 433-36. John Dunn, *Rethinking Modern Political Theory*(Cambridge: Cambridge University Press, 1985), chapter 3.

101 *Vues*, 127(Oeuvres, ed Dorigny, Vol. 1); *Political Writings*, 54

자신이 의회를 구성할 수 있을 것이다. 여기에는 아무런 대의도 없고 바로 그것만이 존재할 것이다."[102] 대의는 효율성을 제공한다. 하지만 그것은 또한 커다란 위험들을 수반한다.

> 모든 인간 결사체는 공동의 목적과 공적 기능들을 가져야 한다. 이런 기능들을 수행하기 위해 일정 수의 결사체 구성원을 절대 다수 시민들로부터 떼어 놓을 필요가 있다. 한 사회가 무역과 생산기술에서 더 많이 앞서 있을수록 공적 기능과 연결된 일이 사적인 고용들처럼 그 일을 배타적인 직업으로 삼는 이들에 의해 덜 비싸면서도 더 효율적으로 수행되어야 한다는 점을 우리는 더 잘 이해하게 된다.[103]

시에예스는 분명히 공공 관리管理가 재능을 갖춘 사람들에게 대단히 가치 있는 고용 기회라고 보았다. 하지만 그가 선거 정치에서의 경력이 수반할 법한 게 무엇인지에 대해 어떤 뚜렷한 생각을 갖고 있었는지는 덜 분명하다. 그럼에도 불구하고 그가 확실히 파악하고 있었던 한 가지는 그런 일을 수행하는 사람들이 어떤 형태로든 자신들의 이익을 손쉽게 증진할 수 있고 그것은 그 동료들의 이익과 첨예하게 불화하리라는 점이었다. 그들은 자신들의 역할을 권리요 재산의 한 항목으로 보게 되며, 더

102 *Vues*, 124-49(Oeuvres, Vol. 1); *Political Writings*, 53-55. 나는 좀 더 직역에 가깝도록 하기 위해 이곳과 또 다른 곳에서 번역을 수정했다.

103 *Vues*, 112-13(Oeuvres, Vol. 1); *Political Writings*, 48.

이상 타인을 위한 의무로 보지 않는다. 그러는 순간 그들은 정치 공동체의 유대를 흩트리고 일종의 정치적 노예 상태를 확립한다.[104] 1788년에 그랬듯이, 프랑스는 "정치체political body로 조직된 하나의 국민nation"이라기보다는 "2만5천 평방 리그의 지표면 위에 흩어져 있는 엄청난 사람들의 무리"였다. 그것을 정치적으로 조직된 국민으로 전환시키기 위해 필요했던 것은 어둡고 몽매했던 과거를 조사하는 일이 아니었다.[105] 필요한 것은 이성의 교훈에 주의를 기울이고, 사회 역학의 최근 발견들에 대담하게 의존하며, 너무 뒤늦은 감이 없지 않으나 스스로 건전한 헌법(즉 시민들로 하여금 그들의 자연적·사회적 권리를 향유할 수 있도록 보장하고, 그들 공동의 삶에서 더 나은 것을 위해 작동하는 요소들을 공고히 하며 "나쁜 것을 위해 행해져 온 모든 것을 점진적으로 없애는" 유일한 수단)을 갖추는 일이었다.[106] 팸플릿의 나머지 부분에서 시에예스는 어떻게 삼부회가 오랜 시간이 흐른 후 마침내 프랑스에 그런 헌법을 제공하도록 자신을 검토하고 또 조직해야 하는지, 그것도 그 소집을 맨 처음 촉발했던 국가 부채가 만들어 낸 정치적 소용돌이 속으로 삼부회 자체가 빨려 들어가 버리지 않도록 하면서 그렇게 할 수 있는지를 세심하게 설명한다.

『행정적 수단에 관한 견해』와는 달리, 시에예스가 쓴 팸플릿 가운데

104 *Vues*, 114(Oeuvres, Vol. 1); *Political Writings*, 49.

105 *Vues*, 3; 1(Oeuvres, Vol. 1); *Political Writings*, 4.

106 *Vues*, 3-4(Oeuvres, Vol. 1); *Political Writings*, 5.

일반인들에게 가장 처음으로 1788년 11월에 모습을 드러낸 『특권에 관한 시론』*Essay on Privileges*은 파리 고등법원이 9월에 내린 운명적인 결정에 대한 즉각적인 반응이자 공개적 무장 요청이었다. 특권[107] 요구를 통렬히 비난하는 그의 긴 열변에서 시에예스는 하나의 계층으로서 프랑스 귀족과의 관계를 공개적으로 단절했으며, 귀족 세계를 지탱하는 자만심과 허세의 전 체계를 무너뜨리기 위해 몸소 나섰다. (상위 두 신분이 정치를 방해할 수 있는 가공할 권력을 유지하는 기반인) 특권이라는 바로 그 관념은 어떤 좋은 사회 혹은 행복한 사회에든 치명적이었다. 특권의 본질은 그 담지자를 "공동 권리의 경계 너머"[108]에 있도록 한다는 데 있다. 그것이, 다른 모든 시민에게 적용되는 잘못된 행동에 대한 금지로부터 면제되는 것[109]이든 혹은 그렇지 않았다면 법이 누구에게나 허용했을 것을 배타적으로 할 수 있는 권리를 특혜로 받는 것이든 간에 말이다. "모든 특권은 …… 사물들의 본성 그 자체로부터 볼 때, 부당하고 혐오스러우며, 모든

107 *Essai sur les privilèges*, 1-2(Oeuvres, Vol. 1); *Political Writings*, 69. 이 『시론』(*Essai*)은 특권 관념에 관한 시론(an essay)이지만 또한 구체제 프랑스의 신분 체계를 지배한 고도로 특정된 특권 집합에 대한 공격이기도 했다. 이 경우에 정관사(les)는 이 두 가지 의미를 다 갖고 있다[영어에는 드러나지 않지만 원래 팸플릿 제목에 나오는 프랑스어 정관사 '레'(les)의 용법상 '특권'(privilèges)이 특권 관념 일반을 뜻할 수도 있고 역사적으로 존재했던 특정의 특권들을 가리킬 수도 있다_옮긴이].

108 *Essai*, 2(Oeuvres, Vol. 1); *Political Writings*, 70.

109 *Essai*, 1-5(Oeuvres, Vol. 1); *Political Writings*, 69-71.

정치사회의 최고 목적에 어긋난다." 특권은 그 자체로 매우 그른 것일 뿐만 아니라 그로부터 혜택을 보는 이들 모두를 심각하게 타락시키는 것이기도 했다. 특권은 동료 사회 구성원들의 존경을 얻기 위한 명예로운 추구가 아니었다. 그것은 오만과 허영심을 끊임없이 자극하는 주범이었다. "당신은 동료 시민들**에 의해** 구별되기를 요구하기보다 동료 시민들**로부터** 구별되고자 노력한다."[110] 그것은 비밀스러운 정서요 부자연스러운 욕구이며, "허영심으로 가득 차 있고 따라서 그 자체로 상스러운" 것이어서 그런 감정을 느끼는 이들 모두가 공적 이익에 대한 가장된 배려 속에 그것을 숨기려고 애쓴다. 특권층의 마음속에서 나라country라는 관념은 "그들이 속한 계급으로 축소된다." 그들은 그들 자신에게 "또 다른 종류의 존재"로 보이게 된다.[111] 이런 명백하게 과장된 견해는 특권 관념 그 자체에 함축된 것은 결코 아니지만 "서서히 그 관념의 자연스러운 결과가 되며, 종국에는 모든 이들의 마음속에 뿌리내린다." 그 효과는 귀족의 상상력을 멀고 사실상 점점 더 실천적으로 적실성이 없는 과거로 끝없이 되돌리는 우스꽝스러운 것이었다. 그 효과는 또한 몹시 치명적이었는데,

110 *Essai*, 14(Oeuvres, Vol. 1); *Political Writings*, 76. 시에예스는 1614년에 있었던 바로 직전의 삼부회 회합에서 귀족 계층이 충격 상태에서 내뱉은 불평을 증거로 인용하는데, [기왕에 그렇게 막 나가는 상황이라면_옮긴이] "거의 모두가 상위 두 계층의 봉신들"인 제3신분이 그들 윗사람들의 동생이라고 자처하는 배짱 정도는 가졌어야 하는 것 아닌가라는 내용의 불평이다.

111 *Essai*, 53(Oeuvres, Vol. 1); *Political Writings*, 74-5.

그들 계급 내부에서 단결심esprit de corps과 끈질긴 당파심을 조성했던 것이다.[112] 특권의 상속은 응분의 몫desert과의 어떤 가능한 연계도 깨뜨리며,[113] 그것으로부터 혜택을 받을 것으로 추정되는 사람들이 동료 시민들의 희생 위에서 음모와 구걸의 삶, 즉 "특권을 가진 거지 신세"의 삶을 살도록 했다.[114] 그것은 또한 귀족의 자손들 사이에서 이런 수치스러운 입신출세 경쟁의 가공할 기술들이 자라나게 했다. 그 불가피한 결과는 사람을 타락시키는 본보기("한가롭게 그리고 공적인 것을 희생해서 살고자 하는 영예롭고 덕스러운 욕망"[115])를 사회 전반에 걸쳐 확산시키는 것이었다.

시에예스의 세 팸플릿 가운데 세 번째 것이자 가장 유명한 저작이 다음으로, 1789년 1월에 등장했는데, 이로써 앞서의 긴 열변이 공개적 혁명 프로그램으로 전환되며 또 반세기 후 청년 마르크스에게 혁명 의식을 싹 틔우는 고전적 처방을 남기게 된다.[116] 우리는 무엇이 이 마흔의 성직

112 *Essai*, 18-25(Oeuvres, Vol. 1); *Political Writings*, 76-78.

113 *Essai*, 29(Oeuvres, Vol. 1); *Political Writings*, 80. 물론 이것은 자본주의 경제에서의 부의 상속에 대해서도 똑같이 사실이며 이데올로기적 취약성의(혹은 최소한, 그럴듯하지 않음의) 요소로 남아 있다.

114 *Essai*, 37(Oeuvres, Vol. 1); *Political Writings*, 84.

115 *Essai*, 40(Oeuvres, Vol. 1); *Political Writings*, 85 .

116 *Qu'est-ce que le tiers état?*, 1, 6, 9(Oeuvres, Vol. 1); *What is the Third Estate?*(*Political Writings*, 94, 96, 98). Karl Marx, *Contribution to the Critique of Hegel's Philosophy of Law: Introduction*[Karl Marx and Frederick Engels, *Collected Works*, Vol. 3(London: Lawrence & Wishart, 1975), 184-85].

자에게 귀족적 허세에 대한 본능적인 증오감을 갖게 했는지 전혀 알지 못한다. 그런 증오감의 기원은 프레쥐Fréjust라는 평범한 프로방스 지역의 미미한 왕실 공무원 아들로 자란 그의 유년기로 거슬러 올라갈 수 있다. 그것은 좀 더 후에, 그러니까 파리의 생 쉴피스Saint Sulpice 신학교에서 그가 마지못해 임한 사제직을 위한 훈련 기간 동안에 싹튼 것일 수도 있는데, 시에예스 본인 이외에도 많은 이들이 나중에 그가 사제직을 위한 소명 의식이 극히 부족하다는 점을 알아챘다(소년 시절에 그는 장차 포병 장교나 광산 기술자로 살고 싶어 했다). 우리가 아는 바는 1789년 초 그가 귀족적 허세에 대한 증오를 공개적으로 명확히 드러내게 되었을 때, 그 귀결인 이 세 번째 저작이 프랑스 전역을 가로질러 질주하는 도화선에 불을 붙였다는 것이다. 1년 전만 하더라도 어느 누구도 "제3신분이란 무엇인가?"가 글의 제목으로서 눈길을 끌 만하다거나 물음으로서 특별히 자극적이라고 생각할 것 같지 않았다. 하지만 1789년 1월 무렵에는 삼부회의 소집으로 인해 그것이 시사성 있는 정치적 물음이 되었다.

정치적 위기를 혁명으로 바꿔 놓은 것은 그 물음에 대한 시에예스의 대답이었다. 1789년에 접어들면서 상위 두 신분은 여전히 어여쁜 자매들, 오래되고 유별나게 자신만만한 역사의 오만과 영광이었다.[117] 제3신

*117* George V. Taylor, 'Non-capitalist Wealth and the Origins of the French Revolution', *American Historical Review*, 62, 1967, 429-96; Colin Lucas, 'Nobles, Bourgeois and the Origins of the French Revolution', *Past and Present*, 60, 1973, 84-126; Patrice Higonnet, *Class, Ideology and the Rights of Nobles during the French Revolution*(Oxford: Clarendon Press,

분은 기껏해야 그들의 칙칙하고 흐리멍덩한 군식구, 그것도 심지어 같은 가족에 속한다는 주장까지 하는 것으로 현저히 의심되는, 프랑스의 신데렐라였다.[118] 상위 두 신분은 모두 의식적인 연대감, 집합적 정체성 의식, 그런 정체성에 대한 헌신 그리고 자기만의 고유한 힘과 위엄, 가치에 대한 자신감을 갖고 있었다. "제1신분이란 무엇인가?"를 묻는 것은 기독교 자체와 기독교를 지구상에 구현하고 설명하는 교회를 어떻게 보고 어떻게 이해할 것인가를 묻는 것이었다. 적어도 프랑스에서 교회는 자신을 대변해서 그런 물음에 대답하도록 잘 조직되어 있었고, 자기의식하에서 계속 행해 온 사유와 헌신의 긴 역사라는 자원 및 정치적 자기주장 가운데 훈련된 유창함이라는 자원을 마음껏 활용할 수 있었다. 제2신분이란 무엇인가를 묻는 것은 귀족을 어떻게 볼 것인가를 묻는 것, 다시 말해 비위에 맞는 대답들을 만들어 내기 위해 심혈을 기울인 여러 세기의 수사적 노력(비록 대부분 명백하게 힘이 덜 드는 지적 노력의 기반 위에서이긴 하지만)이 수반된 물음이었다. 『특권에 관한 시론』에서 이미 시에예스는 이처럼 조심스럽게 길러진 자기 존중 전통이 쉽게 깨질 수 있음을 강조한 바

1981); Guy Chaussinand-Nogaret, *The French Nobility in the Eighteenth Century: From Feudalism to the Enlightenment*, tr William Doyle(Cambridge: Cambridge University Press, 1985). 프랑스의 18세기 배경 속에서 제1신분의 현실을 보여 주는 매우 강력한 논의로는 평생의 연구를 집약한 John McManners, *Church and Society in Eighteenth-Century France*, 2 vols(Oxford: Oxford University Press, 1998)를 보라.

*118* Sieyes, *Essai*, 53(Oeuvres, Vol. 1); *Political Writings*, 90.

있었다. 『제3신분이란 무엇인가?』에서 그는 독선적이고 거만한 적대자들과의 논전의 형세를 결정적으로 역전시켰고, 이미 아주 오래된 국가인 것이 가진 정치적 권위의 매우 새로운 기초를 제시했다. 잘 알려져 있다시피, 그는 그의 제목이 제기하는 물음에 놀라운 대답을 내놓는 것으로 글을 시작했다. 그는 제3신분은 "모든 것"Everything이라고 성급하게 선언했다.[119] 그때까지 프랑스의 기존 정치 질서에서 제3신분은 "아무것도 아닌 것"Nothing이었다. 제3신분은 아무런 정치적 무게감도 지니지 않았으며, 그 어떤 형식적 인정recognition도 받지 못했었다. 왕의 각료들과 특권계층은 제3신분의 이름으로 그리고 제3신분을 대신해서, 최소한 추정상으로는 제3신분의 이익을 위해서 행동했었다. 그럴 때 그들은 자기들이 허황되게 상상하는 것처럼 관대하고 세심한 가부장적 배려를 보여 주고 있던 것이 아니었다. 그들은 합법적으로 제3신분에 속하는 권력을 간단히 빼앗고 그 신분의 정당한 몫인 지위를 강탈했던 것이다.[120]

존속하고 번성하기 위해 국가nation는 사적인 고용과 공적인 서비스를 필요로 한다.[121] 그것은 땅을 일구고 주민들이 필요로 하는 모든 것을 생산해 내며 이런 생산물들을 최종 소비자들에게 나누어 주어야 한다. 그것은 또한 가장 고귀한 자들로부터 가장 하찮은 자들에 이르기까지 매우 다

119 Sieyes, *Tiers état*, 1(Oeuvres, Vol. 1); *Political Writings*, 94.

120 Sieyes, *Tiers état*, 1; *Political Writings*, 94.

121 Sieyes, *Tiers état*, 2; *Political Writings*, 94.

양한 개인적 서비스를 필요로 한다.[122] 현재 이런 서비스들 중에서 가장 보수가 높고 존경받는 것은 모두 상위 두 신분에 의해 독점되어 있다. 하지만 그런 것들 가운데 제3신분이 완벽하게 제공할 수 없는 것은 단 하나도 없다. 이미 제3신분은, 사실상 명예는 전혀 얻지 못하면서, 진짜 거친 모든 일을 수행한다. 제3신분에는 "완전한 국가nation를 형성하기 위해 필요한 모든 것"이 들어 있다.[123] 그것은 "모든 것이다. 그러나 구속되고 억압받는 모든 것이다. 특권계층이 없다면 그것은 무엇이 될 것인가? 모든 것이다. 그러나 자유롭고 번영하게 될 모든 것이다. 제3신분 없이는 아무것도 잘될 수 없다. 하지만 다른 두 신분이 없다면 모든 것이 훨씬 더 잘될 것이다." 명예를 지닌 모든 지위에서 제3신분을 배제하는 것은 그 신분에 대한 "사회적 범죄"다.[124] 그런 배제는 "노예 상태"를 반영하는데,[125] 얼마나 오래 지속되어 왔든지 간에 그런 노예 상태는 애초에 정복으로부터만 발생할 수 있으며, "오늘날 그 자신을 정복당하도록 내버려두지 않을 만큼 강한" 사람들을 상대로 해서는 더 이상 유지될 수 없다.[126]

122 Sieyes, *Tiers état,* 2-3; *Political Writings*, 95.

123 Sieyes, *Tiers état,* 6; *Political Writings*, 96.

124 Sieyes, *Tiers état,* 4; *Political Writings*, 95.

125 Sieyes, *Tiers état,* 10; *Political Writings*, 98.

126 Sieyes, *Tiers état,* 10; *Political Writings*, 99.

> 그들은 시간과 사물의 힘이 야기한 혁명에 대해 눈을 감아 버리려는 헛된 노력을 할지도 모른다. 그럼에도 불구하고 그것은 현실이다. 제3신분이 농노이고 귀족이 모든 것이었던 시기가 한때 있었다. 이제는 제3신분이 모든 것이며 귀족은 단지 한 단어에 불과할 뿐이다. 그러나 이 단어 아래로 어떤 새롭고 참아 줄 수 없는 귀족주의가 미끄러져 들어왔고, 인민은 어떤 귀족주의자도 원치 않을 충분한 이유가 있다.[127]

그 정치적 결과는 분명하다. 귀족 집단은 자신을 나머지 국민nation과 분리해서 별도의 한 인민으로 만들었다.[128] 제 힘만으로 자신의 정치적 권리를 행사한다는 귀족 집단의 주장은 "그 원리 탓에 자신들을 국민Nation에 이질적이게 만들었는데, 왜냐하면 귀족 집단의 권한은 인민으로부터 온 것이 아니었기 때문이다. 다음으로, 그들의 목표 탓에도 그랬는데, 왜냐하면 귀족 집단의 목표는 일반 이익이 아니라 특수 이익을 옹호하는 데 있기 때문이다."[129] 귀족은 군대와 교회, 치안 판사직에서 높은 자리를 독점한다. 그들은 행정 권력의 모든 부서를 지배하는 계층을 형성한다. 그들은 나머지 국민 전체와 맞서 본능적으로 끼리끼리 편을 든다. 그들의 강탈은 총체적이다. 참으로 그들은 군림한다.[130]

127 Sieyes, *Tiers état,* 98; *Political Writings*, 147.

128 Sieyes, *Tiers état,* 6-9; *Political Writings*, 97.

129 Sieyes, *Tiers état,* 9; *Political Writings*, 98.

전선은 첨예하게 규정되며 이미 내전의 조짐을 나타낸다. "특권층은 그들 자신이, 전시에 영국인들이 프랑스인들의 적이었던 만큼이나 평민층의 적임을 보여 준다."[131] 자신들을 평범한 시민 계층에서 배제하고 특권을 고집함으로써, 그들은 오직 시민 신분만이 지닐 수 있는 정치적 권리를 박탈당하고 그들 자신을 "평민층 신분의 적"으로 만들었다.[132] 그들은 "오직 식물의 수액을 빨아 먹음으로써만 살 수 있고, 그리하여 결국 그 식물을 말라비틀어지게 하며 엉망으로 만들고 마는" 기생충들처럼 현실의 국민에 달라붙어 있는 계층이다.[133]

그러므로 "귀족주의 반대"가 국민의 모든 진정한 벗들을 위한 슬로건이 되어야 한다.[134] 하지만 귀족주의의 적이 어떤 의미로도 민주주의자는 아니다. 우리는 "그들과 더불어 그리고 그들에 **대항해서** '민주주의 반대'를 반복할 것이다. …… 대표들은 민주주의자들이 아니다. …… 진짜 민주주의는 그처럼 대규모의 인구 가운데서는 불가능하기 때문에, 그것을 덮어놓고 기대하거나 두려워하는 것처럼 보이는 것은 어리석다." 정말 가

130 Sieyes, *Tiers état,* 16; *Political Writings*, 102.

131 Sieyes, *Tiers état,* 27; *Political Writings*, 107. 다음 25년간의 유혈 사태가 합리적인 의혹을 넘어서게 됨에 따라 이것은 가볍게 행해질 수 있는 비교가 아니었다.

132 Sieyes, *Tiers état,* 110; *Political Writings*, 158.

133 *What is the Third Estate?*, ed S. E. Finer(London: Pall Mall, 1963), 177. 이 언급은 도링니(Dorigny) 판본에는 보이지 않는다.

134 Sieyes, *Political Writings*, 147n. 이 언급은 도링니 판본에는 보이지 않는다.

능한 것은 "거짓된 민주주의", 즉 진짜 민주주의에서는 시민 집단이 행사할 권력을 어떤 인민의 위임과도 관계없이 출신 계층caste이 주장하는 그런 민주주의다. "그 뒤로 온갖 병폐를 달고 다니는 이 거짓된 민주주의는 군주정적이라고들 말하고 또 그렇게들 믿는 나라에 존재한다. 하지만 그런 나라에서는 특권계급이 통치와 권력, 지위를 독점한다." 시에예스가 보기에 목전의 정치적 적대자, 즉 그들의 특권을 지키기 위해 단일한 행위자로서 필사적으로 싸우는 제2신분은 "봉건적 민주주의"를 형성한다.[135]

시에예스에게 민주주의 그 자체는, 프랑스의 위기가 아무리 심각하다고 해도, 프랑스에서 아무런 실질적인 위협도 제기할 수 없었는데, 왜냐하면 그것이 그저 실행 불가능했기 때문이다. 프랑스만큼 큰 나라에서 데모스는 스스로를 효과적인 정치 행위자로 만들기 위해 결코 함께 모일 수 없다. 도대체 행위라는 것을 하려면 그것은 대표되어야 한다. 효과적으로 협력하고 행위를 할 수 있을 만큼 충분히 작은, 선발되고 분리된 집단이 그것을 대신해서 행위해야 한다. 그러나 데모스의 권위를 갖고 행위하려면 그 집단은 우선 데모스에 의해 선출되어야 한다.

1789년이 밝았음에도 여전히 프랑스 귀족은 주제넘게도 프랑스 인민의 권위를 자처하고 있었다. 그리고 그들 자신의 사적인 이해관계를 강요하기 위해 그런 주장을 남용하는 일관성과 결속도 여전해 보였다.

135 Sieyes, *Political Writings*, 147n. Finer, *Third Estate*, 196-97이 생생한 번역이다.

시에예스는 그들의 시대는 갔다고 매우 확신하고 있었다. "봉건적인 야만의 긴 밤 동안에는 인간들 간의 진정한 관계를 파괴하며 모든 개념을 뒤엎고 모든 정의를 부패시키는 것이 가능했다. 하지만 날이 밝아 옴에 따라 중세적 부조리들은 재빨리 달아나야 하고, 고대적 흉포함의 잔재들은 붕괴되고 사라져야 한다. 이는 매우 분명하다."

그러나 『제3신분이란 무엇인가?』에서조차 때때로 그는 정확히 무엇이 그것을 대체할 것인지에 대해 자신감이 떨어졌다.

> 우리는 그저 한 가지 악을 다른 악으로 대체하게 될 것인가, 아니면 사회질서가, 그 온 아름다움을 다해서, 이전의 혼돈을 대신하게 될 것인가? 우리가 막 경험하기 시작한 이 변화가 세 계층에게는 모든 점에서 재앙이고 오직 행정 권력에만 유익이 되는, 내전이라는 쓴 열매가 될 것인가, 아니면 단순하고 공정한 전망이라는, 즉 주변 상황이 무게를 실어 지지해 주고 관련된 모든 계급이 진심으로 촉구하는 기꺼운 협력이라는, 예상되고 잘 통제된 자연스러운 결말이 될 것인가?[136]

역사의 대답은 그가 희망하는 그것이 아니었다. 나폴레옹이 권력을 장악하고 나서야 비로소 당시 집행권을 휘두르던 자들에게 어떤 의미에서든 이익이 돌아갔지만 말이다.

1789년 벽두부터 프랑스는, 군주정과 그 대리인들이 인민 전체와 점

*136* Sieyes, *Tiers état,* 51; 다시 Finer의 번역: *Third Estate*, 96.

점 더 해소하기 어려울 정도로 반목하면서 그리고 봉건적 야만의 긴 밤이 남긴 잔재와 점점 더 치명적으로 한통속이 되어 가면서, 거의 내전 직전의 상태에 접어들었다. 그 결과는 공포, 위협과 반위협의 도가니였는데, 그 속에서는 가장 단순하고 가장 정당한 정치적 개념들이 분명하게 의도되고 잘 통제된 결과를 얻을 수 있으리라는 그 어떤 전망도 흔적 없이 사라져 버렸다. 민주주의가 유혈 사태와 혼란으로 물든 그런 시대 속에서 다시 출현했을 때, 프랑스가 어떻게 평화와 번영과 질서정연함 속에서 자신을 통치할 수 있을 것인지를 보여 주는 실천적 모델로서의 그럴듯함이라는 측면에서는 확보한 것이 전혀 없는 상태였다. 민주주의가 확실히 잃어버린 것은 실현될 가능성이 없다는 종래 그것이 주던 안도감이었다. 민주주의가 수십 년간의 전쟁으로 황폐해진 유럽 전역에서 새로운 친구들을 확보함에 따라, 그것이 새롭게 부각되는 것을 가장 걱정하는 사람들조차도 민주주의 안에서, 무시해도 무방한 단순한 환영이 아니라, 매장시켜 버려야 하는 잠재적으로 강한 파괴력을 갖는 유령을 보게 되었다.

프랑스 본토 너머의 대부분의 무대(벨기에, 홀란드, 이탈리아, 심지어 독일이나 폴란드)에서 **민주주의**는 단순히 서로 다투는 정치적 당파들에 꼬리표를 붙이는 데 이용되었다.[137] 프랑스에서조차 민주주의는 정치투쟁의 조건을 아주 엄밀하게 규정하는 데는 좀처럼 사용되지 않았다. 경쟁하는

137 R. R. Palmer, *Political Science Quarterly*, 1953.

정당들의 목적이나 주요 정치 행위자들의 전략을 명백하게 하는 데는 말할 것도 없고 말이다. 하지만 어느 정도 중요성을 가진 세 인물이, 정확히 왜 프랑스혁명의 추진력이 그것을 집요하게 민주주의 쪽으로 나아가게 하는지, 그리고 왜 어떤 버전의 민주주의는 불가피한 재앙이나 명백한 불명예가 아니라 적절한 목표인지를 보이기 위해 저마다의 시점에서 최선을 다하고 있었다. 그들 중 두 사람은 그 민주주의 혁명의 친숙한 영웅들이다. 한 사람은 영국의 이색적인 장인匠人(이전에는 코르셋을 만들던) 토머스 페인인데, 그가 쓴 팸플릿 『상식』*Common Sense*은 미국의 공공연한 독립 투쟁을 거의 개시시킬 뻔했다. 다른 한 사람은 로베스피에르인데, 그는 아라스Arras 지역의 대단히 독선적인 변호사였으며 나중에 자코뱅 공포정치를 뒤에서 조종하는 인물Svengali이 되었다. 세 번째 인물은 더 놀랍다. 중앙 이탈리아 지역 이몰라Imola의 주교 바르나바 키아라몬티 추기경Cardinal Barnaba Chiaramonti인데, 피우스 7세Pius VII로 교황 자리에 오르기 불과 2년 전인 1797년에 성탄 전야 설교를 한다. 그 설교에서 키아라몬티의 메시지는 무장을 요청하는 것과는 거리가 멀었다. 그 메시지가 사실상 단언했던 것은 역사적으로 다소 조숙한 버전의 기독교 민주주의였다. "우리 가운데" 있는 민주주의적인 정부는 결코 복음과 모순되지 않았다. 민주주의적인 정부는 오직 예수 학파만이 가르칠 수 있는 모든 숭고한 덕들을 필요로 했다. "질서에 대한 사랑에 다름 아닌 도덕적인 덕들은 우리를 민주주의자들, 즉 참된 의미의 민주주의를 신봉하는 자들로 만들 것입니다." 민주주의적인 정부는 "정당한 의미의 평등", 즉 법 앞에서의 평등을 보호할 것인데, 그 법은 한 사회 내에서 서로 다른 개인들이 담당하는 역할들 간에 뚜렷하게 나타나는 차이들을 모두 적절하게 인정할 것이다. 민주주의적인 정부의 목표는 자비로운 형제애로 마음을 함께 모으는 것이었다. 어떤 독실한 가톨릭 신자도 민주주의와 그들의 종교적 의무 간의 긴장을 두려워할 필요가 없다. "그렇습니다, 친애하는 형제자매 여러분, 좋은 기독교인이 되십시오. 그러면 당신은 가장 좋은 민주주의자가 될 것입니다."[138]

페인의 입장은 더 변론적forensic이었다. 그의 입장은 그가 프랑스혁명에 대한 버크의 비판에 맞서 혁명의 목적을 옹호하기 위해 쓴 매우 널리 유포된 저작인 『인간의 권리』*The rights of Man* 제2부에 개진되었다. 페인은 프랑스혁명의 정치적 결과를 단순한 민주주의의 승리가 아니라 "대의제"의 승리로 표현했다. 대의제는 "민주주의를 근거로" 삼고 군주정과 귀족정의 부패한 체제를 거부했다.

> 단순한 민주주의는 부차적인 수단의 도움 없이 스스로를 통치하는 사회였다. 대의를 민주주의에 접목함으로써 우리는 모든 다양한 이해관계와 모든 규모의 영토 및 인구를 아우르며 연합할 수 있는 통치 체제에 이르게 된다. 그것도 대물림되는 학문보다 학문 공화국Republic of Letters이 더 우월한 것과 똑같은 정도로 대물림되는

138 A. Dufourcq, *Le Régime Jacobin en Italie:étude sur la République romaine 1798-99*(Paris: Perrin, 1900), 30; Palmer, *Political Science Quarterly*, 1953, 221은 관련 텍스트의 더 많은 부분을 번역해 놓고 있다.

통치보다 더 우월한 이점을 가지면서 말이다.

페인에게 미국의 새 정부는 "민주주의에 접목된 대의"로 보는 게 최선이었다. 이 새로운 창조물은 단순한 민주주의의 모든 장점을 결합했다. 그러나 그것은 또한 단순한 민주주의가 가진 악명 높은 단점들을, 전부는 아니지만, 대부분 피하는 것이기도 했다. "아테네가 작은 데서 한 것을 미국은 큰 데서 하게 될 것이다. 전자는 고대 세계의 경이였다. 후자는 현재의 찬미 대상이요 모델이 되어 가고 있다." 그것은 모든 왕위 상속자들에게 존재하는 무지와 불안정이라는 위험 요소들에 치명적으로 노출되는 군주정의 약점과, 단순한 민주주의가 안고 있는 너무도 분명한 불편들을 피하는, 가장 단순하고 가장 이해하기 쉬우며 현실적으로 가장 매력적인 통치 형태였다. 그것은 어떤 규모의 영토에 대해서도 또 가장 극심하게 나뉜 이해관계를 가로질러서도 적용될 수 있을 것이다. 그리고 그것은 단번에 적용될 수 있다. "프랑스는 크고 인구가 많지만 그 체제의 포용력으로 볼 때는 단지 한 점에 지나지 않는다. 그 체제는 작은 영토들에서조차도 단순한 민주주의보다 더 낫다."[139]

『인간의 권리』는 페인이, 프랑스혁명 자체가 표방하는 정치적 가치, 즉 인권the Droits de l'Homme을 통해서뿐만 아니라 독립국가로서 미국이 상대적으로 구가하는 국내 평화라는, 안도감을 주는 선례를 통해 프랑스혁명

139 Thomas Paine, *The Rights of Man*, 176-77.

을 옹호하려 한 시도다. 그 책은, 시에예스와 매디슨이 이전에 각각 그랬듯이, 피지배자들에게 책임을 지고 그들의 이익을 위해 봉사하는 데 믿음직하게 헌신하는 통치 형태를 기획하고 조직하기 위한 효율적인 체제를 대의에서 발견했다. 또한 그 책은 정치적·경제적 혹은 지리적 현실을 인정하기 위해 민주주의를 희생시키는 안타까움을 초래할 일말의 요소도 대의제에 있다고 보기를 단호히 거부했다.

이몰라의 주교가 행한 설교에서 민주주의는 정치를 이해하려는 그 어떤 진지한 시도에서든 비중 있는 요소로 등장하는 일이 별로 없다. 심지어 페인의 저작이나 연설에서도 민주주의라는 말이 나올 때는 지적인 주의를 기울이는 데 있어서 그가 바짝 긴장하고 있다기보다는 느슨한 상태에 있다는 신호가 된다. 그러나 로베스피에르와 함께 근대 역사에서 처음으로 민주주의는 마침내, 단지 정치적 취향을 지나가면서 드러내는 표현으로서가 아니라, 정치에 대한 전체적인 비전을 조직하는 관념으로서 등장한다. 때가 왔을 때 로베스피에르는 심지어 혁명이 발발하는 데 가장 큰 역할을 한 사람마저도 불안하게 만드는 인물이 되고 말았다. (그 심각한 유행병을 겪고 난 지 40년 후 시에예스는, 공포정치가 행해지던 해를 늙은이답게 뒤죽박죽 떠올리다가 브뤼셀 출신 가정부에게 이렇게 주의를 주었다. "로베스피에르가 날 찾거든 없다고 하게.")[140] 그때는 이미 로베스피에르 본인이 죽은 지 30여 년은 족히 지난 시점이었다. 그러나 1789년에서 1794년 사

140 Bredin, *Sieyes*, 525.

이의 그 짧은 5년간 그는 전체 혁명에 길이 남을 몹시 개인적인 흔적을 남겼다. 혁명의 주된 목적들을 특유의 권위를 가지고 규정하면서, 그리고 그 자신을 혁명의 가장 위대한 성과들 중 일부와 또 혁명의 가장 끔찍한 정치 기술들 다수와 지울 수 없이 동일시하면서 말이다.

로베스피에르의 정치 개념 중심부에는 인간의 권리에 대한 지극히 평등주의적이고 운동가적인 이해가 자리하고 있었는데, 그것은 그를 처음부터 (본토박이이든 귀화한 자이든 과세 명부에 이름이 올라 있는 25세 이상의 모든 남성 거주자들을 대상으로 하는) 놀랄 만큼 광범위한 선거권(그로 인해 제3신분의 대리인들이 의회에 선출되어 들어가게 되는)과도 불화하게 했다.[141] 제3신분의 대리인들이 자신들을 대담하게 국민의회로 전환시키고 인간과 시민의 권리선언을 통과시킨 후인 1789년 10월에, 국민의회는 9월에 있었던 헌법위원회의 향후 선거권 범위에 대한 권고를 자세히 검토하기 시작했다. 대체로 시에예스가 이끌었던 그 헌법위원회는 이미 두 유형의 시민, 즉 세금을 내고 "위대한 사회적 기업의 유일하게 진정한 주주들"이면서 동시에 그 결사체의 유일하게 완전한 구성원들인 능동적 시민들과 수동적 시민들("적어도 현 상황에서는 여자들과 아이들, 외국인들 그리고 국가에 아무런 재정적 기여도 하지 못하는 사람들")을 날카롭게 구분하고 있었다.[142]

141 M. Crook, *Élections in the French Revolution*(Cambridge: Cambridge University Press), 11. 프랑스혁명기 동안 선거의 발전에 관해서는 이 외에도 Patrice Gueniffey, *Le Nombre et la Raison: la révolution française et les elections*(Paris: Gallimard, 1993)를 참조.

수동적 시민들은 그들의 인신과 재산, 자유를 보호받을 완전한 자격을 갖는다. 하지만 오직 능동적 시민만이 공직자 선출에 능동적으로 참여할 권리를 지닌다. 헌법위원회의 제안은 선거권을 출생에 의해서든 귀화에 의해서든 적절한 절차에 따라 자격을 갖추고 최소한 사흘 치 현지 임금에 해당하는 세금을 낸 25세 이상의 성인 남성 거주자로 제한했다.[143] 그 결과 발생한 제한은 국민의회 자체 내에서 한두 연사(대수도원장 그레구아르Henri Grégoire와 중농주의자 뒤퐁 드 느무르Dupont de Nemours)에 의해 비판되었고, 카미유 데물랭Camille Desmoulin의 캠페인성 신문인 『프랑스와 브라반트의 혁명』*Les Révolutions de France et de Brabant*에서 공격당했다. 그러나 국민의회에서 그런 제한에 대한 전면적 공격을 시작하는 일은 로베스피에르에게 남겨졌다. 그는 그 문제를 다루는 개회 연설에서 이런 방식으로 선거권을 제약하는 제안은 인권선언에 나오는 세 개의 독립된 조항과 직접적으로 충돌한다고 주장했다.

> 모든 시민은, 그들이 누구든지 간에, 모든 수준의 대의를 열망할 권리를 갖습니다. 거기서 조금이라도 감하면 여러분의 권리선언과 맞지 않게 될 것인데, 모든 특권, 모든 차별성, 모든 예외는 그 권리선언에 따라야 합니다. 헌법은 주권이 인민에게,

142 Forsyth, 162-65; E.-J. Sieyes, *Écrits politiques*, ed R. Zappéri(Paris: Archives Contemporaines, 1985), 189-206; Crook, 30.

143 Crook, *Élections*, 31.

즉 모든 인민 대중populace 구성원에게 있음을 확고히 했습니다. 그러니까 각 개인은 자기가 통치될 때 의거하는 법에 대해, 또 자기에게 속하는 행정부의 선택에 대해 발언할 권리를 갖습니다. 그렇지 않다면 모든 사람men이 권리에 있어 평등하다고, 모든 사람이 시민이라고 말하는 건 진실이 아닙니다.[144]

다음날 그는 계속해서 말했다. "사람a man은 정의상 시민입니다. 어느 누구도 여기 지구상에서 그의 존재와 분리할 수 없는 이 권리를 제거할 수 없습니다."[145] 이틀 뒤 헌법에 대한 마지막 논쟁에서 그는 "우리의 법과 우리의 언어 둘 다를 더럽히는 교활하고 야만적인 표현"인 수동적 시민권이라는 관념 자체를 거부했다.[146]

그가 죽음을 맞기 몇 달 전, 그러니까 공포정치가 정점에 이른 1794년 2월에 로베스피에르는 "공화국의 내정에 있어 국민공회를 지도해야 할 정치적 도덕의 원리"에 대해 공안위원회Committee of Public Safety를 대표해 국민공회에 초안을 작성해서 보낸 보고서에서, 마침내 이런 견해를 민주주의 그 자체와 연결시켰다. 그의 야망에는 특유의 웅대함이 있었고 호언장담 기미가 물씬 풍겼다.

"한마디로 우리는 자연의 의지les voeux를 실현하기를, 인류의 운명을

144 Crook, *Élections*, 33.

145 Crook, *Élections*, 33.

146 Crook, *Élections*, 34.

성취하기를, 철학의 약속을 지키기를, 범죄와 폭정의 오랜 지배에 대한 책임이 섭리에 있지 않다고 선언하기를 바랍니다." 그토록 오래 노예들의 나라였던 프랑스가 "이전의 모든 자유로운 인민들이 누렸던 영광을 무색하게 하면서, 모든 국가들에게 모델이, 압제자들에게 공포가, 압박받는 자들에게 위로가, 우주를 꾸미는 장식이 되게 합시다. 우리가, 우리의 과업을 우리 피로 봉인하면서, 적어도 보편적인 행복의 여명은 보게 되기를!"[147]

이런 비범함을 실현할 수 있는 유일한 통치 형태는

> 민주주의적이거나 공화주의적입니다. 이 두 단어는, 언어의 저속한 남용에도 불구하고, 동의어입니다. 왜냐하면 군주정이 공화국이 아닌 것만큼이나 귀족정도 공화국이 아니기 때문입니다. 민주주의는 인민이 지속적으로 모여 모든 공적 사안들을 스스로 규제하는 국가가 아니며, 그렇다고 인민의 십만 개로 쪼개진 부분이 고립되고 경솔하며 모순적인 조치로 전 사회의 운명을 결정하게 될 국가는 더더욱 아닙니다. 그런 정부는 결코 존재한 적이 없으며, 설사 존재한다 하더라도 그것이 할 수 있는 일이라고는 인민을 독재로 되돌려 놓는 일이 전부일 겁니다.
>
> 민주주의는, 자기 손으로 만든 법에 의해 인도되는 주권적 인민이, 잘할 수 있는 건 다 자신이 하고 해낼 수 없는 건 다 대표를 통해 하는 국가입니다.

147 Maximilien Robespierre, *Discourse et rapports àla Convention*(Paris: Union Générale des Éditions, 1965), 213.

그러니까 여러분은 바로 민주주의적인 정부의 원리 속에서 정치적 행동의 규칙들을 찾아야 합니다.

우리 가운데서 민주주의를 세우고 공고히 하려면, 입헌적인 법률의 평화로운 통치에 이르려면, 우리는 폭정에 맞선 자유의 전쟁을 마무리하고 혁명의 폭풍을 행복하게 통과해야 합니다.

이것이 혁명 체제의 목적이다.

민주주의적인 정부 혹은 인민의 정부의 근본원리, 그런 정부를 떠받치고 움직이게 만드는 본질적인 원동력ressort은 덕, 즉 희랍과 로마에서 그처럼 기적적으로 작동했던, 그리고 공화주의 프랑스에서는 훨씬 더 깜짝 놀랄 만한 것, 즉 나라country와 그 법에 대한 사랑을 만들어 낼 공적인 덕입니다.

공화국 혹은 민주주의의 본질은 평등이기 때문에 나라에 대한 사랑은 필연적으로 평등에 대한 사랑을 포괄합니다.[148] 그러므로 그것은 모든 덕을 전제하거나 산출합니다[두 가능성이 가진 실천적 함축이 첨예하게 갈린다는 데 유의하라]. 모든 덕은 단지 한 인간으로 하여금 모든 특수 이익보다 공적 이익을 선호할 수 있게 하는 영혼의 힘의 표현들이기 때문입니다.

덕은 민주주의의 영혼일 뿐만이 아니라, 오직 이 통치 형태 안에서만

*148* Robespierr, *Discourse*, 214.

존재할 수 있다. 군주정에서 자신의 나라patrie를 진정으로 사랑할 수 있는, 그리하여 덕을 전혀 필요로 하지 않는 유일한 개인은 군주 자신이다. 왜냐하면, 적어도 실제로는, 오직 그만이 진정으로 나라를 갖거나 혹은 주권자이기 때문이다. 사실상 그는 인민의 자리를 차지하고 있고, 따라서 인민을 대체한다. 나라를 가지려면 시민이 되어야 하며 주권을 공유해야 한다. 오직 민주주의에서만 국가state는 참으로, 그것을 형성하는 모두의 나라country이며, 오직 민주주의에서만 국가는 자기가 내세우는 대의大義에 관심을 갖고 옹호하는 많은 사람들에게, 즉 그것을 이루는 시민들 수만큼 많은 수의 사람들에게 의존할 수 있다. 이것이 자유로운 인민들을 다른 사람들보다 우월하게 만드는 것이다.[149]

프랑스인들은, 모든 사람을 평등과 완전한 시민권을 갖도록 호출하면서 세상에서 첫 번째로 참된 민주주의를 수립한 인민이다. 그 공화국에 대항해 동맹을 맺은 모든 폭군들이 결국에는 타도되고 말 것이라고 말할 수 있는 진짜 이유가 바로 여기에 있다.

"공화주의적 덕은 전체 인민 가운데서 필수적인 만큼 정부에서도 필수적입니다. 만일 그것이 정부에서만 실패한다면 아직 우리가 기대어 호소할 수 있는 인민이 있습니다. 오로지 인민이 부패할 때만 자유는 참으로 상실됩니다. 다행스럽게도 인민은 천성적으로 덕스럽습니다. 한 국민은 오직 민주주의를 떠나 귀족정이나 군주정으로 옮겨 갈 때만 참으로

149 Robespierr, *Discourse*, 216.

부패하게 됩니다."[150]

평화 시에 인민의 정부는 덕에 의존한다. 혁명 시기에 그것은 "덕과 테러에 동시에 의존"해야 한다. "덕이 없는 테러는 치명적이며, 테러 없는 덕은 무력"하다.[151] 테러는 "단지 즉각적이고 가혹하며 융통성 없는 정의"다. "그렇기 때문에 그것은 그 자체로 정의의 발산이며, 어떤 특수한 원리라기보다는 민주주의의 일반 원리가 그 나라의 가장 긴급한 필요에 적용되어 나타난 하나의 결과"다.[152]

(로베스피에르와 그의 동료들의) 혁명정부는 "폭정에 맞선 자유의 독재", 즉 암울한 불가분의 전쟁이었는데[153], 거기서 불안하게 흔들리거나 머뭇거리며 물러서는 것은 그저 공화국의 적들의 힘은 증대하고 그 친구들은 분열케 해서 약화할 것임에 틀림없다.[154]

이런 악몽 같은 투쟁에서 단 하나의 치유책은 공화국의 만병통치약ressort général, 즉 덕이었다.

"민주주의는 두 가지 과도함으로 망합니다. 통치하는 자들의 귀족주의로 망하거나 인민이 스스로 확립한 권위를 경멸함으로 인해 망합니다.

150 Robespierr, *Discourse*, 218.

151 Robespierre, *Discourse*, 221.

152 Robespierre, *Discourse*, 222.

153 Robespierre, *Discourse*, 223.

154 Robespierre, *Discourse*, 227. 작동 중에 있는 이 정부에 대한 생기 넘치면서도 인상 깊게 신중한 분석으로는 Palmer, *Twelve who Ruled*를 볼 것.

그런 경멸 때문에 각 당파나 개인은 공적인 권력을 얻으려고 애쓰고 그 결과로 발생하는 혼돈을 통해서 인민이 무無로 혹은 단일한 한 사람의 권력으로 환원되고 마는 겁니다."155

이 위대하고 소름끼치는 연설 속에서 프랑스혁명은 낱낱이 찢긴 채 시야에 분명히 들어온다. 그러나 자멸의 임무를 완수하기 불과 몇 달 전에 이미 혁명은 그것의 표준 위에 이 오래되고 전쟁의 상처로 뒤덮인, 그러면서도 매우 오랫동안 기이하게 현학적이기도 했던 용어를 지울 수 없게 새겨 넣었다. 세계 전역의 그리고 먼 미래의 동료 인간들에게 별다른 해명도 없이 그것을 넘겨주면서 말이다. 민주주의를 정치적 충성의 초점으로서, 즉 더 이상 단순히 파악하기 힘든 혹은 썩 그럴듯하지 않은 정부 형태가 아니라, 강렬하고 (아마도 장기적으로 보면) 거의 저항할 수 없는 매력의 극치이자 권력의 근원으로서 소생시킨 사람은 무엇보다도 로베스피에르였다.

*155* Robespierre, *Discourse*, 226.

# 3
# 테르미도르의 긴 그림자

로베스피에르는 아직까지도 파충류 같은 매혹을 지닌 인물이다. 하지만 우리에게 중요한 것은 그 사람 자체도, 프랑스혁명의 충격적인 정치적 모의에서 그가 행한 역할도 아니다. 우리에게 중요한 것은 그를 통해 울려 나온 단어들과 관념들이다. 그 기막힌 연설에서, 그는 압도적으로 중요하다고 드러나게 되는 어떤 것을 예상했으며, 또한 현재 우리 대부분이 타당하다고 사뭇 자신 있게 간주하는 어떤 판단을 표현해 냈다. 그러나 그가 전 생애에 걸쳐, 그것이 무엇이든, 자신이 예상했던 것을 예리하고 확고하게 밝히는 데 완전히 실패했음 또한 분명하다. 그것을 다른 누군가에게 신뢰할 만하게 전달하기는커녕 말이다. 그리고 우리는 민주주의가 정당한 지배의 필수적인 유형이라는 판단 속 과연 어디에 그것이 타당함을 말해 주는 요소가 실로 놓여 있는지를 포착하기 위해 여전히 안간힘을 쓰고 있다. 우리가 아직도 그처럼 어찌할 바를 모르는 상태로 있는 까닭은 그런 판단을 타당한 것으로 만들어 주는 명백한 유형은 전혀 없고,[1] 단지 폭풍 같이 퍼붓는 장황한 독설이나 감언이설, 그리고 인간들 간의 맹목적인 무형의 투쟁(그처럼 장황한 말들이 해명을 위해서보다는 덮어 숨기기 위해서 쓰이는)이 있을 뿐이기 때문이라고 보는 것이 꽤 그럴듯하다.

로베스피에르 자신이 민주주의에서 진정 정치적으로 설득력 있었던 그리고 여전히 설득력 있는 무언가(어떻게 한 국가가 시민들의 헌신을 온전히 얻을 수 있는가 하는, 근대적인 정치적 좋음의 형태)를 분명히 보았는지, 혹은 희뿌연 핏빛 아지랑이 사이로 그가 본 것이란 기껏해야 희미하게 일렁이는 신기루에 지나지 않았는지 우리가 결정할 필요는 없다. 당신은 심지어 지금도 그의 연설을 루소가 『사회계약론』*Contrat Social*의 중심 질문, 즉 "무엇이 정치적 권위의 속박(자유롭게 태어난 인간들 각자를 도처에서 묶고 있는 그런 속박)을 정당하게 만들 수 있는가?"라는 질문에 대해 내린 답변을 의식적으로 투사한 것으로 읽을 수 있다.[2] 이것만큼이나 그럴듯하게, 당신은 또한 그의 연설을 그가 동료 시민들에게, 그 모든 증거에도 불구하

1 cf. John Dunn, *The Cunning of Unreason*(London: HarperCollins, 2000).

2 Jean-Jacques Rousseau, *The Social Contract*, Book 1, chapter 1. "인간은 자유롭게 태어난다. 하지만 모든 곳에서 사슬에 묶여 있다. 어떤 이는 자신이 다른 이들의 주인이라고 생각하지만, 여전히 그들보다 더 심각한 노예로 남아 있다. 이런 변화가 어떻게 발생했는가? 나는 모른다. 무엇이 그것을 정당한 것으로 만들 수 있는가? 나는 그 질문에 대해서는 대답할 수 있다고 생각한다." *The Social Contract and Discourses*, tr G.D.H. Cole(London: J. M. Dent), 5; *Political Writings*, ed C. E. Vaughan(Oxford: Blackwell, 1962).

고, 마치 그들의 일시적이고 불안정한 지배자들[즉, 로베스피에르와 그의 정치적 협력자들_옮긴이]이 내세우는 요구가 전적으로 정당하다는 듯이 느끼고 행동해 달라고 호소하는 필사적인 간청(진리를 주장하는 것이라기보다는 매우 큰 곤경에 처해 충성심을 얻으려는 노력이라 할)으로 들을 수도 있다.

로베스피에르가 지지하는 민주주의는 국가의 한 형태로서의 공화국과 아주 밀접하다. 1794년 무렵, 프랑스의 혼란이 빚어낸 달갑지 않은 정치적 결과물인 공화국은, 군주정이 될 수 없는 만큼이나 귀족정도 될 수 없다고 주장하는 것이 어느 정도 일리가 있었다. 그것은 어느 누구도 오로지 역사의 기록 속에서만 끌어낼 수는 없는 교훈이었는데, 역사 기록은 가장 위대한 공화국(고대 로마)에서부터 그 근대적 계승자들 가운데 가장 오래 존속하고 정치적으로 가장 효과적이었던 공화국(베니스)에 이르기까지 대단히 많은 공화국들이 드러내 놓고 귀족주의적이었음을 보여 주었다. 프랑스는 귀족주의에 대한 전쟁을 선포함으로써 혁명을 시작했고, 프랑스 자체의 귀족주의에 상당한 적대감을 갖도록 군주를 재교육하려는 노력은 명백히 실패했다. 민주주의와 군주정을 여러 가지 비율로 결합해 보려는 탐색은 프랑스에서 거의 한 세기 동안 간간이 계속되었는데, 그 와중에 나폴레옹이라는 인물을 통해 이룬 적어도 한 가지 주목할 만한 승리가 있었다. 그런 탐색은 한동안 다른 곳에서도 널리 모방되었고, 어떤 곳(모로코, 태국, 네덜란드, 스웨덴, 영국, 그리고 장차는 아마도 사우디아라비아)에서는 아직까지도 그 신임을 완전히 잃지는 않고 있다. 그러나 오늘날에조차도 공화국respublica(사적인 것과 대조해 공적인 것)[3]이라는 바로 그 용어는 정당성의 본질이 무엇일지에 대한 해명이거나 그런 정당성을 유효하게 가져다 줄 수 있는 게 무엇인지에 대한 설명이라기보다는 정당성의 장점을 누리겠다는 주장이다. 분명하게 말해, 공화국이라는 용어는 이데올로기적인 정당화의 효과적인 구조보다는 단조롭고 흐리멍덩한 이데올로기적인 자랑거리에 훨씬 더 가깝다. 1794년 무렵에는 정당성을 주장하는 공화국이 그 자신을 귀족주의의 반대편에 놓음으로써 그런 주장을 옹호하기를 희망할 수 있었고, 귀족주의에 대한 무조건적인 반대를 표하고 그런 반대가 진정한 것임을 증명하기 위해 부연 설명 없이 민주주의를 사용할 수 있었다.

공화국이 할 수 없었던 것은 바로 그 동일한 범주를, 그 자신의 지배가 얼마나 정확하게 조직되어야 하는가, 만일 무엇인가가 공화국의 권력을 실제로 제한해야 한다면 어떻게 할 것인가, 혹은 누가 얼마 동안 그리고 어떤 수단을 통해 그와 같은 지배를 행사할 기회를 가져야 하는가 같은 질문들을 해결하기 위해 사용하는 것이었다. 고대 민주주의는, 귀족들 또는 스스로 지명하고 종신토록 자리에 있는 군주들(희랍인들이 그들을 부르는 말로는 폭군들)의 계속적인 지배를 불가능하게 만들기 위해 작동하는, 일련의 상대적으로 확고한 정치적 제도 장치의 명칭이었다. 그러나 그것은 또한 둘 중 어떤 유형의 복종도 피하고자 하는 목표를 가리키는

3 Raymond Geuss, Public Goods, Private Goods(Princeton: Princeton University Press, 2003), chapter 3 *Res Publica*. 공적인 법과 사적인 법 간의 구분이 보여 주는 역사적 궤적에 대해서는 Peter Stein, *Roman Law in European History*(Cambridge: Cambridge University Press, 1999), 21 등을 참조.

명칭이기도 했는데, 그런 목표는 매우 능동적인 시민 공동체에 의해 공유되는 목적으로 채택될 수 있고 또 실제로 채택되었다. 로베스피에르가 자기 자신과 그의 정치적 협력자들을 대변해 주는 용어로서 민주주의를 끌어들였을 때, 그는 분명히 그 용어의 역사가 갖는 이런 측면에 호소하고 있었다. 그럼으로써 그는 즉각적인 정치적 불편에 직면했다. 민주주의라는 용어가 고대 세계에서 가리켰던 실천적 제도 장치는 공안위원회의 불안한 일상적 행동들과 극도로 달랐다는 점에서 말이다.

그가 공안위원회의 이름으로 국민공회에 "민주주의는 인민이 지속적으로 모여 모든 공적 사안들을 스스로 규제하는 국가가 아니"[4]라고 확언했을 때, 그는 그 용어의 역사에 관한 핵심적이고 명백하게 중요한 어떤 것을 강조하고 있었다. "인민이 지속적으로 모여 모든 공적 사안들을 스스로 규제하는 국가"란 고대 민주주의가 어느 정도 단호하게 목적으로 삼았던 것 그리고 가끔은 상당히 성취하기도 했던 것에 대한 선별적이긴 하나 어쨌든 탁월한 묘사였다.[5] [그러나_옮긴이] 그것은 프랑스혁명이 걸어온 격동의 길 어느 지점에서 보더라도 그 혁명에 대해서는 전혀 그럴듯하지 않은 묘사였다. 심지어 파리 사람들, 즉 바스티유나 튈르리 궁을 기습하

4 Maximillien Robespierre, *Discours et rapports à la Convention*(Paris: Union Génerale des Édition, 1965), 213.

5 M. I. FInley, *Democracy Ancient and Modern*(London: Hogarth Press, 1985); *Politics in the Ancient World*(Cambridge: Cambridge University Press, 1999); M. H. Hansen, *The Athenian Democracy in the Age of Demosthenes*(Oxford: Blackwell, 1991).

고 의회로까지 몰려들어 가면서 혁명을 추동했던 성난 군중을 이룬 서민들menu peuple조차 지속적으로 모일 수 있는 처지가 전혀 아니었으며, 자신들이 진정 프랑스를 지배하게 될지 모른다는 환상은 전혀 품고 있지도 않았다.[6] 그들은 그 위대한 혁명의 날revolutionary journées에 직접 지배자들로서 개입한 것이 아니었다. 그들은 진짜로 프랑스를 지배하고 있던(혹은 최소한 지배했어야 하는) 자들의 행위 또는 무위에 의해 깊이 상처를 입은 시민들로서 개입했으며, 그들이 좀 더 대담한 방책을 취하게 만들거나, 그들의 장래 행동의 자유를 날카롭게 제한하거나, 혹은 등장인물들을 대폭 교체하기 위해 개입했다. 심지어 혁명 상황에서도 프랑스는 그런 분명하고도 적용이 수월한 의미[즉, "인민이 지속적으로 모여 모든 공적 사안들을 스스로 규제하는 국가"라는 의미_옮긴이]에서의 민주주의가 아니라고 인정하는 것은, 로베스피에르에 앞서 시에예스와 매디슨도 그랬듯이, 프랑스 정도 규모의 영토를 가진 국가는 그것이 민주주의적이려면 대의제에 의해 이루어져야 하며 또 그렇게 유지되어야 한다고 인정하는 것이었다. 그것은, 십 년도 더 전에 해밀턴이 무심코 만들어 낸 말로 하자면, **대의 민주주의**여야 했다.[7]

6 George Rudé, *The Crowd in the French Revolution*(Oxford: Clarendon Press, 1959); Albert Soboul, *The Parisian Sans-Culottes and the French Revolution 1793-94*, tr G. Lewis(Oxford: Clarendon Press, 1964).

7 Alexander Hamilton, Letter to Gouverneur Morris, 19 May 1777(*Papers of Alexander Hamilton*, Vol. 1, ed Harold C. Syrett and Jacob E. Cooke(New York: Columbia University

대의 민주주의는 시민의 직접적인 자기 지배 체제가 아니었다. 대신에 그것이 제공한 것은 그 목적을 위해 인민이 뽑은 대표들에 의한 간접적인 지배 체제였다. 이런 간접성을 인정하는 것은 이미 명백해진 것을 그저 확인하는 것일 뿐이었다. 이런 식으로 민주주의 범주를 프랑스의 혁명 국가에 적용하려고 고집할 때, 로베스피에르는 열성적인 적들에게 반론을 펴고 있다기보다는 특유의 약간 별난 방식으로 그 용어를 사용하고 있는 것이었다. 덜 명백한 것은, 민주주의가 오늘날에도 여전히 뜻하는 바일 수 있는 것에 대한 두 번째로 가능한 해석, 즉 "인민의 십만 개로 쪼개진 부분이 고립되고 경솔하며 모순적인 조치로 전 사회의 운명을 결정하게 될 국가"[8]라는 해석을 그가 다급히 부인한 근거가 무엇인가 하는 점이었다. 이런 모습을 띤 민주주의는 아주 오래전에 어딘가 다른 곳에 존재했던 정치 공동체에 대한 비현실적인 꿈이 아니었다. 그것은 프랑스가 그 이전 5년 동안 자주 빠질 위험에 처했던 혼돈에 대한 지극히 현실적인 악몽이었다. 인민의 그 십만 개로 쪼개진 부분(비록 숫자적인 과장이 있겠지만)이란 혁명적 동요의 지역 현장이자 단위였는데, 혁명을 가라앉혀서 혼

Press, 1961), 255. "심의 권력이나 사법 권력이 전적으로 또는 부분적으로 인민의 집합체에 부여될 때, 당신은 실수와 혼돈, 불안정을 예상할지 모른다. 하지만 선거권이 잘 보장될 뿐만 아니라 잘 규제되고 또 입법·행정·사법권이 명목상으로가 아니라 실제로 인민에 의해 뽑힌 엄선된 사람들에게 귀속되는 대의 민주주의는 내 생각에 행복하고 규칙적이며 오래 지속될 것 같다." 대개 예언들이 그렇듯, 이는 부적절한 판단이 아니다.

*8* Robespierre, *Discourse*, 213.

들림 없고 안심할 수 있는 결말로 안착시키려는 모든 시도를 끝없이 방해하는 파리의 구역Section 모임들, 나라 전체에 걸친 정치 클럽들, 상퀼로트 Sans-culottes 집회들이 그것이다. 혁명 처음 몇 해에, 로베스피에르가 명성을 쌓고 한동안 그에게 그런 권력을 주었던 정체성과 정치적 지원의 구조를 구축하고 있는 동안, 이런 현장들과 거기 살고 있던 사람들은 그의 주된 정치적 자원을 이루었다. 공포정치와 더불어 전쟁의 중압감이 가중되고 또 파리에 그 거주자들 대부분이 먹을 수 있는 식량을 공급하는 일이 갈수록 악화일로를 걸으면서 지금까지 그의 친구였던 자들이 점차 반대편으로 돌아섰다. 그들의 다양성과 비조직성 그리고 무분별한 행동은 그가 상대하고 있는 집권 세력들의 통치 전략을 분쇄하기 위한 끊임없는 기회들을 더 이상 제공해 주지 않았다. 대신에 그들은 사지에 놓인 프랑스를 일관적이고도 효과적으로 지배하려는 로베스피에르 자신의 시도를 가로막으면서 점점 더 혼란과 분노를 일으키는 장애물이 되었다.

1794년 2월에 프랑스는 그 어느 때보다도 절박하게 정부를 필요로 했다. 무정부 상태로 흩어지자는 대안을 공개적으로 옹호하는 사람은 아무도 없었다. 하지만 프랑스 도처의 각 무대에서, 인민의 그 "십만 개"로 쪼개진 부분은 자연히 그들 자신의 목적을 매우 다르게 보았다. 그리고 심지어 회고적으로조차, 그들과 그들의 자기의식이 강한 후손들은 이 격렬한 무질서가 종결된 것이 정치 현실의 필요조건들을 뒤늦게 인식했기 때문이라고 보기보다는 압도적인 외부의 위협 상황에서 참담하게 패배를 당한 탓이라고 보았다. 로베스피에르가 죽은 지 2년 후 이런 과거의 친구들 가운데 몇몇은 테르미도르 9일에 로베스피에르로부터 권력을 빼앗은 새 지배자들을 물리치고 두 번째이자 더 위대한 혁명(또한 모든 혁명들의 마지막이 될 그런 혁명[9])을 촉발하려고 서투르게 음모를 꾸몄다. 그 음모 자체는 대체로 혼란스럽고 반항적인 꿈이었을지도 모른다. 그리고 그 음모에 (실제로든 추정상으로든) 참여한 자들 대부분은 경찰에 의해 힘들이지 않고 체포되었다.[10] 그러나 그 음모에 확실히 속해 있던 몇 안 되는 이들 가운데 한 사람, 무례하고 사나운 토스카나 귀족 필리포 미셸 부오나로티Filippo Michele Buonarroti[11]는 음모가 있은 지 30년 이상 지난 후 망명 중인 브뤼셀에서 그 음모에 대한 자기 나름의 감동적인 이야기를 책으로 출판함으로써 당시 음모에 참가했던 자들에게 불후의 명성을 안겨 줄 정도로 충분히 오래 살아남았다. 나중에 칼 마르크스가 프랑스혁명의 정치적·사회적 역학 관계에 대한 그의 감각 대부분을 이끌어 내게 되는 것도 바로 그 책이다.[12]

나중에 회고하면서 그 음모에 평등파의 음모Conspiracy of the Equals라는 이

9 Sylvain Maréchal, *Manifesto of the Equals*(Filippo Michele Buonarroti, *Conspiration pou l'égalité, dite de Babeuf*(Paris: Édition Sociales, 1957), Vol. 2, 94-95: "프랑스혁명은 단지 최후에 올 좀 더 위대하고 훨씬 더 엄숙한 또 다른 혁명의 선구일 뿐이다."

10 Richard Cobb, *The Police and the People: French Popular Protest 1789-1820*(Oxford: Clarendon Press, 1970), 3-81.

11 Elizabeth Eisenstein, *The First Professional Revolutionist: Filippo Michele Buonarroti* (Cambridge, Mass.: Harvard University Press, 1959).

12 Jean Bruhat, 'La Révolution Française et la Formation de la Pensée de Marx', *Annales Historiques de la Révolution Française*, 48, 1966, 125-70.

름을 제공했던 사람은 그 음모의 주동자였던 그라쿠스 바뵈프Gracchus Babeuf 였다. 방돔Vendom 법정에서 행한 변론에서 바뵈프는 그 음모 자체의 혼란스러운 실상에 비하면 훨씬 또렷하게 음모의 윤곽을 그려 주었고, 그리하여 지체 없이 자기 자신을 처형으로 내몰았다. 그 음모에 대한 부오나로티의 이야기에서 주된 모티브는 평등이 혁명의 가장 심오하고 가장 혁신적인 목표이며 평등의 진정한 옹호자들과 그들의 교활하고 정치적으로 너무도 유능한 적들 간에 엄청난 격차gulf가 있다는 주장이었다. 여기서 그가 말하는 적들이란 그 음모가 진행되는 동안 그들과 맞서 싸웠던 그리고 그들에게 승리함으로써 결국 그 음모를 종식시켰던, 이기주의 질서 혹은 "잉글랜드적인 경제학자들의 교설"[13] 신봉자들을 가리켰다. 프랑스혁명은 부유함 및 차별성을 신봉하는 자들과 평등 혹은 수많은 노동자계급을 신봉하는 자들 사이에 불화가 커져 가고 있음을 나타내 주었다.[14] 이기주의의 신봉자들은 국가의 번영이 각양각색의 필요, 점차 다양해져 가는 물질적 향유에, 또 방대한 산업과 제한 없는 무역, 화폐의 빠른 유통, 마지막으로 시민들의 간절하고 만족할 줄 모르는 탐욕에 달려 있다고 보았다.[15] 한 사회의 행복과 힘이 부에 있다면, 가진 재산이 부의 창출과 옹호를 지지하리라는 보장을 전혀 해주지 못하는 자들의 정치

13 Buonarroti, *Conspiration*, 26.

14 Buonarroti, *Conspiration*, 25.

15 Buonarroti, *Conspiration*, 26.

적 권리 행사는 필연적으로 부인되지 않을 수 없다. 그런 어떤 사회체제에서도 절대 다수의 시민들은 항구적으로 고통스러운 노동에 종속되며, 실제로 가난과 무지, 노예 신세에 머무는 상황에 처하게 된다.[16]

바뵈프와 부오나로티 두 사람 모두가 보기에, 혁명으로 점화된 근본적인 투쟁은 이기주의 질서와 평등 질서 간의 투쟁이었다. 이기주의 질서에서 시민들의 감정과 행동의 유일한 원동력ressort은 일반적인 선general good과는 아무런 관계도 없는 순전히 개인적인 관심이었다.[17] 평등의 신봉자들, 즉 루소파에게 평등은 사교성의 기반이었고 비참한 이들에게 제공되는 위로였다. 그들의 상대, 즉 부와 권력에 대한 사랑으로 타락한 자들에게 평등은 그저 키메라에 지나지 않았다.

이기주의 질서는 사실상 귀족주의적이었는데, 왜냐하면 그것이 불가피하게 불평등을 발생시키기 때문에, 그리고 국민nation의 한 부분이 나머지 부분에 대해 주권적 권력을 행사하도록 요구하고 또 보장하기 때문에 그러했다. 국민의 자유는 두 가지 요소, 즉 시민들의 조건 및 향유 면에서 법이 만들어 내는 평등과 시민들이 갖는 정치적 권리의 최대한의 확장이라는 두 요소의 산물이다.[18] 후자가 전자의 대체물은 결코 아니다. 그리고 평등의 동조자들은 진정한 조건의 평등을 희생하는 대신 헌정적

16 Buonarroti, *Conspiration*, 26-27.

17 Buonarroti, *Conspiration*, 28.

18 Buonarroti, *Conspiration*, 33.

재구성에 전념하는 일의 파괴성을 분명하게 인식했다. 그들은 헌정적인 문제에 좀 더 전념하는 그들의 상대, 즉 지롱드파를 인간의 자연권에 반하는 거대한 음모의 한 분파로 보았다.

부오나로티의 이야기 전체에 걸쳐 "**민주주의자**"는 어떤 정파, 즉 평등 질서를 신봉하는 자들의 정치적 형태를 일컫는 꼬리표로서 등장한다. 그것은 로베스피에르의 몰락이 몰고 온 참담한 충격 이후 정치 무대에 다시 등장한 평등 질서의 신봉자들(그들의 활동을 이듬해로 넘겨 계속 수행했던 **민주주의자**들, 그 음모의 비밀 위원회Secret Directory가 일단 폭정이 전복되기만 하면 파리 인민에 의해 새로 구성될 국민 정부에 각 부서마다 한 명씩 뽑혀 들어가게 되리라고 보장해 주었음이 분명한 **민주주의자**들)을 드러내는 **민주주의적인** 관념의 표현이었다.[19] 심지어 테르미도르 이전에도 프랑스가 민주주의와 자유 둘 다를 잃게 만든 것은 견해의 다양성, 이해관계의 갈등, 그리고 국민공회 내의 덕과 통일성, 인내심의 결여였다.[20] 그 음모에 가담한 자들이 목표로 한, 모두가 다 **민주주의자**인 새롭고 신중하게 심사된 국민의회는 이런 악덕과 약점을 보이지 않을 것이다. 그런 악덕과 약점을 정확히 제거하는 것이 심사의 요점이었으며, 동시에 그들이 그저 비밀리에 활동할 뿐만 아니라 공유된 신념으로 함께 묶인 단단하게 조직된 단체로서 활동하는 이유였다.

19 Buonarroti, *Conspiration*, 114.

20 Buonarroti, *Conspiration*, 114n.

민주주의가 다음 50년 동안 유럽에서 그렇게나 맹렬하게 분열을 초래하는 정치적 범주로 남았던 한 가지 이유는 그것이 무엇을 뜻하는지에 대한 부오나로티의 생각이, 동시에 미국에서 실제로 효력을 발휘했던 민주주의에 대한 매우 다른 관점보다, 계속해서 더 깊은 울림을 주었기 때문이었다. 미국에서는 헌법이 확고하게 제자리를 잡자 민주주의가 곧 반박의 여지없는 이기주의 질서의 정치적 틀이자 표현이 되었다. 그것은 또한 자신만의 고유한 특징에 대한 풍부한 이해를, 회고적으로 매우 급속히, 발전시켰다. 때가 되었을 때 토크빌이 보여 주었듯이,[21] 바뵈프나 부오나로티가 사용한 것과는 근본적으로 다른 용어로 해석된 평등 이념에 집중하면서 말이다. 미국의 평등은 무엇보다도 신분의 평등이었으며, 모든 공공연한 형태의 정치적 겸손치레political condescension에 대한 포괄적인 거부였다. 그것은 스스로 의식하기에도 또 실제로도 급격히 움직이고 있는 사회, 영토가 확장되고 부가 증가하며 영원하고 거의 무제한적인 변화가 약속된 미래를 기대하고 있는 사회로부터 생겨났고 또 그런 사회를 지지했다. 오랫동안 별 효과 없이 억눌려 온 노예제도의 트라우마를 제외하더라도 미국은 때때로 자신이 가진 여러 모습들로 인해 불편한 사회였다. 그리고 19세기와 20세기에 걸쳐 미국에는 상당히 바뵈프주의적인 방식으로 이해된 평등 질서를 옹호하는 자체의 신봉자들이 계속해서

21 Alexis Tocqueville, *Democracy in America*, tr & ed Harvey C. Mansfield and Delba Winthrop (Chicago: University of Chicago Press, 2000).

존재했다. 하지만 평등과 이기주의 질서의 양립 가능성을 부인하고 싶어 했던 미국의 그 어떤 평등 신봉자도 선거 경쟁이라는 떠들썩한 의식이 이미 제공하고 있는 것보다 덜 개방적인 정치적 접근 기회를 자신의 추종자들이나 잠재적 후원자들에게 제공해 줄 수 없었다. 그들이 다른 지형에서는 오랫동안 치열하게 싸웠을 수도 있고, 한동안 많은 전투에서 이겼을 수도 있으며, 노동조합들과 함께 싸웠던 지점들에서 그랬던 것처럼 상당한 정도의 국지적 방어력을 축적했을지도 모른다. 하지만 결국에 가서, 그들이 끝내 승리를 확보해야 했던 지형, 즉 의회와 대통령 선거에서 그들은 자신들이 매우 많은 공력을 들이면서도 표는 얻지 못한다는 점을 늘 발견해야 했다.

그러므로 미국에서 민주주의 이야기는 그 나라 전체의 정치사와 구분이 안 될 정도로 뒤섞여 들어갔다. 그것은 미국의 정치사를 규정했던 이데올로기 투쟁들 내부에서 강력한 정치적 패로 남았다. 하나의 목표로서 그리고 그 목표를 향해 나아가는 움직임을 재촉하기 위한(혹은 지연시키기 위한) 도구로서 말이다. 헌법에 의도적으로 들어간 가장 반민주주의적인 요소, 즉 잘 보호받는 연방 대법원의 자율성을 존중해 주어야 하는 지점들에서도 역시 민주주의는 평등을 가로막는 굳건한 장벽(노예제도, 인종차별, 몹시 효과적인 정치적 배제 같은)을 돌파해 나가는 데 도움을 주었다. 결국 그것은 현재 미국 성인 시민들의 절대 다수가, 행사하기로 마음먹는다면 행사할 수 있는 정치적 권리를 향유하는 것을 보장해 왔다.[22] (실제로는 오늘날 점점 더 많은 사람들이, 분명 자기들 나름의 타당한 이유로 인해, 그런 권리를 행사하지 않기로 선택하는 경우가 많다.)

당신은 적어도 두 가지 방식으로 그런 결과를 이해할 수 있다. 즉, 정치적·경제적 가능성들에 대한 바뵈프와 부오나로티의 다소 초보적인 이해가 현실에서 광범위하게 반박당한 것으로 이해하거나 혹은 그들이 매달려 온 이상이 역사적으로 참담하게 패배를 맛본 것으로 이해할 수 있다. 그러나 같은 결과를 동시에 그 두 가지 방식 모두로 보면 뭔가 잘못되거나 혼란스럽게 되는지는 아직 자명하지 않다. 이기주의 질서는 그것이 동기를 부여하기 위해 제공하는 지원의 적절성에 의존할 충분한 이유를 늘 갖고 있었다.[23] 미국의 민주주의에서, 이기주의 질서는 정치나 사회 형태의 조직 원리로서 차별성을 포기하는 일과 경제적·사회적 현실에서 그런 차별성이 아무런 제약을 받지 않고 활짝 꽃피는 일을 결합할 수 있는 방법을 발견했다. 오늘날 미국은 잔존해 있는 명백한 특권의 모든 흔적을 언짢아하는, 하지만 가장 아찔한 경제적 격차에 직면해서도 매우 태평스러우며, 부 그 자체가 갖는 가장 눈에 띄는 특권들을 완전히

22 거기에 걸린 기간의 순전한 길이에 대해서는 Alexander Keyssar, *The Right to Vote: The Contested History of Democracy in the United Stats*(New York: Perseus Books, 2000). 그런 결과를 낳은 정치적 화해가 이루어진 오래 지속되고 여전히 매우 불완전한 과정의 복잡성과 양면 가치에 대해서는 특히 Rogers Smith, *Civic Ideals: Conflicting Visions of Citizenship in US History*(New Haven: Yale University Press, 1997)와 James H. Kettner, *The Development of American Citizenship 1608-1870*(Chapel Hill: University of North Carolina Press, 1978)을 참조.

23 cf. Bernard Williams, "External and Internal Reason", in his *Moral Luck*(Cambridge: Cambridge University Press,1981), 101-13.

감내하는 그런 사회다. 이런 결과 뒤에는 미국 경제의 지속적인 활력이 놓여 있는데, 그런 활력은 "차별성 또는 잉글랜드적인 경제학자들의 교설"을 신봉하는 이들이 거둔 승리의 진정한 원천이다. 물론 그런 경제학자들 모두가 미국이나 그 밖의 다른 어느 나라에도 지속적인 번영을 보장했던 것은 아니었다. 갈수록 더 번영하리라는 보장은 말할 것도 없고 말이다. 하지만 미국 민주주의가 지금 그 모습대로 발전해 온 맥락은 특히, 자기 독자들에게 국부의 장기적 성장이 기대된다고 장담했던 자들이 지금까지, 적어도 미국 자체의 경우에 한해서는, 옳다고 판명된 정도만큼 주어졌다. 그것은 또한 그런 전망에 다양한 수준의 의심을 제기하고, 대신 동등하거나 더 큰 번영이 미국이나 그 밖의 다른 곳에 전혀 다른 방식으로 제공될 수 있다고 좀 더 매력적인 용어로 주장했던 다른 경제학자들이 다소 비극적으로 틀렸다고 판명된 정도만큼 매우 효과적으로 강화되어 왔다.

우리가 보아 온 대로, 매디슨은 왜 오늘날 세계를 지배하는 국가형태가 **민주주의**라 불리게 되었는지에 대해 아무런 설명도 제공해 주지 않는다. 민주주의라는 단어를 알고 있던 대다수 동시대 미국인들에게 그랬듯이, 매디슨에게도 민주주의는 완전히 다르고 전혀 솔깃하지 않은 어떤 것이었다. 해밀턴과 함께, 그가 『페더럴리스트』에서 보여 준 훌륭한 분석은 왜 대략 이런 형태의 어떤 국가가 그토록 성공적인 것으로 판명되었어야 했는지에 대한 그럴듯한 설명을 제공한다. 무엇보다도 이런 형태의 국가만이 일정 시간에 걸쳐 효과적으로 자기 인민을 대표하리라고 희망할 수 있다는 것이다. 그런 국가는 (아마도 결국에는 오직 그런 국가만이)

즉각적으로 현실에서 발휘될 수 있는 실행 능력을, 자신의 시민 집단을 대표해서 그리고 시민 집단 덕분에 행위한다는 설득력 있는 주장과 통합시킬 수 있다. 통치를 상대적으로 소수의 시민들에게 위임시키되 그들이 동료 시민들 전부는 아니라 하더라도 대다수에 의해 선출된다고 주장하는 것은 평등과 불평등을 교묘하게 혼합한 것이었다. 그것은 부유함과 차별성의 신봉자들에게 실제로 한결같은 승리를 보장할 수는 없었다. 하지만 그것은 그런 승리가 몇 번이고 계속해서 추구되고 획득될 수 있는 장, 게다가 그런 승리가 시민들 스스로의 판단과 선택을 통해 획득될 수 있는 장을 열어젖힐 수 있었고 또 그렇게 했다. 그렇게 함으로써, 그리고 그들의 승리가 외견상 영구히 재고의 대상이 되게 함으로써, 결국 그것은 또한 그들을 그 전쟁에서 승리하게 했다.

놀랄 것도 없이 이는 부유함과 차별성의 후원자들에게 매우 상당한 도움이 된 것으로 드러났다. 그러나 그렇게 되기까지는 물론 시간이 걸렸는데, 모든 것을 감안할 때 부유함과 차별성(서로 결합된 형태로 제공된)이 단순히 해롭기보다는 전체적으로 유익하다는 인상을 더 많은 시민들이 갖게 되었기 때문에 비로소 그렇게 될 수 있었다.[24] 시간이 흐르면서 그런 처방에 그토록 대단한 힘을 부여하는 것은 부유함이 적당히 중대한 환경에서 그것이 보여 주는 탄력성이다. 그것은 차별성이 부의 정체 혹

24 이 점에 대한 고전적인 설명으로는 Adam Przeworski, *Capitalism and Social Democracy* (Cambridge: Cambridge University Press, 1985)를 참조.

은 감소를 통해 지속되어야 하는 곳에서는 어디든 오랫동안 거의 작동할 수 없었으며, 그런 종류의 상황에서는 종종 별로 망설임도 없이 광범위하고 당연하게 포기되었다. 1920년대와 1930년대의 유럽에서, 수십 년이 지나는 동안 때때로 라틴아메리카에서, 또 동아시아나 동남아시아에서 그랬으며, 사하라 사막 이남 아프리카에서는 인종차별 정책 이후 시기의 남아프리카공화국을 제외한 거의 모든 곳에서 조만간 그렇게 될 것이다.

탄력성은 결코 완벽한 보호막을 제공하지 않는다. 혜택과 혐오감의 균형점은 모든 곳에서 줄곧 이동한다. 그러나 그것이 제공하는 보호의 정치적 이점은 아무리 강조한다 해도 과장이라 하기 어렵다. 당신은 민주주의에 관한 매디슨의 불안감을 민주주의가 필요로 하는 것에 대한 바뢰프 및 부오나로티의 묘사와 나란히 놓음으로써 왜 그 이점이 그토록 엄청난지를 이해할 수 있다. 매디슨에게 민주주의를 의심할 여지없이 실현 불가능하게 만드는 것은 무엇보다도 그 규모였다. 미국은 민주주의로는 그야말로 통치될 수 없었다. 하지만 그 뻔한 실현 불가능성이 정치 이념으로서 민주주의를 그만큼 덜 걱정스러운 것으로 만들지는 않았다. 매디슨조차 정치 이념으로서의 민주주의가 갖는 파괴적인 호소력을 인식하는 데 전혀 어려움이 없었다. 그것은 특히 즉각성과 직접성이라는 호소력이었으며, 거기에는 가장 변덕스러운 판단, 조금도 제한받지 않는 당파적 열정, 소용돌이치는 음모 등에 대한 의도적인 개방성도 포함되었다. 매디슨은, 극한에 이르러 민주주의는 그 예찬자들에게 사회의 재구성과 소유관계의 재편성을 너무도 유혹적으로 제안하는데, 이는 시민들이 그들 자신을 통치하는 활동에서 동등하기 위해 분투하는 것처럼 그들 삶의 다른 측면에서도 동등해지도록 하기 위해서라고 언급했다.

바뵈프와 부오나로티에게 민주주의의 요점은 그런 포괄적인 평등, 즉 인간이 어떤 실질적 규모에서든 서로 함께 살면서 기만당하지 않고 부패하지도 않을 수 있는 조건을 획득하는 것이었다. 그런 목표의 호소력은 당연히 시공간을 가로질러 극적으로 달랐는데, 테르미도르 이후 시기처럼 차별성과 부유함을 신봉하는 자들이 확실하게 권좌에 있고 그들 곁에서 많은 이들이 비참하게 살아야 할 때는 언제나 호소력의 강도가 가장 높았다. 결국 하나의 목표로서 평등의 호소력을 약화시킨 것은 평등을 현실화하기 위한 유망한 수단의 부재와 평등을 추구하는 데 내재해 있는 경직성이다. (만일 평등이라는 목표가 달성되었더라면 그것은 그 자신의 또 다른 혐오스러운 점들을 그 속에 숨기고 있었음이 틀림없이 드러났을 것이다. 그러나 이런 혐오감은 지금까지는 경험상 참이 아니라 이론상 사변의 문제로 남아 있다.) 이런 경직성은 사실상 목표 그 자체에서 비롯된다. 물론 음모는 민주주의자들이 채택하기에 곧바로 그럴듯한 정치형태는 아니었다. 그것을 계승한 형태, 즉 다음 30여 년 동안 부오나로티 자신에 의해 세밀하게 조정된 그 폐쇄적인 음모적 비밀 결사(몇몇 경우에 그는 그 결사의 유일한 성원이었던 것으로 보인다)는 훨씬 더 그럴듯하지 않았다.[25] 하지만 정치적 역경에 처한 사람은 누구나 잠행과 항복 사이에서 선택을 해야 할지도 모

25 Elizabeth Eisenstein, *The First Professional Revolutionist.*

른다. 그리고 바뵈프와 부오나로티는 무한한 미래에 자유롭고 어느 정도 공개적으로 살며 활동하기 위해서 잠깐 음모를 꾸미기를 바랐다. 그 음모의 결과는, 그리 대단치는 않았지만,[26] 그들이 잠행해야 할 충분한 이유가 있었음을 확실히 보여 주었다. 덜 위험하고 덜 혼란스러운 상황에서는 평등이라는 목표가 많은 시민들에게 그들 두 사람이 희망했던 것보다 덜 매혹적임이 드러났다. 즉, 그것은 평범한 수준의 물질적 이득과 보다 조용한 삶을 위해 쉽게 한쪽으로 밀려날 수 있었다. 자유롭게 투표할 수 있는 기회가 성인 인구 전체로 확대되었던 모든 곳에서 대다수는 명시적으로 평등의 확립을 지지하는 쪽에 투표하는 것이 매력적이지 않음을 깨닫게 되었다. (가장 가까운 반례는 스웨덴 사회민주주의가 놀랍게도 정부를 장악한 것이다. 사회민주주의는 스웨덴을 유럽의 맞수들과 매우 다른 나라로 만들었지만, 심지어 오늘날에도 부유함만이 아니라 차별성의 여지 또한 분명히 확장시키고 있다.) 바뵈프와 부오나로티가 민주주의의 승리로 희망했던 것은 실현되지 못했다. 매디슨이 같은 결과로부터 두려워했던 것이 실현되지 못했던 것처럼 말이다. 민주주의의 진정한 승리는, 페리클레스가 사용한 단어의 승리인 만큼이나, 바뵈프와 부오나로티가 사용한 단어의 승리였다. 하지만 그것의 현실적인 정치적·경제적 결과는 훨씬 더 매디슨의 관

26 Cobb, *The Police and the People*은 신랄한 평가를 제시한다. 그 민주주의자들의 이어지는 운명에 대해서는 Issed Woloch, *The Jacobin Legacy: The Democratic Movement under the Directory*(Princeton: Princeton University Press, 1970), 특히 6장 'The Democratic Persuasion'을 참조.

념이 거둔 승리였음이 판명되었다.

그것이 하나의 단어로 성립하자마자 민주주의는 매우 분명하게 어떤 통치 형태를 함축했다. 우리에게 그것은 단지 통치 형태를 지칭할 뿐만 아니라, 모든 면에서 그것과 똑같은 정도로, 어떤 정치적 가치를 지칭하게 되었다. 회고컨대 이런 의미 확장은 매우 급격했음에 틀림없다. 옛 과두주의자가 민주주의의 정치적 호소력을 진단하는 일에 착수했을 즈음에는, 혹은 페리클레스가 그것을 그토록 화려하게 찬양하는 연설을 했을 즈음에는, 그것이 희랍인들 자신에게도 하나의 정치적 가치가 되어 있었다. 어떤 사람들에게는 경멸이나 증오의 대상이 되는 만큼 다른 이들에게는 찬탄 혹은 심지어 사랑의 대상이 될 정도로 말이다. 하나의 단어로서 민주주의의 역사 대부분에서, 우리가 보아 온 대로, 그것이 도대체 조금이라도 의미를 갖는다고 여겼던 사람들 중에는 어떤 찬탄의 기미를 느낀 이들보다 조롱과 의혹의 시선을 던진 이들이 훨씬 더 많았다. 오늘날이라고 해서 사정이 그리 다르지는 않을 것이다. 실제로 그런 멸시와 혐오는 여전히 종종 모든 면에서 지금까지 그랬던 만큼이나 강렬하다. 그러나 이제 사람들은 대부분의 경우 자신의 생각을 상당히 더 은밀하게 표현하는 것이 현명하다고 생각한다. 민주주의는 일부 지역에서 여전히 원칙에 입각한 반대자들을 보유하고 있다. 예를 들어, 이란의 헌법수호위원회Guardianship Council는 하타미Mohammad Khatami 대통령과 함께 선출된 자유주의적 개혁가들에 대해 경멸을 표하는 데 좀처럼 주저함이 없으며,

그들을 장차 보통선거 범위 밖에 두기 위해 여전히 할 수 있는 모든 일을 다 하고 있다. 하지만 이란에서조차 선거를 치르는 일의 장점이 선거에서 지는 것을 매우 두려워하는 사람들에 의해 암묵적으로 받아들여진다. 그리고 원칙에 입각한 선거 거부는 대단히 소수 취향이 되었다.

1796년부터 오늘날까지 지속된 **민주주의**라는 용어의 역사적 추진력은 우리가 이해할 필요가 분명히 있는 두 가지 매우 다른 요소를 우리에게 남긴다. 하나는 정치제도들이 맞이한 운명의 문제다. 즉, 자신들을 점점 더 민주주의로 묘사하고 싶어 하는 각양각색의 국가형태들이 널리 유포되고, 민주주의라는 타이틀을 주장하는 그런 국가형태 가운데 한 유형이 존재하는 모든 경쟁자들을 물리치고 상대적으로 갑작스러우면서도 광범위하게 승리했다는 문제 말이다. 두 번째 요소는 언뜻 보기에 단순히 언어적인 문제로 여겨질 수도 있겠는데, **민주주의**라는 용어가 정치적 찬사의 근거로, 즉 일단의 정치제도가 다른 것들에 비해 가진 (것으로 생각되거나 실제로 가진) 장점만이 아니라, 우리 삶이 그러지 않았으면 하고 특별히 바라는 모습보다는 그랬으면 좋겠다고 생각하는 모습으로 우리가 우리 삶을 함께 조직할 때 드러나게 되는 거의 모든 특성들이 가진 (것으로 생각되거나 실제로 가진) 장점까지도 포착해 내는 방식으로 점점 더 구석구석 유포되고 있다는 것이다.

만일 우리가 장차 이해하려고 하는 이 두 대상을 확실하게 따로 떼어 둔다면 우리는 그것들을 설명하는 데 들어갈 요소가 아주 상이하다는 점을 알게 되리라고 예상할 것이다. 통치 형태의 운명은 부를 창출하고 옹호하며 복종을 강제할 능력에 달려 있음에 틀림없는데, 그런 능력들은 모두, 적어도 회고적으로는, 어느 정도 확신을 가지고 평가될 수 있다. 그러나 통치 형태의 운명은 또한 지속적인 설득 능력에도 달려 있는데, 그런 능력은 그것이 행사되기 전이든 행사되는 동안이든 행사된 후든 정확하게 판단하기가 훨씬 더 어렵다. 부의 창출과 옹호 역시, 심지어 복종을 강제할 능력조차도, 면밀히 검토해 보면 지속적인 설득 능력(흄이 "여론"이라고 불렀던 것)[27]을 필요로 한다는 것이 드러난다. 지난 세기와 그 이전에도 민주주의라는 관념이 발휘하는 칭찬의 위력은 모든 인간 공동체의 정치적 삶 대부분을 이루는 몹시 경쟁적인 지속적 설득 과정 내의 핵심 요소임이 판명되었다. 만일 우리가 1796년부터 오늘날에 이르기까지 **민주주의**라는 용어와 결부된 국가형태 및 구두 칭찬의 역사적 부침을 추적하려 한다면, 우리가 다룰 필요가 있는 대부분의 시간과 공간에서 그 두 이야기가 서로 나눌 수 없이 합쳐져 있음을 발견할 것이다. 그 둘을 잠깐 동안

27 David Hume, 'Of the First Principles of Government', *Essays Moral, Political and Literary*, ed Eugene F. Miller(Indianapolis: Liberty Press, 1985), 32. "인간사를 철학적 눈으로 들여다보는 이들에게는 다수가 소수에 의해 통치되는 일의 용이함과 사람들이 그들 자신의 감정과 열정을 체념하고 지배자들의 감정과 열정을 받아들이는 맹목적 복종보다 더 놀라운 것은 없다. 우리가 어떤 수단에 의해 이런 놀라운 일이 일어나는가를 묻는다면, 우리는 힘(FORCE)이 항상 피치자 편에 있기 때문에 통치자들은 여론(opinion) 이외에는 그들을 지지하는 것을 전혀 갖지 않는다는 점을 발견할 것이다. 그러므로 정부가 수립되는 것은 오직 여론을 기반으로 해서다. 그리고 이런 격률은 가장 자유롭고 가장 대중적인 정부뿐만 아니라 가장 전제적이고 가장 군사적인 정부로까지 확장된다." 흄이 이런 통찰로부터 이끌어 냈던 결론을 가장 잘 보여 주는 것은 여전히 Duncan Forbes, *Hume's Philosophical Politics*(Cambridge: Cambridge University Press, 1975)이다.

따로 떼어 둘 수 있다 하더라도 그때마다 우리는 또한 그 각각이 서로 아주 급하게 거의 곧바로 영향을 주고받는다는 점을 발견할 것이다.

설득되는 것과 강요되는 것 간의 구분이, 어린이나 배우자 혹은 동료라면 누구나 아는 것처럼 그렇게, 인간의 경험에서 반드시 선명한 것은 아니다. 그러나 대부분의 사람들은 웬만한 다른 어떤 것보다 그 둘 간의 차이에 커다란 중요성을 부여한다. 공공연한 강압은 곧잘 사람들을 경악하게 만든다. 그리고 설득으로 헛되이 위장된 강압은 극히 불쾌할 수 있다. 1796년부터 오늘날에 이르는 이야기(근대 정치 이야기)의 커다란 부분[28]은 인간들이 서로 함께 살아갈 조건과 또 그처럼 함께 살기 위한 노력을 기울여 볼 수 있는 삶의 형태를 정하는 데 설득의 실천적 중요성이 지속적으로 증가해 왔음을 보여 주는 기록이었다. 근대 정치 용어로서 **민주주의**는 무엇보다도 대다수 사람들을 설득함으로써만 행사되는 정

*28* François Furet, *Interpreting the French Revolution*, tr Elborg Forster(Cambridge: Cambridge University Press,1982). 하나의 단일한 정치 공동체와 관련해서 끊임없이 그 이야기를 들려주려는 최선의 시도는 (놀랄 것도 없이) 바로 프랑스와 관련해서 진행되어 왔다. Pierre Rosanvallon, *Le Sacre du citoyen: Histoire de la suffrage universel en France*(Paris: Gallimard, 1992), *Le Peuple introuvable: histoire de la représentation démocratique en France*(Paris: Gallimard, 1998); *La Démocratie inachevée: Histoirede de la souveraintè du peuple en France*(Paris: Gallimard, 2000); *Le Modèle Politique Français: la société civile contre le jacobinisme de 1789 à nos jours*(Paris: Le Seuil, 2004). 근대 정치의 맥락에 대해서는 John Dunn(ed), *The Economic Limits to Modern Politics*(Cambridge: Cambridge University Press, 1990), 특히 이스트반 혼트가 쓴 장을 참조.

치적 권위를 가리키는 이름이거나 혹은 복종하는 이들이 받아들일 만한 근거 위에서만 행사된다고 추정되는 다른 영역들에서의 다른 종류의 권위를 가리키는 이름이다.

물론 설득은 아테네에서 민주주의 실천에 핵심적이었다.[29] 아테네의 정치 지도자들이 그 도시의 정치적 결정에 대한 통제력을 장악하거나 잃게 되는 것은 무수히 많은, 대단히 공적인 자리에서 행사된 설득의 직접적인 힘에 의해서였다. 투키디데스가 보기에, 페리클레스가 한동안 아테네를 사실상 군주정, 즉 인민의 지속적인 동의에 의해 한 사람이 지배하는 체제로 변모시켰던 것은 최종적으로 민회 자체에서 그리고 모든 참가자들을 향해 행사된 설득을 통해서였다.[30] **민주주의**는 공공연하게 설득에 중점을 둔 정치를 가리키기에 **공화국**보다 훨씬 더 환심을 사는 이름이다. 그것은 인민을 단지 궁극적 권위의 관념적 담지자로서뿐만 아니라 자기 자신들을 위해 행동하고 힘을 발휘할 수 있는 능력을 지닌, 그 자체로 권력의 현장으로서 인정한다. 그런 인정에는 커다란 비현실적 요소, 때로 너무도 적나라한 경멸을 가리는 부자연스럽고 진실되지 못한 예의치레가 있을지 모른다. 만일 오늘날 민주주의가, 오스트리아 출신 미국

29 Josiah Ober, *Mass and Elite in Democratic Athens*(Princeton: Princeton University Press, 1989)와 Harvey Yunis, *Taming Democracy: Models of Rhetoric in Classical Athens*(Itjaca: Cornell University Press, 1996).

30 Thucydides, *History of the Peloponnesian War*, Books I, II, tr Charles Forster Smith (Cambridge, Mass.: Harvard University Press, 1928), II, lxv, 9, pp. 376-77.

학자 조지프 슘페터Joseph Schumpeter가 하버드의 청중들과 또 나중에 때가 되었을 때 세상을 상대로 직설적으로 장담했듯이 "정치인의 지배"라면,[31] 그것은 적어도 자기 신민에게 공손하게 말을 걸고 그들의 승인을 간청하며 또한 자신들의 지배를 자기들만의 비공식적인 귀족정이나 군주정으로 재편하는 것을 삼가도록 하는 현실적 압력 아래 놓여 있는 정치인들의 지배다. 가장 교활한 직업 정치인의 수중에서조차 민주주의는 공공연하게 독재적이거나 권위주의적이거나 혹은 폭압적인 정부 스타일을 지칭하는 설득력 있는 이름은 아니었다. 터무니없는 거짓말은 단기간의 정치 전술로서는 눈에 띄게 성공할 수 있다. 하지만 그것은 결국 자신이 정치적 권위를 확보하기 위한 강력한 처방임을 드러내 보이는 데는 실패했다.

이기주의 질서의 신봉자들은, 지난 두 세기 동안 점점 더 전 지구적인 규모가 되어 온 정치의 핵심적인 이데올로기적 결과에 속하는 한 통치 형태의 타이틀로서, 평등파의 단어를 탈취했다. 그러는 동안 평등파는 정치의 장에서 대부분 밀려났다. 그러나 뿔뿔이 흩어진 평등파의 잔존자들은 물론이고, 심지어 보다 세련된 평등파의 지적 찬미자들[32]조차도, 그들이 여전히 거부할 수 없이 설득력 있다고 느끼는 단어를 내주고 싶

31 Joseph Schumpeter, *Capitalism, Socialism and Democracy* 3rd ed(London: George Allen & Unwin, 1950), 285.

32 예컨대 Ronald Dworkin, *Sovereign Virtue*(Cambridge, Mass.: Harvard University Press, 2000)를 참조.

어 하지 않았다. 그들에게 그런 탈취는 오늘날에조차도 정당한 전쟁을 통한 획득이 아니라 그들이 여전히 제대로 이해하지 못하는 편법들을 통해 가능했던 뻔뻔한 절도로 보인다. 50년 전만 해도 그 전쟁의 결과는 누구에게라도 전혀 분명하지 않았다. 그런 결과와는 좀 다른 어떤 것을 바랐던 사람들이나 그런 결과를 혐오했던 사람들이 그런 결과를 예견하지 못했던 것은 전혀 놀랄 일이 아니다. 그러나 이제는 패자들의 이해 부족이 그들의 정치적 지성의 수준을 보여 주는 아무런 증거도 되지 않는다. 일단 전쟁이 완전히 패배로 끝나고 나면 과연 왜 그것이 그런 결과로 나타나게 되었는지를 이해하기란 그다지 어렵지 않다.

이해하기가 훨씬 더 어려운 것은 왜 이기주의 질서의 신봉자들이 평등파의 단어를 차지하려고 굳이 애를 써야 했는가 하는 점이다. 그것은 그들의 가장 지적인 조언자들이, 즉 매디슨이나 시에예스 혹은 심지어 애덤 스미스조차 그들에게 추천한 단어가 아니었다. 그것은 그다음 세기를 넘어서까지 유럽 전역에 걸쳐 평등의 신봉자들을 몇 번이고 계속해서 패배(1848년과 1871년, 1918년의 혁명에서)하게 만들었던 통치 당국이나 군 지휘관들에게 호소력 있는 단어가 아니었다. 이와 대조적으로 오늘날에는 이기주의 질서의 진지한 신봉자라면 그 누구도 민주주의적이라는 인증이 정치적 이점을 가진다는 것을 부인하지 않을 것이다. 그것은 일시적 편법 이상의 무엇, 즉 정치적으로 예의를 갖춰야 하는 부담에서 벗어나는, 강제되고 다소 굴욕적인 일 이상의 무엇으로서 받아들여질 것이다. 민주주의라는 용어를 그토록 착실하게 그토록 목적의식적으로 받아들임에 있어, 자본주의의 압도적인 진전을 이끈 정치 지도자들이 공허한 상징을 가지고 쓸데없이 곡예를 펼쳐 온 것은 아니었다. 그들은 정치권력의 깊은 저장고를 알아보았고, 그것을 전유專有하고 이용하기 위해 최선을 다했다.

이것은 극히 중대한 판단이다. 만일 그 판단이 틀리다면 정치는 민주주의의 승리 이야기에서 아무런 특별한 자리도 차지하지 못할 것이고, 민주주의의 승리도 당연히 아무런 현실적인 정치적 중요성을 갖지 못하게 될 것이다. 민주주의가 거둔 승리의 원천과 메커니즘은 매우 다른 어떤 곳, 그중에서도 확실히 경제학의 법칙과 훨씬 더 심각한 대량 살상 무기의 치명적인 힘에서 나왔다고 해야 할 것이다. 우리가 귀를 기울일 필요가 있는 진짜 이야기들은 경제조직과 기술적 변화, 그리고 대형 무기와 그 배치에 대한 이야기들이 될 것이다. 그런 이야기들은 격리되어 있고 자족적일 것이다. 그 이야기들은 시간과 공간을 가로지르며 자신의 길을 가는 데 필요한 전제 조건들을 자기 안에 갖추고 있으며, 지배자들이나 정치인들의 노력(그 이야기들에 우호적인 것이든 반대하는 것이든)에는 그 어떤 중요한 빚도 지고 있지 않을 것이다. 혹은, 만일 그 이야기들이 도대체 무언가에 빚을 지고 있다면, 그것은 오직 지배자들이나 정치인들이 좋건 나쁘건 경제를 형성하고 전쟁 도구를 취득하거나 사용하는 문제에 대해 내리는 결정에 진 빚뿐일 것이다.

인간의 역사를 이런 식으로 이해하려는 인상적인 시도들이 있었다. 마르크스의 시도가 그중 가장 고무적이었으며 한동안 단연 가장 큰 역사적 영향력을 가졌는데, 특히 경제 발전과 무기 체계의 배치 면에서 그랬다. 그러나 결국 이런 묘사들은 그저 오해를 유발하는 데 그치지 않는다.

간단히 말해 그것들은 앞뒤가 맞지 않는다. 그 묘사들에 형태와 강렬한 느낌을 부여하는 관념들은, 분명히 보면, 의미조차 통하지 않는다. 경제는 영구히 지배자들의 손에 좌지우지된다. 자본주의 경제가 작동하는 토대인 사적 소유는 정치적 의지에 따라 유지되기도 하고 폐지되기도 한다. 자본주의 경제를 작동시키는 매개체인 화폐는 정치적 신중함을 갖고 운용되어야 하는데, 지배자들이나 공직자들의 서투름 또는 불성실 때문에 위태롭게 되거나 심지어 사라질 수도 있다. 통치하는 사람들의 양식과 양심을 통해, 아니면 냉소와 어리석음을 통해, 통화가 융성하기도 쇠퇴하기도 하고 경제가 번성하기도 와해되기도 한다. 어떤 정부도 한 나라를 번영하게 만들 수는 없다. 하지만 어떤 정부도 나라를 망칠 수는 있다. 그리고 오늘날 대부분의 정부는 아주 급속하게 그리고 극도로 철저하게 그렇게 할 수 있는 위치에 있다.[33] 민주주의의 실제 승리, 지난 75년에 걸친 그 승리는 경제를 훼손하고 전체 인간 집단들의 삶에 위해를 가하는 지배자들의 권력이 이전 그 어느 때보다 더 크다는 것을 스스로 보여 준 시대에 도래했던 것이다.

33 이것이 참이라는 점이 가장 분명하지 않은 나라는 여전히 미합중국이다. 그리고 미국에서 정부가 나라를 망치지 못하게 막는 장벽들은 여전히, 매디슨과 그의 동료들이 행한 노력, 즉 미국이 자기들이 이해하는 민주주의가 되면 안 된다는 것을 확실히 하기 위해 그들이 기울인 노력에서 나온 게 분명한 유산이다. cf. Manin, 'Check, Balances and Boundaries', in Biancamaria Fontana(ed), *The Invention of the Modern Republic*(Cambridge: Cambridge University Press, 1994), 27-62.

우리가 일단 민주주의의 승리를 하나의 정치적 결과로 인정하게 되면, 많은 것들이 딱 맞아떨어진다. 우리는 민주주의의 승리가 정치의 위나 아래 혹은 정치 너머에 있는 매우 다른 어떤 것에 자동적으로 수반되는 일이 아니었으며 결코 그럴 수도 없었음을 파악할 수 있다. 우리는 미국 자체를 넘어 모든 곳에서 민주주의의 승리가 얼마나 최근의 일이며 또 얼마나 기이한 일인지 곧바로 이해할 수 있다. 승리를 거둔 것은 그저 극도로 모호한 한 단어 및 그 단어와 다소 그럴듯하게 연관된 하나의 국가형태일 뿐만 아니라, 그 둘에 더해, 절실하고 매력적인 정치적 의제이기도 하다는 점을 우리는 이해할 수 있다. 의제란 무엇을 할 것인가를 요약해 목록화한 것이며, 모든 정부는 언젠가는 그런 목록을 필요로 한다. 민주주의 의제에 있어 특별한 점은 무엇을 할 것인가를 결정하는 게 결국 인민이어야 한다는 주장이다. 이것은 무얼 하고 있는지를 무엇이 결정하는가에 대한 좋은 묘사가 전혀 아니며, 누가 그런 결정을 내리는가에 대한 좋은 묘사는 더더욱 아니다. 그 주장이 무엇인가 하면, 지금 정부 결정들을 정당화할 때 어떤 용어를 사용해야 하는지 그리고 그 결정들이 정당화된 것인지 여부를 평가할 자격을 가진 청중의 범위가 어느 정도인지를 끊임없이 상기시켜 주는 것이다. 민주주의가 승리하기 이전까지만 해도 그 청중의 정당한 규모는 언제나 매우 제한된 것으로 보였다. 그것은 지위가 없는 자들, 학식이나 능력이 없는 자들, 그 나라에 이해관계가 걸린 게 없는 자들, 종들, 외국인들, 부자유하거나 심지어 노예 상태에 있는 자들, 노골적으로 신뢰할 수 없는 혹은 위협적인 자들, 범죄자들, 정신이상자들, 여자들, 아이들 등과 같이 겹겹으로 이루어진 배제의 층에 의해 규정되었다. 민주주의의 승리란 그런 배제가 하나씩 점점 더 큰 수모 속에서 차례로 무너지는 것이었는데, 그 모든 것 가운데 가장 최근에 가장 급하고도 겸연쩍게 무너진 것이 여성 배제였다. 오늘날엔 아이들만이 공공연하게 그리고 무척이나 천연덕스럽게 모든 곳에서 배제된 채로 남아 있는데, 그 경우에도 아동기가 끝나는 연령이 꾸준히 내려가고 있다.

대부분의 인간 역사에서 인간 사회들에 구조를 부여해 온 것은 무엇보다 의존과 배제였다. 글을 읽고 쓸 줄 아는 능력이 생겨나면서, 그리고 사람들이 거주하는 이 세상의 땅 대부분에 걸쳐 인간관계의 많은 측면들이 형식화되면서,[34] 의존과 배제 모두가 점차 자기의식적인 사회질서의 원리들로 전환되었다. 민주주의의 승리는 무엇보다도 이런 거대한 종속의 움직임을 거스르는 역류였다. 그것은 의존과 배제라는 이들 두 원리의 지배를 끝내고 더 유연하며 덜 거슬리는 방향으로 인간관계를 개조하려는 꾸준히 증가하는 압력의 조짐이면서 또 그 압력을 강화한다. 민주화는 장래의 계승자들이 결국에는 해낼 일, 저항을 멈추지 않는 인간 삶이라는 바탕에 평등이라는 명백한 요구 사항을 부과하는 일이다. 오늘날에는 누구도 민주화를, 바뵈프와 부오나로티가 각각 분명히 그랬던 것처럼, 알려져 있고 명료하게 규정된 목적지를 향한 움직임으로 오인할 수

34 Jack Goody, *The Domestication of the Savage Mind*(Cambridge: Cambridge University Press, 1977).

없을 것이다. 그러나 제한 없이 열려 있고 불투명함에도 불구하고 그것은 (심지어 이기주의 질서 자체 내부에조차도 깊숙이 묻혀 있던) 그 평등파 단어의 지속적인 힘을 여지없이 보여 준다.

시장경제는 인간이 지금까지 만들어 낸 메커니즘 가운데 평등을 해체하는 데 가장 강력한 메커니즘이다. 그러나 바뵈프와 부오나로티가 확신에 차서 추측한 것처럼 그것이 단순히 평등의 적은 아니다. 대신에, 두 세기가 지난 후 그리고 많은 숙고된 사유와 많은 혼란스러운 투쟁들이 있은 후, 시장경제는 단일한 한 정치형태와 특정한 한 사회 이미지를 더욱더 확고하게 제 것으로 삼았다. 그 정치형태와 사회 이미지 각각은 인간들이 서로 평등할 수 있는 길을 알 뿐더러 그들이 각자 선택하는 대로 살아감에 있어 평등한 보호를 제공한다는 주장을 자신의 직접적인 기초로 삼는다. 그 주장이 무슨 중대한 변동을 표상하는지를 알기 위해 그 주장의 타당성을(혹은 그 주장의 진정성조차) 받아들일 필요는 없다.

이 위대한 선택은 단일한 이야기였다. 아무리 복잡하고 불분명하다 해도, 그것은 또한 무척이나 민주주의 이야기이기도 했다. 일반적인 이야기들에 비하면 그것은 분명한 서사 라인이 부족하고 자신의 의미를 표면으로 분명히 드러내는 데도 현저히 실패한다. 그 이야기의 둔중한 침묵은 그것이 가장 큰 목소리로 내는 합창만큼이나 무겁다. 그 이야기의 표면상 가장 눈에 띄는 건 한 단어가, 그것도 조사해 보니 분명하거나 고정된 의미를 전혀 지니고 있지 않은 한 단어가 놀랄 만큼 눈부시게 온 세상에 유포되었다는 점이다. 그것과 거의 비슷한 정도로 두드러지는 점은 각각 그 단어를 어느 한 지리적 장소에서 다른 장소에 이르기까지 구현하고 있노라 자처하는 몇 개의 경쟁하는 통치 형태들이 스타카토식 이행을 보였다는 사실이다. 그 단어의 유포 이야기는 그것이 무엇을 의미하는지 혹은 의미해야 하는지(어떻게 사용하면 정당하고 어떻게 사용하면 그렇지 않게 되는지)에 대한 끝없는 탐구 이야기이기도 했다. 통치 형태들의 이행은 동시에, 정확히 누가 인민의 이름으로 행위할 자격이 있으며 무슨 근거로 그런지, 어떤 형태의 불평등이나 의존, 배제가 살아남거나 억압되거나 혹은 재창출되어야 하는지, 그리고 누가 무엇에 대해 누구에게 종속되어야 하는지 등의 문제를 둘러싼 중단 없이 계속된 투쟁이기도 했다.

만일 우리가 멀찍이 떨어져서 깐깐한 시선으로 그 이야기를 살핀다면, 그것을 무엇보다도 세속의 성배聖杯, 즉 평등의 형상the Form of Equality(좋음과 정의로움의 형상이기도 할 게 틀림없는)을 확실히 알아보는 눈을 가지려는 탐색으로 이해할 수 있다.[35] 이런 모습으로 그 이야기를 바라보면, 그 탐색을 그토록 허망하게 만든 것이 풍부한 상상력을 가지고 물밀듯이 엄습해 온 이기주의 질서였는지,[36] 아니면 훨씬 더 먼 과거로 거슬러 올라가는 젠더에 대한 보다 심각한 무지였는지, 혹은 그 탐색이란 것이 처음부터 끝까지 키메라를 좇는 사냥, 그러니까 발견될 수 있도록 거기에 있

35 cf. Ronald Dworkin, *Sovereign Virtue*; John Rawls, *A Theory of Justice*(Oxford: Clarendon Press, 1972); *Political Liberalism*(New York: Columbia University Press, 1993).

36 G. A. Cohen, *If You're an Egalitarian, How Come You're So Rich?*(Cambridge, Mass.: Harvard University Press, 2000).

던 게 결코 아니었던 보물, 처음부터 단순히 하나의 형태a form를 아예 갖지 않았던 어떤 것의 형상the Form을 잡기 위한 사냥이었는지가 여전히 불분명하다.

하지만 우리가 보다 부드러운 시선으로 살핀다면, 그 이야기는 확실히 아주 다르게, 그리고 많은 상황에서 훨씬 더 힘을 북돋아 주는 이야기로 보일 것이 틀림없다. 무언가를 좇는 탐색이 아니라, 어떻게 하면 일상의 삶을 다 같이 가급적 유쾌하게 지속할 수 있는가 하는 피할 수 없는 쟁점을 놓고 다투기도 하고 함께 탐구하기도 하는, 우왕좌왕하면서 근시안적으로 이루어지는 그 둘의 어떤 조합으로 말이다. 이것은 그 이야기에 대한 대단히 민주주의적인 시각이다. 위로부터나 앞으로부터 혹은 뒤로부터가 아니라 그저 그 내부로부터의 견해인 것이다. 당신은 그 이야기를 정치적 가치로서의 민주주의가 무엇을 의미하는 것으로 드러나는가에 대한 민주주의적인 실천적 탐구로 볼 수 있을 것이다. 잇달아 인민들이 역사와 그들의 적에 의해 개방된 공간에서 그 의미를 함께 탐구하게 되었으니까 말이다.

우리는 단어로서의 민주주의 이야기, 그 단어가 탄생 지역에서 첫걸음을 뗀 시점과 한 위대한 국가의 중심에서 정치적 제도 장치를 만들어내고 옹호하는 가운데 다시 살아나게 되는 시점 사이의 2천 년이 훌쩍 넘는 세월에 걸친 이야기를 따라왔다. 왜 그것이 그 긴 여정을 견디고 살아남아야 했는지를 말해 주는 분명한 이유는 전혀 없다. 우리가 아는 전부는 그것이, 때로는 아슬아슬하게, 어쨌든 그냥 살아남았다는 것이다. 민주주의 이후에 무엇이 올지는(만일 그런 게 있다면 말이다) 아무도 모른다. 지금 모습 그대로의 민주주의와 관련해서, 우리가 정신을 집중한다면 파악할 수 있으리라고 기대할 수 있는 것은 다음과 같은 네 가지 사항들이다. 우리는 그 단어의 의미가 왜 바뵈프의 시대와 토니 블레어Tony Blair, 조지 W. 부시George W. Bush의 시대 사이에 그토록 급격하게 변했는지를 이해할 수 있다. 우리는 지금 민주주의라는 단어가 주로 적용되는 그 통치 형태가 왜 먼 옛날의 희랍 원형들은 물론 로베스피에르나 바뵈프가 염두에 둘 수 있었던 그 어떤 정치적 관행들과도 그토록 달라야 하는지 이해할 수 있다. 우리는 또한 지금 민주주의라는 단어의 적용을 그토록 거의 독점하다시피 하는 통치 형태가 왜 전 세계에 걸쳐서 그토록 급속하게 그리고 그토록 최근에 그런 놀라운 힘을 얻어야 했는지를 이해할 수 있다. 약간 덜 분명할지는 모르지만 보다 흥미를 자아내는 것으로서, 우리는 또한 이렇게 승승장구하고 있는 체제가 그 정치적 가치를 내세우는 데 왜 모든 단어들 가운데 하필 이 오래된 희랍어 단어를 골라야 했는지를 이해할 수 있다. 한 단어가 가진 역사의 윤곽, 한 새로운 국가형태의 형성, 전 지구적인 권력 투쟁의 결과는 모두 이해의 대상으로 분명히 규정된 것들이다. 오직 마지막 문제(즉 한 유형의 국가가 어떤 하나의 꼬리표를 선택했다는 문제)만이 일견 파악하기 힘든 것인 동시에 상대적으로 사소한 것처럼 보일지 모른다.

이는 합당한 지적 의심이긴 하지만, 또한 철저히 비민주주의적인 의심이기도 하다. 우리가 이 2백 년이 넘는 세월을, 갈수록 늘어나는 출연자 목록을 수용하면서 이루어진 단일한 정치적 선택의 연쇄로 간주한다면, 승리하고 있는 국가형태를 가리키는 꼬리표로 민주주의를 선호해서 채택한 것이 들쑥날쑥한 취향의 변덕만은 아니었다는 게 분명히 드러날 것이다. 그 단어의 역사는 저 정치적 선택을 그저 명료하게 드러내 줄 것이다. 그 선택이 최초에 가질 수 있었던 분명함만큼이나 명료하게 말이다. 그 국가형태는 완전히 다른 어떤 것(즉, 미심쩍은 지역적 충성에 기반을 둔 방대한 단체들이 온 세상에 걸쳐 경쟁력 있게 번창하는 데 필요한 조건들)에 대한 절묘한 적응을 통해서가 아니라 대개 변화하는 선호의 균형을 통해서, 그리고 많은 무대에서, 또 보다 직접적으로는 가장 혹독한 시련을 통해서, 그 계속 늘어나는 출연자들의 충성을 얻었던 것으로 볼 수 있다.

바뵈프가 단두대에서 처형된 이래 민주주의의 승리의 역사는 무엇보다도 정치적 선택의 역사였다. 극히 중요한 저 하나의 엄청난 선택은 무수히 많고 많은 다른 선택들이 차례로 모여 구성되었다. 수가 계속 늘어나서 세계 전역에 걸쳐 쇄도하는, 하지만 결국 그 각각이 살아 있는 단일한 한 인간 행위자(부분적으로 자기 자신을 인식하고 있는)에 의해 이루어지는 선택들 말이다. 그 이야기를 이해하려면 우리는 그런 수많은 선택이 행해졌던 맥락들을 파악하고, 엄청난 수의 사람들을 다른 어떤 방향으로가 아니라 한 방향으로 몰고 간 극심한 외부적 압력들에 유념할 필요가 있다. 이를테면, 공산주의의 지배로 우르르 몰려들거나 그런 지배로부터 벗어나려고 우르르 몰려나오는 맥락이라든지 양차 대전이 빚어낸 엄청난 격변 같은 압력 말이다. 그런 맥락을 파악하고 압력을 인식하는 일은, 무엇이 진행되고 있었는지를 알아채는 우리의 감각을 낭만적으로 묘사하려는 유혹이나 너무 순진하게도 그런 감각을 우리 자신의 편협한 경험 지평에서 끌어내려는 유혹에 빠지지 않도록 어느 정도까지는 우리를 지켜 줄 것이다. 그렇다고 그 일이 우리에게서, 그 이야기가 무엇을 의미하는가에 대해 우리 자신의 정치적 태도를 취해야 할 책임을 면제해 주지는 않을 것이다. 여기서 민주주의는 특이하고도 엄격한 요건을 부과한다. 민주주의적 견지에서 보면, 모든 곳의 정치사는 똑같이 소중하고 똑같이 의미 있다(또한 똑같이 어리석거나 터무니없거나 수치스러운 것으로 밝혀질 법도 하다). 그 평범한 일상의 언쟁과 곤혹스러움은 그것들이 발생할 때마다 또 발생하는 곳마다 아주 똑같은 무게를 지닐 수밖에 없다. 그 모든 곳의 정치사 가운데 어떤 것도 특별한 주의를 요구할 권리를 갖지 않는다. 그리고 어떤 것도 정당하게 평가절하되거나 무시될 수 없다. 어떤 선택된 민족이나 선택된 대륙, 심지어 선택된 문명도 있을 수 없는 것이다.

민주주의의 승리와 더불어 이것은 대단히 당혹스러운 요구다. 그것은 지식인들의 가식을 분쇄하며, 특정한 어떤 곳에서 마침 그 시점에 정치적 권위를 행사하게 된 모든 사람들의 권위 주장을 잠식한다. 그것은 또한 그 이야기 속에서 역사적으로 앞서 존재한다는 것이 그 이야기의 의미를 통찰하는 데 특권을 부여할 수 있을 것이라는 어떤 가정도 결정적으로 약화시킨다(희랍인들이나 프랑스인들, 미국인들, 혹은 그 문제에 있어서는 벨기에인들이나 스위스인들이 나중에 등장한 이들보다 민주주의를 더 잘 이해할 수 있었을 것이며, 그래서 그들의 계승자나 심지어 모방자가 이미 최종적으로 정해진 기준에 부합하는지 아니면 못 미치는지 여부를 결정하는 입장에 있을 거라는 식의 가정 말이다).[37]

미국 대통령 조지 W. 부시가 세상을 향해 "민주주의의 전 지구적 확장은 테러리즘과 폭정을 물리칠 최후의 힘이다"라고 장담했을 때,[38] 그는 그 자신의 단기적인 정치적 전망을 높이고자 하는 절실한 희망을 표현하고 있었던 것만이 아니라 깊은 확신에 기대고 있었다. 그는 또한 지난 75년에 걸쳐 세상에서 미국이 수행해 온 역할의 기록에 대한 정치적인 판단을 표현하고 있었던 것이기도 한데, 그 판단에 따르면 미국이 독일과 일본에 대해 거둔 승리 또 소비에트 제국의 몰락과 소련의 붕괴로 얻은 승리는 똑같이 미국 자신의 정치적 탁월함을 보여 주는 증거이자 전 세계에 걸쳐 그런 탁월함이 더욱더 거부할 수 없이 인정받고 있다는 증거였다. 더 신랄하게 보자면, 그는 여전히 불완전하게만 진압되어 있는 이라크 내부에서 미국의 군사력과 경제력을 사용하기 위한 국지적 정치 전략의 (시기까지는 아니더라도) 형태를 예고하고 있었던 것이기도 하다. 그 전략의 핵심은 적절한 때에 이라크에 새로운 통치 기구를 설치하는 일이었다. 미합중국이 테러리즘과 폭정(미합중국이 규정하기로 마음먹은 대로의)에 맞서 싸울 믿을 만한 사람들로 이루어진 민주주의 체제라고 간주하는 나라들의 통치 기구와 적어도 모종의 가족 유사성을 갖는 통치

*37* 고정되고 객관적인 기준이라는 관념은 프랑스혁명의 와중에 강한 매력을 발휘했다. 시간과 공간이라는 척도가 오래된 미신이나 습관으로부터가 아니라 세상 자체의 구조로부터 직접 도출될 수 있고 도출되어야 한다는 견해는 특히 새로운 달력의 제작과 미터법의 발명으로 이어졌다. cf. Denis Guedj, *Le Mètre du monde*(Paris: Editions du Seuil, 2000); Ken Alder, *The Measure of All Things*(London: Abacus, 2004).

*38* "US Leader appeals to closest friend in the world", *Financial Times*, 20 November 2003, p. 4.

기구 말이다. 이것이 확고한 통제 아래 있어 본 적 있는 절차가 아니라는 점은 꽤 분명하다. 아마도 더 중요한 점은, 그것이 또한 계속되는 기적에 의해서만 혹은 자신의 핵심적인 허풍을 조심스럽게 부인함으로써만 어느 정도의 시간 동안이라도 확고한 통제 아래 남아 있을 수 있는 절차라는 점이다. 민주주의하에서는, 누구와 혹은 무엇과 친구가 되거나 적대하기를 바라는가를 결정하는 이가 이라크 인민이어야 한다. 그 문제를 두고 그들은 서로 몹시 다르다는 게 드러나며, 그들 중 극히 소수만이 그 문제에 관한 미국의 견해 쪽으로 끌리는 것 같다. 만일 민주주의가 새로운 정부를 획득하기 위해 실시되는 지속적인 선거 기반의 확립이라는 제한된 의미로나마 이라크에서 결국 승리한다면, 그것은 이라크인들의 일련의 선택을 통해 그렇게 될 것이고, 또 그들 상호간의 상당한 증오를 수반하며 그렇게 될 것이다. 또한 그것은 현 점령 세력이 은근히 제공하는 한 모범적 모델의 칭송받는 실천을 자발적으로 모방해서라기보다는 부과된 평화의 조건을 마지못해 받아들임으로써 그렇게 될 것이다. 테러리즘과 폭정은 보는 사람의 눈에 달려 있다. 그리고 민주주의하에서는 보는 사람 각자가 테러리즘과 폭정을 스스로 알아차릴 뿐만 아니라 그렇게 할 자격 또한 분명히 있다.

민주주의의 승리 이야기는 그 고유의 용어로는 그리고 그 고유의 기준에 따라서는 들려줄 수 없는 이야기다. 그것을 단일한 이야기로 들려주려면, 당신은 그것 바깥에 서있어야 하며, 그것 위에 서서 용어들을 정의하고 그것에 기준들을 적용하고 있다고 공언해야 한다. 다른 것에 의존하지 않고 또 그것이 벌이는 곤혹스런 투쟁들과 무관하게 정당성이 입증될 수 있는 그런 용어들과 기준들을 말이다. 이것은 아주 대담한 요구이며, 다른 누군가가 무엇이 됐든 그런 요구의 타당성을 받아들여야 할 이유는 전혀 없다. 그러나 우리 중 어느 누구도 그 이야기 자체를 (얼마나 적절한가에 상관없이 아무튼) 적절하게 들려주기를 바랄 수 없다고 해도, 우리는 그 이야기가 생겨났다는 것은 쉽게 인정할 수 있으며, 그것이 제기하는 보다 중요한 문제들 중 일부에 대답하려 시도할 수 있다.

애초에 민주주의의 승리는 한 단어의 승리였다. 그 단어를 따라 함께 승리하는 것은 통치하는 권위에 관한 특정한 사고(및 사고 거부)방식이며, 그 사고방식에 꼭 들어맞는다고 주장하는 정부들을 선택하고 제지하는 일련의 제도들이다. 그 사고방식이 전적으로 설득력을 갖고 있다고 할 수는 없다. 조제프 드 메스트르Joseph de Maistre가 ("명령하는 인민은 복종하는 인민과 다르다"라고[39]) 언급한 것처럼, 모든 곳에서 지배자와 피지배자는 어찌해 볼 도리 없이 서로 나뉘어 있음에도, 그 사고방식은 지배자와 피지배자를 동등하다고 여기기 때문이다. 그러나 실제 내용이 없음에도 불구하고 (또 종종 대단히 믿기 어려움에도 불구하고) 그것은 자본주의가 개조해 온 세상에서 지배자들에게 가해지는 핵심적인 도전을 규정하는 데 훌륭하게 기여한다. 그 도전이란 피지배자들에게 그들이 마주하는 권위는

39 Joseph de Maistre, *Works*, ed & tr Jack Lively(New York: Macmillan, 1964), 93: "인민이 주권자라고들 한다. 하지만 누구에 대해 주권자인가? 분명 그들 자신에 대해서다. 인민은 따라서 신민이다. 여기에 잘못된 것까진 아니라도 애매한 무언가가 확실히 있다. 명령하는 인민은 복종하는 인민이 아니니까."

단순히 그들 자신의 것임을 보여 주는 일이다. 즉, 그 권위 뒤에 있는 것은 그들의 의지이며 그 권위가 결국 봉사하게 되는 것은 그들의 이해관계임을 보여 주는 일이다. 그 간격을 메우기란 논리적으로, 심리적으로, 정치적으로 허망한 과제다. 그러나 그런 간격이 있어서는 안 된다는 것, 어떤 정부도 누군가를 단순히 그들 자신의 의지에 반해 지배할 권리를 갖지 않는다는 것을 인정하는 것은 엄청난 양보다. 그것은 처형대 위에 선 잉글랜드 왕 찰스 1세가 고집스런 확신을 가지고 임종 연설에서 그의 인민에게 "신민과 주권자는 분명히 다른 것이다"라고 확언했던 시절과는 완전히 다른 세상을 보여 주는 징표다.[40] 처형되기 불과 두 달 전에 찰스 1세 본인이 그런 세상을 가리키는 용어를 골라낸 바 있었다. 의회의 적들과 그들이 풀어놓은 군대가 "민주주의를 도입하려" 애쓴다고 비난하면서 말이다.[41] 민주주의는 찰스 1세의 적들 대부분을 매혹시킨 단어가 아니었으며, 적어도 다음 한 세기 반 동안에는 눈에 띄는 정치적 진전을 거의 이루어 내지 못했다. 그러나 결국 사라지지 않고 남은 건 그 단어다.

그 단어를 그토록 지속력 있게 만드는 것은 그 단어를 사용하는 어떤 지배자에게든 그것이 부과하는 본의 아닌 자기 비하의 자세다. 대부분의 지배자들에게 자기 비하는 자연스러운 자세도 마음에 드는 자세도 아니

40 C. V. Wedgwood, *Trial of Charles I*(Fontana: Prospect, 1964), 217.

41 Wedgwood, *Trial of Charles I*, 71.

다. 아니나 다를까 많은 지배자들은 자기 비하를 다소 거칠게 계속 거부한다. 그러나 그것은 권위를 요구하는 근거로서는 (거드름이나 경멸을 드러내는 모든 표현은 말할 것도 없고) 덜 공손한 다른 모든 표현들보다 훨씬 더 환심을 사는 것임이 드러났다.

1796년부터 오늘날까지 대부분의 시간 동안, 어떤 종류의 통치 제도가 민주주의라는 용어의 요구 사항에 가장 잘 부응하는가에 대한 합의는 거의 이루어지지 못했다. 진정한 민주주의를 그것과 경쟁하는 많은 사이비들과 구별하는 과제는 논쟁적일 뿐만 아니라 어렵다는 게 드러났다. 오늘날 그런 경쟁의 결과는 미심쩍게도 명백한 것처럼 보인다. 즉, 정도 이상으로 자연스럽거나 심지어 불가피한 것처럼 보인다. 패자들이 의당 패배해야 마땅하지 않았다는 게 아니다. 그저 현재의 승자가 얼마나 혹은 왜 이겨 마땅한지, 또 만일 그렇다면 대체 무엇이 그것을 그럴 수 있게 했는지가 아직 전혀 분명하지 않다는 것뿐이다. 조선 민주주의 인민공화국 Democratic People's Republic of Korea, 김정일 정권은 지금 쿠빌라이 칸의 세상만큼이나 이색적으로 보인다.[42] 민주주의라는 용어의 독점에 대한 기나긴 강력한 도전 중 거의 마지막으로 살아남은 유물이라 할 수 있는 그것은 민주주의라는 말이 얼마나 자의적으로 들먹여지는가 하는 점만이 아니라 근대국가 제도를 묘사할 때 도대체 그 말을 사용한다는 게 얼마나 신빙성이 떨어지는가 하는 점까지도 유별나게 극단적인 방식으로 생생하게 보

42 Bruce Cumings, *North Korea: The Hermit Kingdom*(London: Prospect, 2003).

여 준다. 조선 민주주의 인민공화국에서 인민은 두 번이나 지배자가 되며, 그에 상응한 지배를 받는다. 지구상의 다른 모든 곳에서 그렇듯 해명의 말을 듣거나 호소할 데를 갖거나 하지 못한 채 말이다.

냉혹하지만 받아들일 만한 관점에서 볼 때, 조선 민주주의 인민공화국은 평등과 음모의 종착점terminus ad quem이다. 즉, 바뵈프와 부오나로티가 바라던 것은 아니지만 결국 그들이 언제나 얻으려 하고 있었던 것이다. 물론 조선 민주주의 인민공화국이 그 목적지의 유일한 후보는 아니다. 그것만큼이나 지속적 호소력이 별로 없는 다른 후보들로는 볼셰비키 혁명에 뒤이어 나온 전시 공산주의 시대, 마오의 문화혁명, 크메르 루주의 킬링필드가 있었다.[43] 이 후대의 에피소드들 속에서, 그 철저한 황폐함 속에서, 평등을 추구하는 격정은 일시적으로 다른 인간들의 현실이나 사회라는 관념 자체에 맞서는 격정과 아주 가까운 어떤 것이 된다. 그 에피소드들 각각은 도가 지나치게 야심적인 소규모 정치인 집단에게 특정한 의미로 타당한 것이었고, 그런 정치인들이 호소할 수 있는 대상이자 의존하는 지원의 원천이기도 한 여러 규모의 다른 집단들에게는 전혀 다른 의미로 타당한 것이었다. 각각의 에피소드가 그나마 가능했던 것은 극단적이지만 다행히 통상적이지는 않은 환경에 의해서였다. 죽음의 순간에 살인자와 피살자만큼 평등하지 않은 사람도 없다. 그러나 이 에피소드들이 보

43 Peter Holquist, *Making War, Forging Revolution*(Cambridge, Mass.: Harvard University Press, 2002); Philip Short, *Pol Pot: The History of a Nightmare*(London: John Murray, 2004).

여 주는 것은 다른 어떤 원리로부터도 방해받지 않은 채 인간들의 삶을 온통 독자적으로 설계할 수 있게 될 경우에 평등의 원리가 얼마나 멀리까지 도달할 수 있는가 하는 점이다. 평등 자체의 기준에만 입각한다면, 그 에피소드들은 단지 잔혹한 희화화에 지나지 않는 것으로 보일지 모른다. 그러나 그것들은 묘한 매력을 가진 한 관념에 대해, 그것이 남용될 여지가 많다는 점보다 훨씬 더 유익한 어떤 정보를 제공한다. 그 에피소드들은 그 관념이 언제고 인간관계를 조직하는 유일무이한 원리로 대우받게 되면 자기모순적임이 드러날 수밖에 없다는 점을 보여 준다. 이렇게 홀로 높이 우뚝 서게 되면 그 관념은 모든 현실 사회에 현재 거주하고 있는 사람들의 취향과 충성심, 헌신에 대한 심각한 조바심을 조장하기도 하고 허용하기도 한다. 1789년부터 1796년 사이에 대다수 프랑스인은 얼마 지나지 않아 자기들이 결국 구체제의 지지자인지 아니면 적인지를 스스로 묻게 되었다. 1796년쯤 되면, 더 엄선된 극소수의 사람들은 자기들이, 갈수록 심화되는 노동 분업과 새로운 취향의 끝없는 확산을 기반으로 세워진 이기주의 질서, 즉 전 지구적 상업 문명 편에 서야 할지 아니면 그 반대편에 서야 할지를 이미 파악하고 있었다. 이 훨씬 소수의 사람들 중 일부는 두 번째 질문에 대한 대답이 첫 번째 질문에 대한 대답으로부터 따라 나온다는 것, 즉 구체제의 적이라면 또한 틀림없이 이기주의 질서의 적일 수밖에 없다는 것을 매우 분명히 했다. 그러나 이 극소수의 사람들은 결국, 취향 면에서는 반론의 여지가 없지 않지만 적어도 기대 면에서는 여지없이, 틀렸음이 밝혀졌다. 1789년 이래 세계 도처에서, 그럴 기회를 가졌던 사람들 가운데 대다수가 구체제에 등을 돌렸다. 그들이 그렇게 등을 돌리지 못하도록 지배자들이 막기란 불가능하다는 게 점점 더 많은 곳에서 이내 드러났다. 물론 지배 그 자체는 사실상 모든 곳에서 계속되었다. 곧잘 훨씬 더 강압적인 방식으로, 또 때로는 엄청 더 잔인하게 말이다. 그러나 머잖아, 게다가 점점 더 많은 상황에서, 지배는 평등의 원리와 타협할 수밖에 없었다. [그러면서도_옮긴이] 그것은 평등파가 기대하던 종류의 타협만큼은 절대 할 수 없다고 꿋꿋하게 거부했다. 그것은 평등파의 단어를 선택(아마도 심지어 훔치기까지)했다. 그러나 그것이 지배하는 대상이자 그것으로 하여금 자신들을 지배하도록 허가해 주는 주체인 신민들 쪽에서는 그 단어와 함께 아예 이기주의 질서를 (적어도 똑같은 열정과 확신을 가지고) 채택하자는 주장이 점점 더 만연해졌다.

이기주의 질서 내에 자리 잡은 평등은 이전에 존재했던 그 어떤 형태의 인간 결사체에서 그것이 직면했을 법한 것보다 훨씬 더 큰 저항력을 가진 더 많은 장애에 직면한다. 바뵈프나 부오나로티에게 이런 심히 비우호적인 상황에서의 평등은 제한된 것이라기보다는 오히려 길들여진 것 혹은 심지어 거세된 것으로까지 보일 것이다. 그러나 그들이 최선의 판관은 아닐 수도 있다. 평등은 단순히 그 깃발을 내리지도 청중의 열정과 지성에 대한 자신의 호소력을 포기하지도 않았다. 점점 더 많은 상황에서 결국 지배자들로 하여금 지배하도록 허용한 것은 저 청중의 반응이다. 청중이 받아들이게 될 타협 조건 말이다. 그 조건의 핵심 요소는, 그 옛날 플라톤이 불평한 바 있는, 동등한 사람들과 동등하지 않은 사람들에게 똑같이 일정 정도의 평등을 제공하는 것이 되었다.[44]

이것은 약간 공상적으로 들릴지 모른다. 불평등이 존속된다면, 더군다나 이기주의 질서의 핵심 동력에 의해 끊임없이 재생산된다면, 우리 앞에 제안된 평등이 도대체 왜 중요시되어야 하는가? 누구든 그것이 강조할 만한 가치가 있다고 생각이라도 해야 하는 이유는 뭔가? 이 질문에 대한 대답에는 세 가지 요소가 존재한다. 첫째, 그것은 약간의 인정이 아무것도 인정하지 않는 것보다는 낫기 때문에 중요하다. 다른 조건들이 똑같다면, 더 많은 인정이 더 적은 인정보다 분명 나을 것이다. 그러나 다른 조건들이 전혀 똑같지 않다. 1796년의 음모에 가담했던 사람들은 (그들이 무언가 명확한 것을 가정했다고 한다면 말인데) 완전한 인정만이 정당하거나 가치가 있으리라고 가정했다. 구속받지 않는 완전한 평등만이 마지막 혁명을 가져올 수 있고, 시간이 흐르면서 인간들 서로를 마침내 화해시킬 수 있을 것이라고 말이다. 그러나 구속받지 않는 완전한 평등이란 하나의 관념으로서도 정합적이지 않으며, 그런 평등을 향한 길은 언제나 사납게 분열을 일으키는 것으로 드러났다. 그것은 아주 소수의 인간 감정에 지극히 짧은 시간 동안만 호소하며, 훨씬 더 많은 다른 감정들과 빚는 끊임없는 충돌의 직접성과 충격에 급속히 그리고 치명적으로 압도되고 만다. 지배의 한 목표로서 구속받지 않는 완전한 평등은 그것을 실행에 옮기려는 지배자에게 극단적이고 지속적인 강압을 사용하도록 요구하며, 그 신민들에게는 그저 인정만을 (그것이 정말로 구속받지 않는 완

44 Plato, *The Republic*, 558C, tr Paul Shorey(Cambridge, Mass.: Harvard University Press, 1935), Vol. 2, 290-91.

전한 평등이라면 말이다) 보장한다. 이 인정이란 건 확실히 안락도 위안도 즐거움도 아니며 그들 가운데 다루기 어려운 사람들(그러니까 자신들만의 의견과 취향, 의지를 가진 사람들)에게는 그리 안전이라 할 만한 것조차 아니다. 19세기 초에 콩스탕이 보았던 대로, 구속받지 않는 완전한 평등은 근대적 자유(즉, 형법과 자기 소득의 테두리 내에서 원하는 대로 산다는 진정한 보상)를 포기하는 대신 그 대가로 고대적 자유(즉, 지배에 관념상 참여한다는 기만적인 보상)를 제안한다.[45] 그럼으로써 그것은 이 제안을 이기주의 질서를 총체적으로 억압하는 교조적 프로그램으로 변모시킨다.

결국 이 마지막 억압은 단순히 지속 불가능하다는 게 드러난다. 안락, 위안, 즐거움, 그리고 무엇보다도 안전은 너무도 많은 시간 동안 너무도 많은 사람들을 너무도 강하게 매혹한다. 고도로 강압적인 지배가 받아들일 만한 형태의 인정으로 드러나는 일은 좀처럼 없다. 이기주의 질서는 극도의 강압적 권력을 생산하는 데 아무런 어려움이 없으며, (모든 곳에서 항상 그런 것은 아니라 하더라도 최소한 점점 더 많은 시간 동안 점점 더 많은 상황에서) 그것이 끊임없이 자극하는 많은 적들에 맞서 자신을 보호하는 데도 거의 어려움이 없다. 지배자들이 피지배자들에게 내놓는 매력적인 제안은 어떤 고정된 총체가 아니라 매우 유연하며 언제나 부분적으로 불투명한 처방이다. 그것은 이기주의 질서의 제도적 요건들에 대한

45 Benjamin Constant, *Political Writings*, ed Biancamaria Fontana(Cambridge: Cambridge University Press, 1988), 313-28.

아주 광범위한 보호에다 최소한의 인정을 혼합한다. 그것은 재산법과 상업 규제, 그리고 보호를 제공하기에 충분한 과세와 모든 형태의 몰수(과세 자체도 당연히 포함하는)에 맞서 이기주의 질서가 기운차게 자기 길을 계속 가게 하기에 충분한 보호 간의 적정한 균형을 보장한다. 제안된 인정의 범위와 제공된 보호의 정도는 각각 끊임없이 재조정된다.

그 제안은 우선 어느 정도의 인정(꼭 필요하다면 증거에도 아랑곳하지 않고 동등한 자로서 인정하는 일)이 아주 깊은 호소력을 가지기 때문에 중요한데, 그 호소력은 엄청나게 많은 인간들이 그런 인정을 얻기 위해 오랫동안 열심히 싸우도록, 그리고 그것을 취소하겠다는 위협을 받을 때 그것을 유지하거나 탈환하기 위해 유달리 치열하게 싸울 준비가 되어 있도록 하기에 충분할 만큼의 호소력이다. 둘째, 그것은 또한 그런 인정의 내용이 언제나 재해석에 열려 있다는 바로 그 이유 때문에, 따라서 누구든 어느 시점에라도 그것이 이미 그들에게 준 것을 심화하거나 공고히 하기를 희망할 수 있기 때문에 중요하다. 그것은 열망의 장과 투쟁의 무대를 제공한다. 마지막으로 그것은 제안되는 인정이, 실제로는 언제나 이기주의 질서의 원활한 작동을 위협할지 모르지만, 적어도 공개적으로는 이기주의 질서와 그 요건들을 경멸하거나 적대시하지 않기 때문에 중요하다. 근대 민주주의의 평등한 시민들은 그리 주의 깊게 경청하지 않을 수도 있고 실천적으로 특별히 지혜롭다고 드러나지 않을 수도 있다. 하지만 그들 중 어느 누구라도 그들의 평등한 시민권을 통해 언제든 성가신 요청을 받게 될 수 있다. 그들이 의존하는 대상이면서 그들이 가장 소중하게 여기는 근대적 자유들을 끌어오는 원천인 경제적 생활 방식의 요건들에 좀 주의를 기울여 달라고 말이다. 이런 상황에서, 그것은 그들을 지배하겠다고 자원하(고 그 다음으로 그런 목적을 위해 그들에게 선택받게 되)는 사람들에게 최소한 일련의 조건을, 즉 일정 시간에 걸쳐 집단적인 현명함의 요건들에 관해 그들에게 말할 때 의거해야 할 조건을 제안한다. 무엇보다도 황금알을 낳아 주는 거위를 굶겨 죽이지 않을 필요성을 조건으로 제안한다.

## 4
# 왜 민주주의인가?

민주주의가 오늘날의 탁월한 지위를 얻게 된 이유가 다음 둘 중 하나이거나 둘 모두라고 믿으면 어떨까 하는 생각이 솔깃하게 다가온다. 어떤 사람들은 민주주의의 승리가 그것의 자명한 정치적 정의正義 때문이라고, 즉 그것이 명백히 최선이며, 또 아마도 인간이 지배받는다는 외견상의 모욕을 어쨌든 받아들일 수 있게 되는, 명료하게 정당화할 수 있는 유일한 근거이기 때문이라고 보는 쪽을 선호한다. 다른 사람들은 민주주의가 이런 탁월한 지위를 얻게 된 것은 그것이, 그리고 그것만이, 근대 자본주의 경제가 잘 보호되면서 원활하게 작동하도록 보장해 줄 수 있기 때문이라고 믿는 쪽이 더 쉽다고 본다. 듣기 좋은 견해이긴 하지만 유감스럽게도 둘 중 어느 쪽도 도저히 옳을 수가 없다. 우리가 살펴보았듯이, 본래 민주주의는 지배 구조를 분명하고 확고하게 특정하지 않는다. (실천적 방책으로서는 차치하고라도) 관념으로서의 민주주의조차 어떤 사안에 대해서든 그것이 도대체 정의로운 결과들과 규칙적이고 든든한 관계가 있음을 전혀 보장하지 못한다. 어느 때의 어떤 현실 사회 내에서든 지배 구조로서의 민주주의는 많은 특정 결과들이 극히 부정의한 것으로 밝혀질 개연성을 대단히 높인다. 정의의 관념과 민주주의의 관념은 아주 위태롭게 맞물려 있다. 그것들은 적용할 때마다 끊임없이 충돌한다. 어떤 현실적 지배 구조든 자본주의 경제가 원활하게 작동하는 데 필요한 조건들과 아주 다른, 첨예하게 대립할 때도 자주 있는, 유인誘因과 대면하게 될 것이다. 그런데 민주주의는 그 주권자이면서 관념상 평등한 유권자들에게 그들 자신의 선호를 (자신들에게 유리한 국면을 만들려고 시도하는 가운데) 그 경제의 작동 조건에 직접 끼워 넣을 수 있는 권리이자 어느 정도는 기회이기도 한 것을 아주 드러내 놓고 손에 쥐어 준다. 거래로서 이것은 많은 큰 이점들을 갖고 있다. 그러나 [그와 같은 거래를_옮긴이] 받아들이는 쪽 입장에서 그것이 그 경제의 역동적 효율성을 보장할 안전한 묘방이라고 합당하게 여길 수 있는 사람은 아무도 없을 것이다.

민주주의가 어떻게 이런 탁월한 지위를 얻었는지 이해하고 싶다면, 우리는 이런 추정들을 제쳐 놓고 다시, 그것도 좀 덜 순진하게, 생각을 해봐야 한다.

합리적으로 도달할 수 있는 대답을 갖고 있을 게 틀림없는 네 가지 질문을 다시 다루어 보자. 첫째, 민주주의라는 단어는 왜 바뵈프의 시대로부터 토니 블레어의 시대에 이르기까지 의미가 그토록 급격하게 바뀌었는가? 둘째, 시대, 문화, 정치 경제에 따라 눈에 띄게 달라지는 그 단어의 모든 변형태들을 관통해 지금 그 단어가 지배적으로 적용되는 그 통치 형태는 왜 언제나 희랍의 원형들은 물론이요 로베스피에르나 바뵈프의 꿈과도 그토록 다른가? 셋째, 철두철미 다른 그 통치 형태가 왜 전 세계에 걸쳐서 그토록 급속히 그리고 그토록 최근에 그렇게 비상한 힘을 얻었는가? 넷째, (이건 상대적으로 대답하기가 꽤나 어려운 질문인데) 아주 특이한 이 체제가 그 정치적 기치를 내세우는 데 왜 모든 단어들 가운데 하필 이 단어를 골라야 했는가? 처음 두 질문은 그 답이 나중 두 질문의 답에 의존한다는 것을 알고 나면 대답하기가 아주 쉽다. 세 번째 질문 역시 오늘날에는 (승승장구하고 있는 중이니까) 대답하기가, 적어도 개략적으로는, 상대적으로 쉽다. 이 질문은 또한 일단 대답되고 나면 우리에게 네 번째 질문의 답에 대한 결정적인 단서를 준다. 가능하지 않은 것은 저 네 번째 질문에 대해서만 단독으로, 그리고 순전히 그것 자체의 방식으로 대답하는 일이다.

돌이켜 보면, 바뵈프의 음모는 민주주의의 그럴듯한 구현이라고 하기에 언제나 못 미치는 것이었다. 모든 시민들이 함께 숙의하면서 행하는 자유롭고 열려 있는 선택이, 권력을 장악해서 그것을 마음에 들게 행사하도록 엄선된 정부에 즉각 넘기는 데 몰두하는 비밀 음모로 오인된다는 것은 선의에서라면 좀처럼 있을 수 없는 일이다.[1] 그러나 바뵈프 자신

1 바뵈프의 정치적 삶, 즉 그가 자기 이름을 걸었던 그 실패한 음모와 방돔에서 열린 재판에서 자기 일생의 목표와 확신에 대해 자신 있게 옹호한 일, 자살 기도의 실패와 즉각적인 처형에 대한 가장 훌륭한 묘사는 R. B. Rose, *Gracchus Babeuf: The First Revolutionary Communist*(London: Edwin Arnold, 1978)이다. 바뵈프가 평생에 걸쳐 보다 덜 극단적인 상황에서도 민주주의에 헌신했음을 의심할 만한 타당한 근거는 전혀 없다(68, 160-61,

에게는 이런 새 정부가 단지, 뻔뻔스럽게 부자들의 이익에 봉사하는 데 헌신하는 현존 테르미도르 집권자들의 억압적인 권력과 의지에 맞서기 위한 미봉책에 불과하리라는 점이 분명 중요했다. 바뵈프 자신은 테르미도르 체제의 정당성을 받아들이지 않았다. 그 체제를 대신했으면 하고 그가 바란 건 (아테네의 민회와 평의회처럼) 명료하게 규정된 정치 구조라기보다는 지속적인 지배의 실행이었다. 프랑스 주민 가운데 가난한 대다수를 대변해서 이루어질 뿐만 아니라 그들의 적극적인 협력을 받으면서 이루어지는 그런 지속적인 지배의 실행 말이다. 이것은 아리스토텔레스, 심지어 플라톤이 생각했던 민주주의의 가장 덜 유쾌한 변종(즉, 가난한 대다수에 의한, 가난한 대다수를 위한, 모두의 지배)에 여전히 매우 가까운 것이었다. 단순히 헌신의 대상만 뒤바뀐 채로 말이다. 바뵈프의 민주주의자들은 한동안 그들 자신이 비밀 정당으로 전향할 것을 모호하게나마 강요받는 상황에 처해 있다고 깨달았을 수 있다. 그러나 그들의 정치적 목표에는 은밀한 구석이 전혀 없었다. 그들은, (성인 남성) 주민 대부분이 자기

380). 그는 1790년 7월 4일 콩시에르주리(Conciergerie) 감옥에서 보낸 『주르날 드 라 콩페데라시옹』(*Journal de la Confédération*) 3호에서 민주주의가 무슨 의미인가에 대한 가장 과격한 시각을 고전적으로 표명했다. “인민이 주권자라면, 그들 스스로가 절대적으로 행사할 수 있는 만큼의 주권을 행사해야 한다. …… 스스로 해야만 하고 또 할 수 있는 것을 성취하기 위해 대의를 이용할 경우를 가능한 한 적게 만들고 거의 언제나 스스로 자신의 대표가 되어야 한다”(p. 77). 말은 행동보다 쉽다. 그의 생애 마지막 단계에 대해서는 325-26을 보라.

들이 처한 평범한 상황에서 자기들 자신을 위해 지배하게 될 새로운 체제에, 혹은 적어도 자기들을 위해 지배하는 일을 하도록 뽑아 놓은 사람들 모두를 적극적으로 감독하고 잘못은 신속히 바로잡아 주게 될 새로운 체제에, 무언가 양해를 구해야 할 거리가 있다고는 전혀 생각지 않았다. 1796년까지는 이것이 세상 어디에서도 부자들의 관심을 끄는 전망이 아니었다. 길고 굴곡 많은 길을 돌아 오늘날에는 세계의 가장 부유한 모든 나라들에서 부자들이 그런 계획을 높이 평가하고 그것에 아주 철저히 익숙해지는 법을 깨우쳤다.

민주주의는 바뵈프의 시대와 토니 블레어의 시대 사이에 매우 급격하게 그 의미가 변했는데, 이는 무엇보다도 정치적 기대의 엄청난 변천 때문에, 또 그 변천을 통해서 그렇게 되었다. 우리가 이런 변천을 주로 소박함에서 세련됨으로, 바뵈프의 순진한 환상에서 조지 W. 부시(혹은 심지어 토니 블레어) 재선 캠페인 참모진의 냉철한 예리함으로의 이동으로 보는 것은 당연하다. 그러나 그렇게 보기보다는, 정치적 경험의 한 지평에서 또 하나의 아주 다른 지평으로의 이행으로 보는 편이 더 밝혀 주는 바가 많다. 각자가 이해한 대로의 민주주의 문제에 있어 바뵈프와 그의 테르미도르파 적들 간에 기대 차이는 거의 없었다. 그들 각자가 민주주의라는 말로 의미했던 것, 또 민주주의가 실천적으로 함축하게 되리라 상상했던 것은 사실상 동일했다. 그들이 어찌해 볼 도리 없이 달랐던 건 민주주의에 대한 그들의 평가와 그 평가로부터 그들이 이끌어 낸 실천적 함축들이었다. 즉, 그들이 초래하고자 혹은 피하고자 마음을 먹은 게 무엇이었는가 하는 점이 달랐다.

근대 민주주의 역사를 태평한 눈으로 바라보면, 이 같은 기대의 변화는 그보다 앞서 일어난 도덕적·정치적 확신의 변천을 그저 얌전히 따라가고 있는 것으로 보일 것이다. 또한 민주주의의 승리는 정의롭고 정당한 지배를 이루기 위한 강력한 처방의 승리(그런 지배가 부자들을 별로 두렵게 하지 않으며 사실상 모든 사람에게 적어도 약간의 혜택은 기약해 준다는 행복한 발견이 신중한 관망의 시간이 얼마간 흐른 후 적절한 보상으로 뒤따르는)로 보이게 될 것이다. 그러나 미합중국이라는 부분적이지만 중량감 있는 예외를 빼면, 그것은 실제로 일어난 역사라 하기 어렵다.

바뵈프 자신의 정치적 모험은 그의 정치적 기대가 갖는 현실성 문제를 해결할 실마리를 제공하기에는 너무나 무력했다. 권력을 얻으려는 시도가 착수되기도 전에 이미, 보다 유력한 계승자들(특히 레닌이 가장 주목할 만하다)[2]의 손에서 정치적 기대가 의도적으로 재구성되었다. 또한 평등주의적이고 민주주의적인 목표와 권위주의적인 수단 및 구조 사이의 긴장이 첨예해진 상태로 지속되었다. 그 목표를 혐오하는 사람들이 주장과 결과 사이의 간극을 강조하면서, 크게 벌어진 그 간극을 들어 지속적인 평등 기획이 의도적인 사기이거나 끔찍하고 지독한 혼동이라고 묘사하기는 어렵지 않았다. 1917년 이후 이것은 더 이상 단순한 논쟁점이 아니라 대단히 강력한 정치적 규탄거리가 되었다. 바뵈프가 꿈꾼 세상, 즉 결국 가난한 자들이 안전하게 살게 되는 부자 없는 세상은 한 번도 폭넓은 신

2 Neil Harding, *Lenin's Political Thought*, 2 vols(London: Macmillan, 1977 & 1981).

뢰를 얻어 본 적이 없다. 그러나 더 웅대하고 지적 자기만족도 훨씬 강한 공산주의 기획, 즉 죽마를 탄 평등Equality on Stilts[3]은 적당한 때가 되면 아주 많은 수의 공개적인 추종자를 확보하게 된다. 적어도 그런 추종자들의 명목상 충성을 확보하고 있던 동안에는 그 기획이 바뵈프의 정치적 묘약(온갖 유연성을 발휘해서 보았을 때 바뵈프 자신이 자연스럽다고 여긴 것으로 해석되는 정치적 묘약)을 확고하게 고수했다. 민주주의는 사실상 평등을 향한 길을 가리키는 체제 이름이 되었다. 그 난해한 목표를 향해 매진할 책임을 자진해서 짊어진 모든 정치제도를 빛나게 하는 이름 말이다. 기대 변화가 자연스럽게 진행되고 평등의 옹호자들이 공식적으로 항복하고 나서야 비로소 민주주의와 특별한 연계가 있다는 주장도 더불어 포기되었다. 이것은 내적으로 생성된 믿음이나 취향 상의 변화가 아니었다. 하나의 전혀 달갑지 않은 경험이 가진 치명적인 영향력에 대한 투항이었다.

민주주의라는 외투를 걸치기 위한 투쟁이 맨 처음 벌어진 주된 전쟁터는 유럽 대륙, 더 자세히 말하면 나폴레옹의 군대가 가장 오랫동안 가장 힘을 덜 들이면서 통제했던 유럽의 서쪽 부분이었다. 그 군대가 간신히 도달한 하나의 핵심 무대가 바로 영국 제도諸島 중 가장 큰 섬이었다. (아일랜드의 기록은 다소 달랐다.) 그러나 유럽 대륙 전체가 그랬듯 영국에서

3 자연권다운 자연권에 대한 벤담의 의견을 참조할 것. *Anarchical Fallacies*, in J. Bentham, *Rights, Representation and Reform: Nonsense upon Stilts and Other Writings on the French Revolution*, ed Philip Schofield, Catherine Pease-Watkin and Cyprian Blamires(Oxford: Clarendon Press, 2002), 317-434, 특히 330.

조차 거의 19세기말까지 내내 민주주의는 바로 그 이름으로 소수의 극단적 반체제 인사들 집단이나 현존 질서에 정면으로 또 근본적으로 도전하려는 운동의 정치적 목표였다.[4] 오늘날의 시각으로 볼 때 민주주의를 구성하는 관행들, 즉 확대된 선거권에 기초해 입법부가 선출되고, 투표 자체에 더 큰 자유 혹은 심지어 완벽한 비밀이 보장되며, 행정 관리들이 적어도 부분적으로는 자기들이 통치하는 사람들에게 책임을 지는 일이, 얼마 지나지 않아 유럽 대륙 거의 전역에 걸쳐 극적으로 확대되었다. 그러나 그 관행들의 주된 진전, 특히 상대적으로 지속적이었던 진전은 옛 질서의 혁명적 몰락에서 비롯되거나 민주주의의 기치 아래서 나온 게 아니라, 피에몬테Piedmont(때가 되면 이탈리아)의 카부르 백작Count Cavour, 프러시아(나중에는 독일)의 오토 폰 비스마르크Otto von Bismarck, 영국의 벤저민 디즈레일리Benjamin Disraeli 같은 대담한 보수 정치인들의 능숙한 방어 전략에서 나왔다.[5] 심지어 혁명적인 제2공화국 치하의 프랑스에서조차도 새로운 유

4 Dorothy Thompson, *The Chartists: Popular Protest in the Industrial Revolution*(Aldershot: Wildwood House, 1986) ; Gareth Stedman Jones, Rethinking Chartism, *Languages of Class* (Cambridge: Cambridge University Press, 1983), 90-178; Mark Hovell, *The Chartist Movement* (Manchester: Manchester University Press, 1918); Logie Barrow and Ian Bullock, *Democratic Ideas and the British Labour Movement 1880-1914*(Cambridge: Cambridge University Press, 1996).

5 카부르에 대해서는 Dennis Mack Smith, *Italy: A Modern History*(New Haven: Yale University Press, 1997), chapters 1-3; Denis Mack Smith, *Cavour and Garibaldi: A Study in Political Conflict*(Cambridge: Cambridge University Press, 1985); Anthony Cardozo,

권자들은 보나파르트의 달갑지 않은 자손 루이 나폴레옹Lois Napoleon의 제2 제정을 곧바로 불러들였다. 무정부주의자 프루동이 침울해 하면서 상당히 길게 언급한 것처럼, 보통 선거권은 대단히 불확실한 정치적 선善이었고, 사실상 반혁명과 쉽사리 구별하기 어렵게 되어 버렸다.[6]

'Cavour and Piedmont', John A. Davis(ed), *Italy in the Nineteenth Century*(Oxford: Oxford University Press, 2000), 108-31을 참조. 비스마르크에 대해서는 A. J. P. Taylor, *Bismarck: The Man and the Statesman*(London: Arrow Books, 1961); Fritz Stern, *Gold and Iron: Bismarck, Bleichroder and the Building of the German Empire*(London: George Allen & Unwin, 1977)을 참조. 디즈레일리에 대해서는 Paul Smith, *Disraeli: A Brief Life*(Cambridge: Cambridge University Press, 1996); Edgar Feuchtwanger, *Disraeli*(London: Arnold, 2000); Maurice Cowling, *1867: Disraeli, Gladstone and Revolution*(Cambridge: Cambridge University Press, 1967)을 참조.

6 프루동은 수십 년에 걸쳐 이 쟁점에 관해 생각하고 저술했는데, 대개는 어느 정도 불안하고 낙담한 상태에서 이루어졌다. 핵심 에피소드들에 대해서는 Pierre-Joseph Proudhon, *Idée Générale de la Révolution au xixe siècle*, ed Aimé Berthod(Paris: Marcel Rivière, 1923), 210-14, 344-45를 참조. 그의 특징을 잘 드러내는 기록들로는, 예컨대 다음을 참조. p. 211: '*Je veux traiter directement, individuellement pour moi-même; le suffrage universel est à mes yeux une vraie loterie*'(완벽한 추첨); p. 208: '*Gouvernement démocratique et Religion naturelle sont des contradictions, à moins qu'on ne préfère y voir deux mystifications. Le peuple n'a pas plus voix consultative dans l'État que dans l'Église: son rôle est d'obéir et de croire.*' *La Révolution Sociale démontrée par le coup d'état du deux decembre*, ed Edouard Dolléans and Georges Duveau(Paris: Marcel Rivière, 1936), chapter 3과 pp. 288-97; *De la Capacité Politique des Classes Ouvrière*, ed Maxime Leroy(Paris: Marcel Rivière, 1924) , Part II, chapter 15와 Part III. 그의 사유 전체에 대한 유용한 설명으로는 Robert J. Hoffman, *Revolutionary Justice: The Social and Political Thought of P-J Proudhon*(Urbana: University of Illinois Press, 1972)과 K. Steven Vincent, *Pierre-Joseph Proudhon and the Rise of French Republican Socialism*(New York: Oxford

입법적 대의의 확장과 선거권 확대는 얼마 지나지 않아 거의 모든 곳에서 심한 갈등을 불러일으켰고, 정권의 존속을 위협하는 경우도 자주 있었다. 대개혁법안Great Reform Bill을 가진 영국조차도, 한동안 많은 동시대인들에게 그리고 적어도 이후의 몇몇 역사가들에게, 혁명에 아주 근접해 있는 것으로 보였다. 그러나 적어도 평화 시에는 선거를 통한 대의 경험의 축적이 불안감을 현저히 없애 준다는 것이 분명해졌다. 소유의 특권과 심지어 상공업의 융성조차 선거권 확장 이후에도 거의 고스란히 그리고 놀라우리만큼 변형을 별로 겪지 않은 채 살아남았다. 20세기 초쯤 되면 여성들이 투표할 수 있도록 허용해도 무방할 거라는 생각이 더 이상 터무니없는 것으로 여겨지지 않게 되었다. 또 민주주의를 기치로 내세운 대중 사회주의 정당들이, 물론 대개의 경우 아직 평등한 조건하에서 경쟁하게 된 건 아니지만, 적어도 끊임없이 괴롭힘을 당하지는 않는 상태로 경쟁자들과 경쟁할 수 있었다. 남성의 보통 선거권이 재산에 대한 현실적 위협이 전혀 되지 않는다는 19세기 초 매디슨의 발견이 유럽의 절반이 훨씬 넘는 나라들에서도 (상당히 나중 일이긴 하지만) 독립적으로 이루어졌는데, 늘 직접 경험을 통해서 그런 건 아니고 점점 더 분명해지는 추론을 통해서 그렇게 되었다. 그러나 사실상 이중 아무것도, 심지어 여성들에게 선거권을 부여하는 일의 첫 시작조차도, 아직은 바로 그 민주주의라는 제목을 달고 일어나지는 않았다. (여자들을 유권자에 포함시키는 일

University Press, 1984)을 참조.

은 언제나, 관념으로서의 민주주의가 어구 자체에 충실하려는 경향을 갖고 있다는 점을 여실히 드러내 주는 훌륭한 사례였다. 지배가 정당하거나 안전하기 위해서는 모든 사람이 다스려야, 혹은 적어도 다스림에 관여해야 한다고 할 때, 그 생각이 유보를 단 채 다루어지고 있다는 증거로서, 성인 인구의 절반이 넘는 사람을 지배자 대열에서 무의식적이고 거의 완전히 무반성적으로 제외하는 것보다 더 분명한 증거가 있을 수 있을까?)

더욱 분명하게 드러난 것은 갈수록 확대되는 대의의 적나라한 정치 논리였다. 선거를 통해 대의를 제한하는 것이 실제로 전혀 필요 없는 일이라는 게 분명하며, 또 그런 대의를 가능한 한 널리 확장하는 것이 지배하는 정치인들과 지배받는 사람들 양쪽 모두에게 결국은 이득이 된다는 것 역시 마찬가지로 분명하다는 논리 말이다. 이것은 분명 지금 우리가 민주주의라고 부르는 것, 의심할 여지없이 불완전하고 온전히 자기 확신을 갖고 있는 것도 아니지만, 틀림없이 우리가 염두에 두고 있는 바로 그것이다. 그러나 우리가 왜 그것을 민주주의라고 부르게 되었는가? 도대체 왜 이런 통치 형태를 민주주의라고 묘사하는 것이 에둘러서나마 적절하게 되는 건가? 왜 그 용어는 명백히 잘못된, 귀에 거슬리는 이름이 아닌 건가?

이 마지막 질문에 어떻게 대답해야 할지는 여전히 분명치 않다. 아마도 민주주의는 단순히, 우리가 지금 그 이름을 붙여 부르는 체제들에 대한 잘못된 명칭, 그러니까 노골적이고 어떤 수준에서는 의도적이기도 한 부정확한 묘사일 것이다. 그러나 잘못된 이름이든 아니든, 그 용어는 분명 자리를 잡게 되었다. 의미가 이상하다거나 도덕적으로 뻔뻔하다고 개

탄핵 봐야 소용없다. 우리가 파악할 필요가 있는 것은 왜 그것이 자리를 잡게 되었는가 하는 점이다. 이것을 파악하는 데 핵심적인 열쇠는 그 용어가 언제 도래했는지를 알아보는 일이다. 그 용어는 이렇게 본질적으로 새로운 모습을 하고 북아메리카 대륙을 넘어 들어왔다. 연속해서 일어난 양차 세계대전의 승자들이 문명을 절실히 필요로 하는 세상에 제공한, 문명화된 지배(문명인들에 의한 문명인들의 지배)를 이루어 내기 위한 새로운 처방을 일컫는 이름으로서 말이다. 그렇게 새로운 이름을 제공한 최초의 인물은 대학에 몸담았던 정치학자이자 프린스턴 대학교의 전 총장이었으며 나중에 미합중국의 대통령이 되어 새로운 세계 질서의 건설자를 자임했던 우드로 윌슨Woodrow Wilson이었다.[7] 이 시점에는 그 일이 실제

[7] cf. Michael Mandlebaum, *The Ideas that Conquered the World: Peace, Democracy and Free Markets in the Twenty-first Century*(Oxford: Public Affairs Press, 2002); Tony Smith, *America's Mission: The United States and the Worldwide Struggle for Democracy*(Princeton: Princeton University Press, 1995); John A. Thompson, *Woodrow Wilson*(London: Longman, 2002)은 명료하고 균형 잡힌 설명을 제공한다. 1917년 4월 2일 의회에서 미국의 전쟁 목표를 이야기할 때 윌슨이 보인 확고함에 주목하라. "우리는 늘 우리 가슴 가장 가까이에 지녀 왔던 것들을 위해 싸우게 될 것입니다. 민주주의를 위해, 자신들의 정부 안에 목소리를 갖고자 권위에 복종하는 사람들의 권리를 위해, 약소국들의 권리와 자유를 위해, 모든 국가에 평화와 안전을 가져다주고 세계 전체가 마침내 자유롭게 되도록 할 만한, 자유로운 인민들의 협력으로 옳음이 온 세상을 장악하도록 하기 위해."(149-50). 그러나 1년 후에 사려 깊은 유보를 보이는 것에도 주목하라(1918년 4월 8일 외국 기자들에게 한 발언). "내가 민주주의를 위해 싸우고 있는 것은 민주주의를 원하는 인민들을 위해서일 뿐입니다. 그들이 민주주의를 원하지 않는다면, 그건 내가 상관할 일이 전혀 아닙니다"(169, 185). 어떤 대통령들은 다른 대통령들보다 더 느리게 배운다. 도대체 배우게

로 성공을 거두지는 못했다. 세계 질서에 대한 윌슨의 묘방은 베르사유 회의의 보복성 모의들 속에서 실패하게 되고 고국인 미국에서도 기본적으로 거부되었다(이 거부는 다른 어느 곳에서든 민주주의에 좋은 평판을 제공하는 데 거의 도움이 되지 않았다). 그 용어가 두고 떠나온 곳인 유럽은 심각한 경제적 위기 상황을 계속 겪고 있었고, 격렬한 사회적 갈등과 극심한 이데올로기적·민족적 대결로 분열된 채, 세계대전을 또다시 불러일으킬 정도의 인내의 한계를 느끼며 때를 기다리고 있었다. 민주주의는 우파 쪽에서, 그러니까 계속되는 평등의 위협에 맞서 유럽인들을 지키겠다고 자원한 사람들로부터 잔혹한 도전을 받았는데, 그 평등 위협은 대단히 외부적인 세력을 주된 충성의 대상으로 삼는, 똑같이 권위주의적인 정치 운동에 의해 강하게 제기되는 것이었다. 민주주의를 주로 그리고 훨씬 더 큰 확신을 가지고 옹호하는 쪽은 스스로 평등에 한층 더 가까이 가기를 여전히 바라는 사람들이었다. 민주주의는 이기주의 질서의 흔들리지 않는 헤게모니를 가리키는 자연스런 이름도 아니요, 그 헤게모니를 얻기 위한 강력한 실천적 처방도 아니었다.

민주주의가 그런 것이 되기 위해서는 두 번째 큰 전쟁을 치르고 승리해야 했으며, 또 다른 훨씬 더 긴 투쟁을, 때로는 훨씬 더 큰 파괴를 가져올 수도 있는 투쟁을[8] 견디고 살아남아야 했다. 위협을 받고 또 대개는

된다 해도 말이다.

8 Paul Bracken, *The Command and Control of Nuclear Forces*(New Haven: Yale University

정복을 당한 유럽 인민들이 민주주의의 기치 아래 미국과 같은 대열에 합류한 것은 저 두 번째 투쟁 중에, 그리고 제3제국의 공포와 일본의 아시아 정복 만행에 직면한 가운데 일어난 일이었다. 처음에 그들이 그 대열에 합류했을 때는 소비에트 동맹국과도 사뭇 어깨를 나란히 하고 있었는데, 소비에트 동맹국의 막대한 희생과 부단한 군사적 위업은 독일의 전진을 막고 그 거대한 탱크 부대를 격파해서 자기 땅으로 돌아가도록 가차 없이 몰아내는 데 훨씬 더 많이 할애되었다.[9] 히틀러가 지상의 [공군 기지를 타격해_옮긴이] 소비에트 공군 3분의 1 이상을 궤멸시키고 수백 마일에 걸친 소비에트의 전방 방어선을 뚫어 낸 기습 공격blitzkrieg인 바바로사Barbarossa 작전 이후에는 소비에트 역시 제3제국을 자신의 주적으로 삼는 데 어떤 어려움도 남아 있지 않은 상태였다. 민주주의 문제에 관해서 소련은 제2차 세계대전의 호된 시련으로부터 배운 게 아무것도 없었고 잊은 것 역시 아무것도 없었다. 그러나 보다 서쪽 지역에서는 이기주의 질서의 정치 지도자들이 이 어마어마한 트라우마로부터 한 가지 크고 지속적인 교훈을 얻었다. 그들은 그들의 경제와 사회의 기본 작동 원리인 저 이기주의 질서가 민주주의라는 단어와 그 단어가 정말로 아주 절박하게 표상하는 관념들을 필요로 하는 상황이 있을 수 있다는 것을 배웠다. 최

Press, 1982).

9 John Erickson, *The Road to Stalingrad*와 *The Road to Berlin*(둘 다 London: Panther, 1985).

후에 그리고 격심한 고통에 직면해서, 그들은 무엇보다도 자기 시민들의 충성을 집중시키기 위해, 또 결사적으로 싸워 지킬 가치가 있는 대의大義를 (이기주의 질서가 수많은 사람들을 위해 제공하리라고 결코 기대할 수 없는 방식으로) 규정하기 위해 그것을 필요로 했다.

제3제국이나 이탈리아 파시스트도, 파시스트적 군국주의 단계에 있던 제국주의 일본도 민주주의를 전혀 중시하지 않았다. 그렇기에 그 용어는 더 이상 그 애매성을 해소할 필요 없이 아주 수월하게 그들의 적을 규정하는 데 쓰였다. 전쟁이 끝나고 소련의 통제력이 동유럽을 단단히 죄고 나서야 비로소, 민주주의를 더 확고하게 규정하는 일, 국내적·국제적으로 정치적 동맹이나 적대의 적절한 기초를 설명하는 일이 필요해졌다. 바로 그 시점에, 레닌이 권력을 잡은 이래 사회주의자들에게 극도로 중대한 사안이 되어 온 싸움이 그 어느 때보다 폭넓은 관심의 대상으로 부각됐다.[10] 1917년 10월 이전에 거의 모든 20세기 서양 사회주의자들

10 Tony Judt, *La Réconstruction du parti socialiste 1921-1926*(Paris: Presses de la Fondation nationale des Sciences Politiques, 1976); *Socialism in Provence 1871-1914: A Study of the Origins of the Modern French Left*(Cambridge: Cambridge University Press, 1979); *Marxism and the French Left: Studies in Labour and Politics in France 1830-1981*(Oxford: Clarendon Press, 1986); George Lichtheim, *Marxism: An Historical and Critical Study*(London: Routledge, 1961); *Europe in the Twentieth Century*(London: Weidenfeld & Nicolson, 1972); Annie Kriegel, *Aux Origines du communisme français*, 2 vols(Paris: Mouton, 1966); Richard Lowenthal, *World Communism: The Disintegration of a Secular Faith*(New York: Oxford University Press, 1964).

은 서로 목표나 정치적 기질, 선호하는 제도적 수단이 아무리 크게 다르다 해도 그들 자신이 보기엔 민주주의자였다. 3년이 지나지 않아 전 세계 사회주의자들은 러시아에 들어선 새 정권으로 인해 격심하게 분열되었다. 폭정과 억압을 이유로 그 정권을 단호하게 거부하거나 아니면 진정으로 평등파의 횃불을 든 건 오직 그 정권뿐이라고 주장하면서 말이다.[11] 두 번째 관점을 채택한 사람들이 보기에, 그 정권이 민주주의라 불릴 자격이 있는지를 문제 삼거나 그 통치 스타일을 비난하는 사람이 있

이 싸움의 배후에는, 다른 많은 것들 가운데서도 특히, 마르크스 자신이 이론적·실천적으로 민주주의에 대해 어떤 태도를 취했는가라는 곤란한 질문이 도사리고 있었다. 이것은 우리가 되찾을 필요가 있는 이야기의 불분명함, 한 세기를 훨씬 넘는 기간에 걸쳐 벌어진 전 지구적 투쟁이 쳐놓은, 상호 대립하는 짙은 연막들 속에 가려진 그 불분명함을 집약해서 잘 보여 준다. 대표적인 불일치를 보려면, 리히트하임(George Lichtheim)과 퓌레(François Furet)의 저작들 외에 Shlomo Avineri, *The Social and Political Thought of Karl Marx*(Cambridge: Cambridge University Press, 1968); Oscar J. Hammen, *The Red 48-ers*(New York: Charles Scribner, 1969); Alan Gilbert, *Marx's Politics*(Oxford: Martin Robertson, 1981); Richard N. Hunt, *The Political Ideas of Marx and Engels*, 2 vols(London: Macmillan, 1974); Hal Draper, *Karl Marx's Theory of Revolution*, 2 vols in 4(New York: Monthly Review Press, 1977-78); Leszek Kolakowski, *Main Currents of Marxism*, tr P.S. Falla(Oxford: Clarendon Press, 1978); Michael Levin, *Marx, Engels and Liberal Democracy*(Basingstoke: Macmillan, 1989)와 *The Spectre of Democracy: The Rise of Modern Democracy as Seen by its Critics*(Basingstoke: Macmillan, 1992), 그리고 스테드먼 존스(Gareth Stedman Jones)가 Karl Marx and Friedrich Engels, *The Communist Manifesto*(London: Penguin Books, 2002)에 쓴 서문을 참조.

*11* François Furet, *The Future of an Illusion*, tr Deborah Furet(Chicago: University of Chicago Press, 1999).

다면 누구든 그는 그저 이기주의 질서의 신봉자, 즉 부자들에게 빌붙는 비굴한 아첨꾼이라는 것을 스스로 드러낼 뿐이었다. 부자들의 아첨꾼이라는 비난이 도처에서 사회민주주의자들을 아프게 찔러 댔다. 그러나 다른 정파들에 몸담은 선거 정치인들에게는 그것이 특별한 오명을 안기는 일이 아니었으며, 사회민주주의자들이 맹비난하며 내세우는 내용 가운데 민주주의적 요소를 받아들이되 평등주의적인 부담거리들과 연관될 만한 요소는 다 제거한 채 받아들이는 것이 상대적으로 쉽게 여겨졌다. 이어진 싸움은 좋은 모양새를 갖춘 정치적 논쟁이 전혀 아니었고, 결국 어느 한 쪽이 이겼다고 정확히 말할 수 있는지도 전혀 분명하지 않다. 그러나 늦어도 1991년쯤에 아주 명백했던 것은 한 쪽이 확실히 졌다는 것이었다.

민주주의를 구현하고 있다고 자처하는 승자의 주장이 소련의 몰락으로 입증되었다는 것은 아니다. 단지 패배한 소련 공산당이 내세운, 인민으로서 지배한다는 주장이, 어떤 모양이나 형태로든 평등을 가져다준다는 그들의 주장과 더불어, 그들이 더 이상 아무런 지배 권력도 지니지 않게 되자, 터무니없는 것으로 해체되었다는 것이다. 그 터무니없음 또한 1991년쯤엔 이미 아주 공공연한 비밀이었다. 40여 년에 걸친 냉전은 결코 명료한 집단적 자기 교육을 제공하지 못했다. 그러나 그 냉전은 다음과 같은 점을 합리적 의심의 여지가 없는 것으로 확립했다. 즉, 신민들에게 의사를 자유롭게 표현하거나 자기들 이익을 옹호하기 위해 조직을 구성할 기회를 주지 않는, 전혀 책임지지 않는 지배 집단을 민주주의(혹은, 사실 이 경우는, 인민공화국)라고 서술하는 것은 단순하고 우스운 언어

남용이라는 점 말이다.

민주주의라는 용어가 전 세계에 걸쳐 그토록 두드러지게 된 것은 전쟁 후 소련과 그 동맹국들을 상대로 벌어진 오랜 투쟁 때문이었다. 시작부터 그것은 확실히 이기주의 질서의 옹호자들과 그 질서가 잘못되기를 공공연히 바라는 사람들 간의 싸움이었다. 그러나 점차 그것은 또한 민주주의라는 용어의 정치적 소유권을 놓고 벌어지는 싸움이 되어 갔다. 그 싸움의 강도, 범위, 지속성 때문에 전열이 자주 지리멸렬해지고 뒤엉켰다. 수십 년에 걸쳐 차례로 인도네시아에서, 남한에서, 대만에서, 남베트남에서, 칠레에서 아주 공공연하고 뻔뻔한 독재 정권들이 별다른 해명도 없이 서양 민주주의자들의 반열에 이름을 올렸다. (내 적의 적은 내 친구라는 것이다.) 그러나 이런 엄격함의 부족에 대해서는 당시에도 비우호적인 평가들이 많이 나왔고, 민주주의의 망토를 그토록 아주 넓게 펼쳐 놓는 것은 정치적으로 호감을 주지 못할 뿐만 아니라 치러야 할 대가도 크다는 것이 수십 년이 흐르는 동안 점점 더 분명해졌다. 미국의 정치 수완은 매우 느리되 약간 더 엄격해지게 되었고, 상이한 많은 나라의 더 부유하고 더 잘 교육받은 사람들은 권위주의적 지배가 잠깐 주춤해질 때마다 혹은 경기순환이 권위주의적 지배에 매우 비우호적일 때마다 그런 지배에 대해 더 격렬하게 이의를 제기했다. 이런 비극적 기원 아래에서, 민주주의는 이기주의 질서를 자라나게 할 뿐만 아니라 그 질서의 융성을 주민들 대부분의 시민적 권리에 대한 모종의 실제적인 보호와 결합시킬 수 있는 잘 확립된 묘방으로 제시되고 환영받았다. 그것은 상대적으로 소수의 사람들에게만 위협이 되었고 대다수의 사람들에게는 소박하나마 희망으로 다가갔다. 경제적 타산(즉, 이기주의 질서를 육성하는 데 필요한 조건들에 대한 충분한 고려)은 때때로 약간의 고통을 동반하면서[12] 민주주의 체제 내의 가장 투쟁적인 정당들이 공언하는 정치 레퍼토리에 편입되었다.

2001년 9월 11일 이후, 돌연히 그리고 놀랍게도 거의 아무런 당혹감도 주지 않으면서, 전 세계에 걸친 민주주의의 확산이 갖는 의미가 완전히 다시 바뀌어 전혀 새로운 절박성을 얻게 되었다. 미국이 내건 기치 위에 놓인 의전적 표시였던 민주주의가 적어도 한동안 핵심적인 정치 무기가 되기까지 했다. 이듬해 11월 부시 대통령 자신이 인정한 것처럼 "민주주의의 전 지구적 확장은 테러리즘과 폭정을 물리칠 최후의 힘이다."[13] 미합중국은, 문제되는 폭군들이 다른 방식으로 쓸 만하다는 게 드러난다면, 외국에서 수십 년 동안 계속 벌어지는 폭정을 묵과하는 데 별 어려움을 느끼지 않던 터였다. 카슈미르에서 러시아 공화국에 이르는 (그리고 아마 어떤 시점에는 북아일랜드까지도 포함하는) 다양한 국가들에서 발생한, 가끔은 서로 똑같이 긴 기간 동안 발생한 적도 있었던 테러리즘을 미국은 짐짓 무관심한 척 바라보았던 것이다. 폭정을 물리치는 것이 갑자기 긴요한 일이 된 까닭은 폭정이 테러리즘과, 그것도 더 화급하게는 미합중국

12 cf. John Dunn, *The Politics of Socialism*(Cambridge: Cambridge University Press, 1984); *The Cunning of Unreason*(London: HarperCollins, 2000).

13 George W. Bush, *Financial Times*, 11 November 2003. cf. Woodrow Wilson, 이 장의 각주 7 참조.

내의 테러리즘과 연관되어 있다고 추정되었기 때문이다.

이젠 폭정이 테러리즘을 낳는 것으로 보였다. 테러리즘을 근절하려면 (혹은 최소한 테러리즘이 북아메리카까지 세력을 뻗치는 것을 막으려면) 이젠 폭정 역시 근절하는 수밖에 없었다. 폭정을 제거하는 일을 가리키는 근대적 명칭이자 그 일에 특히 효과적인 근대적 실천 묘방이 이제 민주주의였다. 전 세계가 민주주의의 지배 아래 통합될 때만 미합중국이 느끼기에 테러로부터 전적으로 안전한 세상일 수 있었다. 이런 독특한 전략적 평가가 아주 오래 지속되지는 않을 것이다. 이런 제한된 의미에서조차도 민주주의의 세계화는 목전의 많은 적을 가진, 대가가 큰 정치 의제다. 그것을 성취한다고 해서 바라던 결과가 산출될지는 전혀 분명하지 않다. 테러리즘에 공감하거나 그 실행자들을 돕고 싶을 정도로 비통함을 느끼는 사람들이 단지 자기들의 통치자에 대해 얼마간 더 통제력을 획득했다고 해서 자기 감정에 따라 행동하는 데 더 거리낌을 느껴야 할 아무런 명확한 이유도 없다. 요르단 강 서안과 가자Gaza 지역을 민주화한다고 해서 바로 그 일 자체 때문에 두 곳에 현재 거주하는 사람들 대부분이 이스라엘 시민들을 좋아하게 되는 일은 거의 없을 것이다. 지금의 형태로 보면 이것은 신뢰할 만한 정치적 부적이기보다는 오히려 이데올로기적 과장의 명백한 사례인 것 같다.[14] 그러나 그것은, 분명 한시적이라는 게 드러나긴 하겠지만, 아무튼 하나의 특정한 이데올로기 연쇄의 절정을 보여 준다. 이것

14 cf. Paul Kennedy, *The Rise and Fall of the Great Powers*(London: Fontana, 1989).

이 과연 민주주의가 무엇인지 혹은 무슨 의미인지를 이해하는 좋은 방식인가에 대해 우리는 아주 과감하게 마음을 바꿀 수 있(고 심지어 미국 정부조차도 어느 정도 그럴 수 있)다. 차기의 미국 지도자들은 그렇게 이해된 민주주의로부터 희망을 갖는(혹은 두려움을 내려놓는) 것이 분별 있는 일인지에 대한 그들의 평가를 수정할 것이 거의 확실하다. 일어날 가능성이 거의 없는 일은, 그렇게 이해된 민주주의가 제공할 수 있다고 판명될 법한 혜택의 이런 추정치를 누군가가 실질적으로 높이는 것이다.

우리는 이제 우리의 네 가지 질문 가운데 세 가지에 어떻게 대답해야 할지 알 수 있다. 민주주의는 바뵈프 이래 아주 급격하게 의미가 바뀌었다. 민주주의가 평등파의 손에서 이기주의 질서 정치 지도자들의 손으로 완전히 넘어갔기 때문이다. 이 지도자들은 (우리 대부분의 적극적인 동의를 받아) 민주주의를, 자신들을 선택해서 자신들로 하여금 지배할 수 있게 해주는 통치 형태에 적용한다. 그것은 적어도 이기주의 질서가 현재 요구하는 조건들에 최소한으로는 적응이 된 통치 형태이며, 그 질서를 잘 돌아가는 상태로 유지해야 한다는 지속적인 요구 속에서 만들어지고 또 그런 요구에 맞게 조정된 통치 형태다. 희랍의 민주주의 원형들은 제도적으로든 정치적으로든 그런 서비스를 좀처럼 제공할 수 없었을 것이다. 그리고 그런 서비스 자체가 로베스피에르나 바뵈프의 꿈에서 중요한 부분을 차지했다는 건 설득력 있는 주장이 될 수 없다. 대의 민주주의가 이기주의 질서의 점점 더 자기의식적이고 세심해지는 서비스와 결합하는 일은 지난 두 세기 내내 긴박한 도전에 직면해 왔다. 그러나 지난 15년 동안 그 결합은 이 모든 도전들을 극복하면서 전례 없이 확고하게 결론을 내렸다. 이런 대의적 형태의 민주주의가 그 결합이 거둔 대규모 승리의 원천이면서 또한 상당한 정도까지는 그 승리의 정당화 근거이기도 하다는 결론 말이다. 그 도전들을 극복할 수 있게 만든 것이 무엇이었는지는 아직도 열려 있는 질문이다. 그러나 틀림없이 그 대답의 상당 부분은 순전히 이기주의 질서의 효능 자체에 있다.

지난 세기 초 결의에 찬 러시아 정치가 표트르 스톨리핀Pyotr Stolypin은 러시아 소농 공동체들의 평등주의적 무기력증을 타파하고 그들을 이기주의 질서의 준엄한 요구에 종속시킴으로써 차르 정권을 구해 내려는 최후의 필사적인 노력을 경주했다.[15] 이 전략에 그가 붙인 이름은 "강자 쪽에 걸기"The Wager on the Strong였다. 그것은 한 나라 안에서든 전 세계에 걸쳐서든 이기주의 질서의 필수 요건들에 부합하려는 정치 전략을 가리키기에 좋은 일반적인 이름이다. 바뵈프나 부오나로티가 이미 부자인 (그래서 늘 잠재적으로 다소 활력을 잃은) 자들의 특권을 옹호하는 데 중점을 둔 정치체제를 탐탁지 않게 본 것과 대조적으로, 그 이름은 항구적인 변화와 그 변화를 현실화할 수 있는 힘(그 힘을 갖고 있는 것으로 드러나는 게 누구든지 간에)의 활용을 목표로 하는 전략의 중요성을 훌륭하게 포착하고 있

15 Orlando Figes, *A People's Tragedy: The Russian Revolution 1891-1924*(London: Pimlico, 1997), chapter 6, 특히 232-41; Teodor Shanin, *The Awkward Class: Political Sociology of Peasantry in a Developing Society: Russia 1910-1925*(Oxford: Clarendon Press, 1972); Geroid T. Robinson, *Rural Russia under the Old Regime*(Berkeley, California: University of California Press, 1967).

다. 로베스피에르를 불안하게 했던 공안위원회 동료 루이 앙투안 드 생쥐스트Louis Antoine de Saint-Just는 공포정치의 절정기 어느 시점엔가 가난한 malheureux 사람들이야말로 지구상의 실제 권력자들이라고 장렬하게 선포했다.[16] 그러나 그는 아주 형편없는 예언자임이 드러났다. 강자 쪽에 걸기란 부자 쪽에 거는 것, 즉 어느 정도까지는 부득불 이미 부자가 되는 행운을 가진 사람들에게, 하지만 무엇보다도 자신들을 그렇게 만들 수 있는 기량, 담력, 운을 가진 사람들에게 거는 것이다. 결국 강자 쪽에 걸기는 기가 막히게 성공했다. 하지만 네 번째 질문은 어떻게 되는가? 강자는 왜 세상을 자기들 목적에 맞게 만들려는 엄청난 투쟁에서 그들에게 무엇보다도 가장 도움이 된 통치 형태를 명명하기 위해 모든 단어들 가운데 하필 이 단어를 선택했는가?

지금도 나는 우리가 그 질문에 대한 대답을 그리 잘 알고 있지 못하다고 생각한다. 그러나 분명한 것은 그들이 그런 선택을 하는 데 있어 핵심 국면이 미합중국에서, 그것도 젊은 토크빌이 그 영향을 살펴보려고 배를 타기 전에, 발생했다는 것이다. 그때 이후로는 이 단어가 때로는 급류를 뚫고 돌진하기도 하고 때로는 거대하고 느린 소용돌이 속을 표류하거나 오랜 정체의 늪 속으로 사라지기도 하면서 역사의 흐름과 더불어

16 Louis Antoine de Saint-Just, *Oeuvres complètes*, ed Charles Vellay(Paris: Charpentier & Fasquelle, 1908), II, 238 Speech of 8 Ventôse An II(26 Feb 1794), 감옥에 수용되어 있는 사람들에 관한 공회(Convention) 보고서. "가난한 사람들이 지구상의 권력자들이다; 그들은 그들을 무시하는 정부에 대해 주인으로서 발언할 모든 권리를 갖고 있다."

전진하는 모습을 추적하기가 상대적으로 쉽다. 또 왜 그 단어가 옹호자들을 불러 모으거나 적대를 조장하면서 그토록 많은 상이한 사용자들을 매혹하거나 혐오스럽게 만드는지 알아내기도 역시 쉽다. 왜 그 단어가 도중에 한 방향으로 끌려갔다가 그다음엔 다른 방향으로 끌려갔다 하면서 끊임없이 정의定義를 잃어버리고, 그 단어를 받아들이기로 선택한 누군가에게 대체로 휘둘리게 되는지를 알아내기란 훨씬 더 쉽다. 알아내기가 여전히 더 어려운 것은 그 단어가 그것을 쓰기로 선택하는 사람들을, 그들의 정치적인 힘을 키워 주거나 기만을 드러내거나 자신들의 목표에 대한 이해를 흐릿하게 만들거나 하면서, 어떻게 돕거나 혹은 어떻게 방해하는가 하는 점이다. (다른 무슨 장점들을 갖고 있든 간에 이것이 누군가로 하여금 얼마 동안이 되었든 자신들의 정치적 목표를 명료히 하는 데 크게 도움을 준 용어라고 믿기는 어렵다.)

이 시점에서 민주주의의 이데올로기적 승리는 당황스러우리만치 완벽해 보인다. 물론 당장 적들이 다 없어지거나 더 이상 실제 증오의 대상이기를 멈출 가능성은 거의 없다. 그러나 정치적 권위가 어떻게 구조화되어야 하는지 혹은 그 권위가 지금 제대로 된 사람들의 수중에 있는지 아닌지를 평가할 자격이 누구에게 있는지에 대한 한 견해로서 민주주의는 더 이상 강력한 경쟁자를 갖고 있지 않다. 물론 그것의 실천적 지배력은 거의 모든 곳에서 방해받거나 저지되어 범위가 무척이나 좁아져 있다. 그러나 동일선상에서 그리고 특별한 초인간적 정당화의 덕을 입지 않은 채 민주주의와 여전히 다투고 있는, 그리고 민주주의의 헤게모니를 노골적으로 부인할 대담성 또한 간직해 온 살아남은 교설들은 모두 심각하게 한풀 꺾이고 있다. 그 가운데 어떤 것도 더 이상 자유롭고 공개적으로 민주주의와 대결해 그것을 제압하려는 시도를 감행하지 못한다.

이 기이한 결과는 많은 질문들을 해결되지 못한 채로 남겨 둔다. 이렇게 나중 단계에 와서도, 민주주의가 일차적으로 통치 형태라고 생각하는 것이 여전히 옳은가? 그렇다고 한다면, 정확히 어떤 형태의 통치이고 도대체 왜 그런가? 혹은 그렇게 생각하는 대신, 민주주의가 어떤 실제 통치 형태에 매우 불완전하게 구현된 정치적 가치이자 지금 우리 대부분이 습관적으로 민주주의를 적용하는 그 통치 형태의 많은 명백한 측면들과 아마도 여지없이 양립 불가능한 정치적 가치라고 생각하는 것이 똑같이, 혹은 더, 적절한가? 우리가 민주주의를 일차적으로 정치적 가치로, 즉 통치 형태들이 이상적으로 부합해야 할 공적 행위나 정치적 선택의 표준으로 간주한다면, 우리는 또한 (토크빌이 사실상 그랬듯)[17] 민주주의에서 좁은 의미로 정치적일 뿐만 아니라 사회적이고 문화적이며 심지어 경제적이기까지 한 전체 삶의 방식을 파악하는 데로 나아가야 하는가? 사회적·문화적·경제적 삶의 다른 모든 측면을 민주화하지 않고도 (좋든 싫든) 참으로 민주주의적인 정치가 있을 수 있는가?

지난 세기 이후 그 어느 누구도 제정신이라면 통치 형태가 크게 중요하다는 것을 의심할 수 없다. 오늘날 가장 거대한 국가들조차도 어떤 측

17 Alexis de Tocqueville, *Democracy in America*, ed & tr Harvey Mansfield and Delba Winthrop(Chicago: University of Chicago Press, 2000).

면에서는 반세기 전에 그 자리에 있던 국가들보다 덜 강력하다는 게 사실일지 모른다.[18] 그러나 손쉽게 특정할 수 있는 다른 아주 많은 측면에서 대부분의 국가들이 이전 그 어느 때보다 엄청나게 더 강력하다는 것 또한 확실히 사실이다. 통치는 개별 국민국가에서부터 위아래로 움직여 가며 서로 다른 수준들 사이를 종잡을 수 없이 옮겨 다닐 수 있다. 그리고 통치가 품는 포부는 팽창할 뿐만 아니라 수그러들 수도 있다. 하지만 지금 우리 모두가 살고 있는 세상은 이전 그 어느 때보다 더 광범위하고 더 속속들이 통치되고 있으며,[19] 갈수록 거주자들 대부분에게 그 통치가 어떤 형태를 취하는가보다 실제로 더 문제되는 것들은 별로 없다.

우리 대부분이 지금 민주주의라는 용어를 적용하는 그 통치 형태는 윤곽이 상당히 흐릿해져 있다. 그것이 어떤 특정한 무대에서 어떤 특정한 시간에 그처럼 작동하도록 해주는 것이 무엇인가 하는 것은 대단히 불분명한 채로 남아 있다.[20] 그러나 그것의 어떤 측면들은 이전 그 어느 때보다 더 안정되어 있고 논쟁의 여지가 적다. 민주주의적 지배라는 관념을 조금이라도 갖고 있는 나라치고 이제 주권적 지배 집단, 즉 시민들이 출생으로 적정하게 자격을 갖춘 사실상 모든 성인으로 구성되어야 한다는 데 이의를 제기하는 나라는 그야말로 거의 없다. 밖에서 들어와서

18 cf. John Dunn(ed), *Contemporary Crisis of the Nation State?*(Oxford: Blackwell, 1995).

19 cf. Samuel Finer, *The History of Government* 3 vols(Oxford: Clarendon Press, 1997).

20 John Dunn, *The Cunning of Unreason*(London: HarperCollins, 2000).

시민권을 얻을 수 있는, 혹은 비시민이 동등하게 투표권을 허용받을 수 있는 조건들에 관해서는 오늘날에도 의견 차이가 계속 존재한다. 개인을 추방하는 조건, 시민의 책임을 엄청나게 불이행하거나 심각한 정신적 부적격(즉, 범죄, 정신이상, 심지어 고의적인 납세 보류)으로 인해 시민의 특권을 강등하는 조건에 대해서도 계속 갈등이 존재한다. 그러나 정부를 구성하는 수단으로 투표를 실시하는 지구상의 사실상 그 어느 곳이든 형식상 동등한 조건에서 투표에 참가할 기회로부터 여성들을 배제하지는 않는다. (오늘날에도 여전히 그렇게 하는 것으로 보이는 사우디아라비아는 단연코 민주주의를 정부 구성 방식으로 생각하지 않는다.) 이런 엄청난 변화가 한 세기도 안 되는 기간 동안 모든 곳에서 일어났다. 대부분의 지역에서 그것이 사회적·문화적 혹은 경제적 삶의 다른 모든 측면을 민주화하는 효과를 가졌다고는 결코 말할 수 없다. 그러나 이제 가장 편견을 가진 관찰자라도 얼마 동안이 됐든 그것이 행해진 모든 곳에서 그것이 발휘하는 영향력을 결코 놓칠 수 없다.

이 통치 형태 내에서의 변형태들은, 즉 대통령 중심 지배나 의회 중심 지배, 위헌 법률 심사권, 경쟁적 정당 내지 선거제도, 심지어 공화정체들이나 군주정체들조차도, 개별 국가의 정치에 크게 중요하다. 실제로 어떤 경우에 그 변형태들은 주된 목적이 지배자들을 시민 전체의 변덕스런 동정이나 판단으로부터 가능한 한 철저히 격리하는 것이라는 점을 거의 의심의 여지없이 보여 준다. 그 변형태들을 하나로 묶어 주는 것은 설득력 있는 단 하나의 요점, 즉 지배할 권위는 그 권위가 적용될 것이 틀림없는 전체 시민 집단으로부터 최소한의 신뢰할 만한 방식으로 끌어내는 게 편리하다는 것을 다들 공통적으로 받아들인다는 점이다. 이 지배자들이 자신들을 위해 내세우는 주장, 그리고 그 통치 형태 자체를 덜 편파적으로 옹호하는 사람들이 어느 정도는 승인하는 주장은 자연히 이보다 훨씬 더 멀리 나아간다. 어떤 구조로 짜이든 대의적 입법부와 행정부를 선거로 뽑는 것은 거기에 유권자인 시민들의 권위를 부여할 뿐만 아니라 그 유권자들에게 자기들이 복종하는 법률 및 그 법률을 자기들에게 만들어 주거나 해석하거나 집행하는 사람들에 대한 효과적인 통제권을 제공하기도 한다고 그들은 주장한다. 이것은 그 자체로 대단히 무리한 주장이다. 또한 경험을 하면 할수록 자꾸 타당성을 잃는 주장이기도 하다. 그러나 그것이 터무니없지는 않다. 절대 다수가 마음먹으면 결국 물러나게 할 수 있는 사람들에게 지배받는 처지는, 떨쳐 일어나 무력으로 전복시킴으로써만 제거할 희망을 가질 수 있는 사람들에게 무기한 지배받는 처지보다 훨씬 덜 끔찍하다.

민주주의는 결국 안정적이며 실질적인 대다수가 자신들이 혐오하게 된 통치자를 물러나게 할 권력을 갖고 있다고 확신할 수 있는 지배 체제를 가리키는 좋은 이름인가? 그것은 **민주주의**라는 말이 원래 의미했던 것은 아니지만, 그렇다고 해서 그 원래 의미의 명백히 부당한 확장도 아니다. 그럼에도 불구하고 이와 같은 의미의 확장에 반대할 만한 근거는 여전히 간명하면서도 중대하다. 아테네에서 아테네인들 위에 군림하는 최종적 권위를 보유한 자는 데모스 자체라기보다 법률이었을지 모른다.[21] 그러나 법률은 시민들의 민회와 법정의 끊임없는 해석 및 적극적인 선택을 통해서만 저 궁극적인 우월적 지위를 행사할 수 있었다. 아테네 민주주의는 정치적인 노동의 분업에 관해 아주 중대한 유보 사항을 갖고 있었다. 공개적인 전쟁 수행이라는 특수 상황에서는 장군들이 선출되고 그해의 군사작전이 지속되는 동안만큼 그들이 독자적으로 알아서 일을 처리할 수 있게 종종 허용되는 경우도 있었지만, 이런 특수 상황을 제외하면 아테네 민주주의는 개인들을 선발해서 아테네 민주주의의 이름으로, 그것도 아테네 민주주의에 더 이상 의지하지 않은 채 권력을 행사하게 하는 일을 단연코 거부한다. 그것은 일상적인 정부 업무를 대개 시민 집단 전체가 돌아가면서 담당하도록 조직화했다. 또 입법적·행정적 혹은 심지어 사법적인 것까지도 포함한 모든 국가의 중대 사안을 민회에서든 법정에서든 대단히 많은 수로 이루어진 사람들이 다수결로 결정했다. 민주주의 하에서 아테네 시민들은, 꽤 합당하고도 정확하게, 스스로를 다스리고 있다고 생각했다. 그러나 그보다 엄청나게 덜 배타적인[즉, 참정권의 범위가 상대적으로 더 확장된_옮긴이] 근대 민주주의 체제들에서 시민 집단은 그런 유의 어떤 일도 하지 않는다는 것이 아주 명백하다. 그 대신 그들은 개별적으로는 거의 수정할 수 없는 메뉴에서 선택을 한다. 제시된 선택지들 가운데 가장 덜 실망스럽다고 여기는 것을 말이다. 이런 제도 장치를 추천하고 싶어 했던 콩스탕은 시민 집단이 내리는 선택의 목표를 관리로, 즉 그 목적을 위해 선택된 적당한 사람들이 그들의 이해관계를 온전히 관리

21 Mogens H. Hansen, *The Athenian Democracy in the Age of Demosthenes*(Oxford: Blackwell, 1991).

해 주는 일로 보았다.[22] 이게 바로 부자들이 자기 시간을 배분하는 문제에 접근하는 방식이라고 그는 강조했다. 남에게 자기 이해관계를 관리해 주도록 맡기는 것이 굴욕적이거나 반드시 걱정스런 일이 되는 건 전혀 아니었다. 부자들은 최소한 자기 시간을 갖고 할 만한 더 보람 있는 일들을 많이 찾을 수 있다는 데 대해 결코 심각한 의심을 품지 않았다.

그러나 그걸 괜찮다고 생각하는 사람들에게조차도 이것이 그 거래를 바라보는 유일한 방식은 전혀 아니었다. 콩스탕은 정치가 전문화되기 훨씬 전에 글을 쓰고 있었다. 한 세기 이상 지난 후 오스트리아 출신의 이주민 경제학자 조지프 슘페터[23]가 민주주의가 실제로 무엇이고 무엇을 의미하는지에 대한 자신의 더 정교한 묘사에 착수할 때쯤이면 이미, 선거를 통한 대의에 근거해 통치한다는 것의 실천적 함축들이 훨씬 더 분명해져 있었다. 슘페터에게 민주주의는 본질적으로 인민의 투표와 거기서 따라 나오게 될 통치 권력을 얻기 위해 정치인 무리들 사이에서 벌어지는 경쟁이었다. 그 경쟁의 승자는 제한된 기간 동안 통치할 기회를 얻었다. 그러므로 하나의 제도로서 선거 민주주의는 "정치인들의 지배"였

22 Benjamin Constant, *Political Writings*, ed Biancamaria Fontana(Cambridge: Cambridge University Press, 1988), 313-28.

23 Joseph Schumpeter, *Capitalism, Socialism and Democracy* 3rd ed(London: George Allen & Unwin, 1950), chapters 20-23; 특히 chapter 23, 'The Inference'. 이 판단들이 나오게 된 그의 삶에 대해서는 Richard Swedberg, *Schumpeter: A Biography*(Princeton: Princeton University Press, 1991)를 참조.

다.[24] 유권자가 자기 정치인들을 선택하는 목적은 여전히 그들이 제공해 주리라 기대하는 양질의 관리였다. 그러나 해당 정치인들이 일단 선택되고 나면 서로 간에 관계의 조건이 갑자기 바뀌었다. 대부분의 시간 동안 대부분의 시민들에게 그들이 여전히 지배되고 있다는 점은 거의 의심의 여지가 없었다. 부자들은 자신들이 분별없이 선택한 개별 청지기들에 의해 기만당하거나 심지어 괴롭힘을 당할 수도 있었다. 그렇다고 해서 부자들이 청지기들에게 지배되고 있다고 서술하는 것은 둘 사이의 관계에 대한 믿을 만한 묘사가 아니었다. 지배를 관리와 결합시키는 것은 민주주의 아테네의 시민들 가운데 누군가가 (민주주의 자체를 폐지하라고 요구받은 혹은 강요받은 몇몇 드문 경우를 빼면) 어느 때고 하도록 요구받은 것보다 훨씬 더 엄격하고 충실한 권력과 책임의 양도다. 유권자들은 과거의 개별적인 선택(즉, 심각하게 잘못된 거래)을 후회하기만 쉬운 게 아니라 더 일반적으로는 자기들에게 제시된 선택지들 앞에서 낙담하기 또한 쉽다. 민주주의 세계 전체에서 신경 써서 투표권을 행사하는 사람들의 비율이 그토록 극심하게 떨어진 것이 단지 근대적 자유가 아주 다양한 형태를 취할 수 있기 때문(즉, 더 재미있게 시간을 보내는 아주 많은 방식들을 제공하기 때문)은 아니다. 투표율 하락 중 일부는 사적인 흥밋거리에 대한 선호[25] 때

24 Schumpeter, *Capitalism*, 285. 그리고 p. 247을 참조. "인민은 결코 실제로 지배하지 않고 다만 늘 정의상 그렇게 하는 것으로 만들어질 수 있을 뿐이다." 그의 사적인 일기에서 찾아낸 두 경구의 뜻을 비교해 보라. 경구 3: "민주주의는 거짓말에 의한 통치다"(Swedberg, 200); 경구 18: "거짓말하기 — 인간을 동물들과 구별 짓는 것"(Swedberg, 201).

문이라기보다는 오히려 유권자들이 투표로 인해 갖게 된 것에 실망한 탓이라고 보는 게 가장 좋은 설명이다. 아주 실망이 클 경우 이것은 인구의 상당 부분을 차지하는 사람들이 선거 토론장을 외면하는 결과로 이어질 수 있다. 직업 정치인들은 독립적으로 힘을 가진 소규모 악당 집단의 (누가 보기에도) 사악한 이익을 위해 공적인 권위를 마구 사용함으로써 자신들의 이익을 신장하는 데만 혈안이 된[26] 체계적으로 부패한 모사꾼으로 보이게 될 수 있다. 거의 한 세기 전에 프랑스의 생디칼리스트 조르주 소렐Georges Sorel은 "민주주의는 파렴치한 자본가들이 꿈꾸는 천국이다"라고 조롱한 바 있다.[27]

페리클레스의 위대한 연설에서 일깨워진 민주주의 아테네의 에토스는 더 이상 다르기란 힘들 정도로 이와는 달랐다. 그러나 페리클레스의

25 cf. Robert Putnam, *Bowling Alone*(New York: Simon & Schuster, 2001). 그 결과들 가운데 일부가 어떤 것일지에 대해서는 Thomas Patterson, *The Vanishing Voter*(New York: Vintage, 2003)와 Russell J. Dalton, *Democratic Challenges, Democratic Choice: The Erosion of Political Support in Advanced Industrial Societies*(Oxford: Oxford University Press, 2004)를 참조. 이런 이해관계 표출이 어떤 생태적 맥락에서 일어나고 있는지에 대해서는 Harold L. Wilensky, *Rich Democracies: Political Economy, Public Policy and Performance*(Berkeley, California: University of California Press, 2002)를 참조.

26 특히 생생한 사례로는 Paul Ginsborg, *Italy and its Discontents 1980-2001*(London: Penguin, 2001)을 참조.

27 Georges Sorel, *Reflexions on Violence*, tr T. E. Hulme and J. Roth(New York: Collier Books, 1961), 222. 7장 'The Ethics of the Producers' 전체가 여전히 강력한 고발이다.

영광과 [프랑스_옮긴이] 제3공화국의 지저분한 재정적 추문들 사이의 대비를, 명료한 용어의 본질적으로 타당한 적용과 명백한 오용 간의 대비를 보여 주는 전형으로 이해하는 것은 잘못이다. 그 둘 사이의 대비 중 어떤 것은 확실히 방향을 잘못 잡고 있다. 소렐의 시대만 해도 제3공화국의 참정권은 고대 아테네의 시민권보다 훨씬 덜 배타적이었다.[28] 올바르게 이루어지는 게 분명한 대비들조차도 민주주의와는 매우 다른 어떤 것을 중심으로 하는 경우가 많다. 페리클레스가 찬양한 시민적 긍지는 분명 폴리스라는 정치조직에 구현된 (시민들 자신을 위한) 자유를 포괄하는 것이었다. 그러나 그것은 결국 폴리스 공동체가 누리는 삶의 화려함과 역동성에 더 집중되어 있었다. 전자, 즉 자유는 대체로 다른 공동체들로부터 끌어낸 자원으로 비용이 마련되었고, 후자, 즉 삶의 화려함과 역동성 역시 다른 인민들이 비용을 대는 경우가 아주 많았다. 아마도 민주주의는 20세기의 첫 10년 동안 프랑스 주민들 중 누군가에게 그랬을 법한 것보다 더 많이 페리클레스의 일부 동시대인들에게 의미가 있었을 것이다. 그러나 그것이 아테네인들은 민주주의를 이해했는데 프랑스인들은 이해하지 못했기 때문은 아니다. 오히려 아테네인들은 자기들의 도시가 위대함의 절정에 있다고 보고 그 위대함을 그들 도시의 지배 형태와 결부

28 Pierre Rosanvallon, *Le Sacre du Citoyen: histoire du suffrage universel en France*(Paris: Gallimard, 1992). cf. M. H. Hansen, *The Athenian Democracy in the Age of Demosthenes* (Oxford: Blackwell, 1991).

시켰던 반면, 보불 전쟁이 드리운 긴 그림자 속에 있던 프랑스인들은 그럴 만한 형편이 아니었고 그래서 자기들의 정치적 제도 장치가 가진 차별성을 자랑스러워 할 기회를 거의 갖지 못했기 때문이다.

민주주의가 단순히 공동체들과 그들의 정부 사이의 관계를 조직하는 방식이라면, 그것은 그 자체로 강렬한 자부심을 가질 수 있는 계기가 되기 어렵다. 공동체들이 자신감과 자부심을 가지는 곳에서는 그 자부심의 일부가 그들의 정치제도에 옮아갈 것이다. 그 정치제도가 어떻게 구조화되든 간에 그럴 것이며, 이는 모든 시대에 걸쳐 폭군들에게 잘 알려진 사항이다. 열정이 덜한 상황의 경우, 공동체가 자기 정부에 대해 취하는 태도는 대개 공동체 내의 집단이나 개인이 정부에 의해 자신들의 이익이 어떻게 도움을 받거나 해를 입는다고 보는가에 따라 형성되는 것 같다. 이는 선의 혹은 악의, 의무감이나 직무 태만 못지않게 기량과 운에 속한 문제다. 정치학자들과 광고 대행사들은 각각 이런 정서와 공감의 추이를 아주 상세히 연구해 왔으며, 그들이 (적어도 광고 대행사들의 경우에) 자기들의 결론을 서로 경쟁하는 정치인 팀들에게 넘겨주는 대가로 상당량의 돈을 벌게 되는 데 결정적인 역할을 하는 게 무엇인가에 대한 통찰을 충분히 발전시켰다. 근대 미국 대통령 선거운동의 어마어마한 규모와 비용, 정교함은 2004년 선거 들어 그 어느 때보다 더 엄청날 것이라는 게 진작부터 확실했는데, 그것은 오로지 순전한 망상을 통해서만 대부분의 개별 시민들 마음속에 인격적으로 자유롭다는 느낌을 불러일으킬 수 있었다. 그러나 무자비한 조작이 시도된다는 것도, 자원이 너무 헤프게 낭비된다는 것도 그 자체로는 그 선거운동이 민주주의를 구현하고 있다는 주장을 무력화하기에 충분하지 않다. 그와 같은 주장에 맞서려면, 일관성 있는 불만들이 결국 다시 한 번 평등 질서를 대변하면서, 이기주의 질서에 맞서 제기되어야 한다. 오늘날 민주주의를 우리가 어떻게 달리 이해하든 간에, 이 두 질서 간의 싸움은 이기주의 질서가 이길 수밖에 없는 싸움이라는 게 민주주의의 분명한 판정이었다는 인식을 뒤탈 없이 또는 보란 듯이 일축해 버릴 수가 없다. 이기주의 질서에 늘 결정적인 승리를 안겨 준 것은 무엇보다도 이런 얄팍한 그러나 중대한 의미를 갖는 민주주의다.

그 승리로 말미암아 제기된 큰 질문은 저 멀리 밀려나 있는 평등 질서의 의제 가운데 얼마만큼을 그 압도적 패배의 잔재에서 구출할 수 있는가 하는 것이다. 그 질문은 아주 다른 두 가지 방식으로 이해할 수 있다. 하나는 제도적 구조물과 그것에 귀속시킬 수 있는 의미에 대한 질문으로 보는 것이고, 다른 하나는 (의미 부여는 엄격히 개별 승자나 패자에게 남긴 채) 분배 결과에 대한 질문으로 보는 것이다. 그 쟁점을 첫 번째 방식으로 보면 민주주의는 개별 국가들이 통치되는 혹은 통치되지 않는 어떤 형태로서가 아니라, 정치적 가치 혹은 정당화 가능한 정치적 선택의 표준(국가의 구조만이 아니라 인간들이 사는 다른 모든 무대나 환경까지도 그것에 비추어 측정될 수 있고 또 측정되어야 하는 그런 가치나 표준)으로서만 적절히 이해될 수 있다는 느낌에 특별한 비중을 둘 수밖에 없다.

그렇게 보면 민주주의는 모든 것(즉, 일, 섹스, 가정, 의복, 음식, 품행, 타인들에게 영향을 미치는 모든 것에 대해 모두가 하는 선택)의 민주화를 약속(혹은 협박)한다. 그것이 수반하는 것은 인간 삶을 질서 지울 때 털끝만큼의 특권도 남기지 않고 다 제거하는 일이다. 그것은 인간들이 불의가 근절된 상황에서 서로 함께 살게 된다면 어떻게 살아갈 수 있을까에 대한 한 전망이다. 한량없는 에너지를 쏟아 충분히 생각한다 하더라도,[29] 이것은 여전히 매우 파악하기 어려운 관념이다. 그러나 그것과 관련해서 파악이 어렵지 않은 것은 그처럼 이해된 민주주의가 인간관계에서 권력(즉, 타인으로 하여금 그 자신의 확고한 성향에 반해 행위하도록 하는 능력)을 체계적으로 제거할 것을 요구한다는 점이다. 적어도 그것은 자신을 타인에게 드러내기에 충분할 만큼 안정적인, 그리고 일단 그렇게 자신을 드러내고 나면 얼마 동안이든 살아남기에 충분할 만큼 내성이 있는 권력을 어떤 형태의 것이든 제거하도록 요구한다. 인간들 간의 관계에서 모든 권력(즉, 이제까지 인간 삶의 많은 부분이 지금의 모습으로 진행되도록 원인을 제공한 것)을 제거한다는 것은 관념으로서조차도 도무지 앞뒤가 맞는 일로 보일 것 같지 않다. 또한 그런 일이 어쩌다 극적으로 일어날 것 같지도 않다. 그것은 우선 인간들이 자기가 의도하는 결과를 가져오려 할 때 쓰는 주요 수단을 포기하는 일이기 때문이다.[30] 그러나 앞뒤가 맞지 않고 그럴듯해 보이지도 않는 것이 거의 확실하다 해도, 그것은 또한 틀림없이 평등파가 온전히 추구하던 프로그램이며, 그것도 바뵈프가 정교하게 만드느라 수고를 들였을 때

29 Ronald Dworkin, *Sovereign Virtue*(Cambridge, Mass.: Harvard University Press, 2000).

30 cf. Thomas Hobbes, *The Elements of Law*, chapters 8, 9[Hobbes, *Human Nature and De Corpore Politico*, ed J. C. A. Gaskin(Oxford: Oxford University Press, 1994), 48-60, 138-39], 그리고 이런 시각에서 나오는 전략적 판단에 대해서는 Thomas Hobbes, *Leviathan*, ed Richard Tuck(Cambridge: Cambridge University Press, 1991), chapter 11, p. 70.

보다 더 분명하고 더 예리한 형태를 갖춘 프로그램이다. 그러나 그것은 현실 세계에 존재하는 집단들이 늘 폭넓게 채택하는 프로그램은 분명 아니다. 하나의 통치 형태를 미약하게나마 떠올리게 하는 프로그램은 더더욱 아니다. 그것은 아마도 하나의 통치 형태에 영감을 불어넣을 수 있는 가치이며, 적어도 소극적인 형태로나마 남녀 집단들을 종종 (때로는 아주 대규모로) 고무해 온 가치다. 그러나 그것은 권력이 어떻게 조직될 수 있는가, 혹은 제도들이 어떻게 구성될 수 있는가에 대한 정합적인 묘사는 아니다. 도대체 무언가의 인과적 모델이 아니라는 것이다.

인간적인 모든 것의 민주화는 현실적인 가능성이 아니다. 위협으로서 소용없는 만큼이나 약속으로서도 환상에 불과하다. 그러나 정치적 프로그램으로서 그것은 아주 상당한 매력을 갖는다. 그것은 시에예스가 상상했을 법한 진보보다 훨씬 더 큰 진보를 많은 곳에서 이미 이루었다. 세상의 보다 부유한 나라들 내에서는, 불과 한 세기 전만 해도 엄청난 수의 사람들의 삶을 지배했던 고된 노동과 상시적으로 자행되던 만행이 상대적으로 적은 수의 소수자들에게만 남고 거의 대부분 사라졌다. 그런 소수자들의 상황이 어쩌다 공중公衆의 눈앞에 드러나면, 수치심이 일어나는 것 못지않게 충격이 발생하기 마련이다. 사회적·문화적·경제적 삶의 전 차원이 되돌릴 수 없을 정도로 도전받았다. 무엇보다도 가장 극적으로 도전받은 것은 남성과 여성 간의 관계였다. 그 관계는 대개 천천히, 자주 어정쩡하게, 그리고 거의 늘 마지못해서, 평등의 요건들에 포괄적으로 들어맞도록 재편되기 시작했다. 투표권을 내준 것은 단지 시작에 불과했다. 그 변화가 얼마나 멀리까지 진행될 수 있는지 혹은 정확히 어디서 멈추게 될지 우리 가운데 누구도 아직 모른다. 당신이 민주주의를 순전히 하나의 가치로 본다면, 당신은 이 진보의 범위에 관해 아주 낙관적일 수 있다. 젠더는 평등이 정복해야 할 특권적이고 유달리 절박한 그저 하나의 영역에 불과한 게 아닌 것처럼 보일 수도 있다. 그것은 평등이 여전히 효과적으로 저지되고 있는 다른 모든 영역, 즉 인종, 민족성, 문맹, 심지어 계급까지도 포괄하는 다른 모든 영역의 대표 역할을 할 수도 있다. 평등의 진보를 한정 짓는 유일한 경계는 명료하게 사고하고 정합적으로 상상하는 인간 능력의 한계뿐이다.

그러나 모든 것의 민주화는 통치 형태로서의 민주주의에 너무도 작은 비중을 부여한다. 그것은 지난 두 세기에 걸쳐 하나의 아주 특정한 통치 형태로서 민주주의가 전 세계로 전파된 것이 갖는 의미를 완전히 놓치고 있다. 그것은 정치적 인과관계(즉, 정치가 지금 작동하는 그 방식으로 작동하도록 원인을 제공한 것이 무엇인가 하는 것)를 단지 유보할 뿐이다. 주의 깊게 분석해 보면 거의 확실하게도, 그것은 정치적 인과관계뿐만 아니라 대부분의 형태의 사회적·경제적, 심지어 문화적인 인과관계조차도 유보할 수밖에 없다. 이런 모습을 한 민주주의가 이기주의 질서를 최대한 뒷받침함으로써 특히 지난 반세기에 걸쳐 전 세계에 퍼졌다면, 그에 답해 이기주의 질서는 이 특정한 의미의 민주주의를 채택하고 개조함으로써 동시에 자신을 훨씬 더 철저하게 구축했다. 우리 모두가 사는 세상은 대체로 불평등의 과격화와 심화에 의해 구조화된 세상이다. 이 불평등이, 여러 세기 전에 존재했던 혹은 오늘날 훨씬 더 가난한 나라에 여전히 존재하는 사람들 사이에서보다, 훨씬 더 부유한 나라의 거주자들 사이에서

부나 지위, 개인적 권력의 격차를 반드시 더 크게 만드는 것은 아니다. 그러나 오늘날 그 부유한 나라의 사람들은 경제적 경쟁의 원리와 그것의 누적적인 결과로 인해 거의 모두의 삶에서 첨예해지고 체계화하는 불평등을 겪고 있고 또 겪어 나가야 한다.

이기주의 질서는 그것이 지닌 침투성과 절대적인 실천적 우위를 통해서 평등을 가로막는다. 그것은 평등화를 향한 많은 개별적인 욕구를 관용하며 심지어 환영하기까지 한다. 그러나 그것을 추동하고 결국 인간 세상 전체를 조직하는 것은 분할과 대조라는, 모든 것을 정복하는 냉혹한 원리다. 그게 바로 바뵈프가 보았고 증오했던 것이다. 그것은 오늘날까지도 여전히 그대로 볼 수 있(으며 우리가 그러자고 들면 증오할 수도 있)다. 오늘날, 그리고 우리가 볼 수 있을 만큼의 미래에, 있을 수 있는 일은 하나의 기관에서든 한 국가에서든 혹은 지구 전체에서든 인간 삶 전체를 통째로 민주화하는 것이 아니다. 있을 수 있는 일은 어느 곳에서든 인간 삶을 이기주의 질서가 용인한다고 드러나는 만큼만 민주화하는 것이다. 이것은 평등이 승리하게 되는 투쟁이 아니다. 이기주의 질서가 평등에 설정하는 엄밀한 한계들은 정치적 경험이 있기 전에 미리 앞서서 구체적으로 명시될 수 있을 만큼 분명하고 고정된 구조를 이루지 않는다. 그 한계들은 계속 이동하는 끝없는 싸움터다. 그러나 분명하고 고정된 것은 그 긴 전쟁의 전략적 결과와 그 승자의 정체다.

그 결과 자체는 우리 가운데 어느 누구도 아주 분명히 보고 싶어 하는 것이 아니며, 그것을 분명히 본 사람 누구도 무조건적으로 환영할 수 있을 만한 것 또한 아니다. 그것은 도덕감moral sense[31]은 말할 것도 없고 도덕적 감정moral sentiments[32]에도 도무지 직접적인 호소력을 행사하지 못한다. 구식 표현을 좀 덜어내고 요점을 말하자면, 그것은 그것이 무엇을 의미하는지 알아보겠다는 배짱을 가진 사람 누구에게든 불쾌감을 줄 수밖에 없는 결과다.

이 괄목할 만한 삶의 형태(즉, 이기주의 세계 질서) 내에서의 정치적 가치로서 민주주의가 맡는 역할은 관용할 수 있는 불의의 한계를 끊임없이 탐문하는 일인데, 이는 지속적으로 그리고 때로는 아주 강렬하게 문화적 탐구와 사회적·정치적 투쟁을 뒤섞는 일이기도 하다. 그 삶의 형태 전체의 핵심은 따라서 민주주의의 유익하지만 매우 다른 두 의미 간의 끝없는 줄다리기다. 그 싸움에서 두 번째 의미, 즉 정치적 가치로서의 민주주의는 이미 존재하는 통치 형태로서의 민주주의의 정당성을 끊임없이 전복한다. 그러나 첫 번째 의미의 민주주의 역시, 거의 똑같이 줄기차게 자

31 Francis Hutcheson, *An Essay on the Nature and Conduct of the Passions and Affections with Illustrations on the Moral Sense* 3rd ed(London: A. Ward etc, 1742, 초판은 1728). 이기주의 질서의 보다 세련된 진단자들은 도덕감이 있다는 것을 믿고 싶어 하지 않는다. 그들이 옳다고 믿을 만한 타당한 이유가 있다. Bernard Williams, *Ethics and the Limits of Philosophy* (London: Fontana, 1985); *Shame and Necessity*(Berkeley: University of California Press, 1993).

32 cf. Adam Smith, *The Theory of Moral Sentiments*, ed D. D. Raphael and A. L. Macfie (Oxford: Clarendon Press, 1976). 잘 나가던 시절에 이기주의 질서가 사물을 바라보는 냉정한 관점으로 보면, 도덕적 감정은 다른 감정들 사이에서 어떤 특권적 위치도 갖고 있지 않으며, 그것이 가진 인과적 힘 내지 동기 부여적 강제력은 다른 여러 감정들보다 분명 부족하다.

신의 입장에서, 두 번째 의미에 대한 자신의 우선성을 탐색하지만, 그러다가 그 우선성을 주장하게 되고, 결국에는 강요하게 된다. 가치로서의 민주주의를 탐색하는 일은 시간과 공간에 따라 속도, 절박성, 대담성이 가지각색이다. 때때로 민주주의적 생활 방식에 대한 형상화는, 미국의 철학자이자 교육자인 존 듀이John Dewey의 저작에서 그런 것처럼,[33] 아주 깊은 자극을 주고 강렬한 상상을 불러일으킨다. 하지만 그 가치가 발휘하는 힘이 소극적이며 훨씬 더 구체적인(엄청나고 오래 뿌리내려 온 불의를 집단적 삶의 영역 하나하나에서 차례로 제거하는) 경우가 더 잦다. 누구나 감동적인 이런 이야기들 가운데 자기 마음에 드는 것을 갖게 될 것이다. 많은 사람들은 또한 틀림없이 자기만 특별히 싫어하는 것도 갖게 될 것이다. 성인 남녀가 자신의 혹은 상대방의 몸을 가지고서 또는 자신의 배아를 가지고서 무슨 일은 해도 되고 무슨 일은 하면 안 되는지, (스스로 규정했거나 타자에 의해 규정된) 한 인종 집단이 다른 집단을 어떻게 대우하는 건 괜찮고 어떻게 하면 안 되는지, 돈이 관직, 권력, 명예와 직접 교환되거나, 혹은 반대로 관직, 권력, 명예가 이번에는 돈과 직접 교환되는 일이 어떻게 하면 되고 어떻게 하면 안 되는지에 대해서 말이다. 우리가 함께 삶을 살아갈 때 의거하는 거래 조건들(드러나 있든 감춰져 있든 간에)에 대

33 Robert B. Westbrook, *John Dewey and American Democracy*(Ithaca: Cornell University Press, 1991). Alan Ryan, *John Dewey and the High Tide of American Liberalism*(London & New York: W. W. Norton, 1995).

해서도 마찬가지다.

근대 정치의 대부분은 이런 싸움 속에서 무엇을 존중하거나 거부할 것인가를 놓고 벌이는 다툼들로 채워져 있다. 민주주의의 참된 정의定義는 단지 그런 다툼들에 걸려 있는 하나의 상賞일 뿐이다. 그 이야기들 가운데 어떤 것도 순전한 승리로 끝나지 않는다. 그 승리에 한계를 설정하는 것이 무엇인지는 종종 확인하기가 어렵다. 그러나 이내 그것은 거의 언제나 민주주의적 지배의 형식적 장치 내에서 힘을 가진 행위자들, 즉 직업 정치인들이나 그들이 최종적으로 허가하는 사람들이 내리는 확고한 결정에 의존한다. 대의 민주주의의 통치 기구들이 수행하는 공적 결정과 문화적 탐색, 사회적 투쟁 간의 균형은 결코 확고하게 혹은 명료하게 고정되어 있지 않다. 그러나 그것이 다른 방향이 아니라 특정한 한 방향으로 얼마나 멀리 갈 수 있는가 하는 데는 더 빽빽한 장애물이 있다. 1968년 젊은이들의 봉기 때처럼, 잠깐 동안 이 장애물이 걷힌 것으로 보이는 시기는 일시적인 개인적 변모만이 아니라 열렬한 집단적 희망의 시대일 수 있다. 그러나 그런 시대는 자기가 확보할지도 모를 어떤 지반을 장차 제도적으로 확고히 보장할 수 있는 그 어떤 대항적 경쟁 도구도 제공하지 않는다. 대승리는 종종 길게 이어지는 작은 패배들에 대개 묻히곤 한다.[34] 대의적 입법부가 법률을 통과시키고 또 그 법률이 시행되는

34 cf. Geoff Eley, *Forging Democracy: The History of the Left in Europe 1850-2000*(New York: Oxford University Press, 2002).

것을 보장하는 정치적 결정이 내려지는 데까지 이르지 못하면, 그 승리는 올 때 그랬던 만큼이나 쉽고 빠르게 사라질 수 있다.

우리가 지금 공유하고 있는 이 기이한 삶의 형태에 관한 한 가지 중요한 사실은 그 안에 있는 거의 모든 이가 도대체 어디서도 이 두 핵심 의미 모두에서 민주주의의 운명을 이해하려 노력하지 않는다는 것이다. 이는 놀랄 만한 것도 단순히 부적절한 것도 아니다. 대단히 오만한 어떤 사람만이, 그리고 상당한 지적 혼란에 빠져 있는 누군가도 아마, 지구 전역에 걸쳐 펼쳐진 두 핵심 의미의 민주주의 모두가 맞이한 운명을 파악하려 시도하기를 꿈꿀 것이다. 그러나 우리 중 대다수의 주의注意가 이 두 영역 사이에서 날카롭게 양분되는 것은, 아무리 그 근원이 자연스럽고 그 근거 각각이 사려 깊은 것이라 해도, 지극히 해로운 결과를 갖는다. 그것은 우리로 하여금 세상에서 무슨 일이 일어나고 있고 또 왜 일어나고 있는지를 파악하려는 지속적인 노력에서 윤리적인 것과 바람직한 것에 대한 몰두를 떼어 놓도록 유도한다. 그것은 규범적인 세심함(즉, 매력적인 것과 교훈적인 것을 감식할 수 있는 눈)의 계발을 승인한다. 그것은 또한 정치적 경쟁의 실정에 대한 지식의 축적과 통달을 인정하고 성원한다. 그러나 이 둘이 만나야 한다는, 적어도 서로 대면해야 한다는 어떤 요구도 사실상 하지 않는다. 그렇기 때문에 임기응변에 따른 경우와 개별적인 우연으로 인한 경우를 빼면, 그 둘은 사실상 전혀 만나지 못한다.

우리의 사회적·정치적 이해에서 이런 괴리가 가장 분명하게 드러나는 무대는 학문적 삶의 조직화, 그중에서도 가장 출세 지향적이고 자기 본위적인 단계에 있는 근대적인 지적 노동 분업이다. 근대의 어떤 유능한 정치학도도 분별력 있게 시도할 수 없는 것은 그 둘 다에 똑같이 확고하게 통달하는 일이다. 그러려고 노력하는 것조차도 지적인 혼란이나 인격의 부박함을 드러내는 일이 된다. 그러나 그 종합이 어떤 가능한 전문가의 수준을 넘어서는 것이라면, 아마추어인 근대 시민들 대다수는, 자신들이 그렇다고 추정하는 바대로라면 주권적 선택자로서, 어떻게 그 일에 손을 댈 것인가? (또 그들이 그렇게 할 시간도 배짱도 의향도 없는 것으로 드러난다면, 대신 그들이 명예롭게 할 수 있는 것은 무엇인가?)

이런 결과의 구조에는 심오한 무언가가 있다. 그것으로 인해 줄기차게 이어진 비자발적인 집단적 혼동 상태가 플라톤이 민주주의를 부정적으로 보게 됐던 이유는 아니다. 그러나 그것을 우리 삶의 형태에 내재한 흠으로 보지 않기란 어렵다. 그것이 그 통치 형태를 전문가들의 처분에 맡겨 버리고, 세련된 문화적·지적 탐구 행위 역시 점점 더 현학적이고 자아도취적인 내성內省에 맡겨 버림으로써, 민주주의의 각 의미를 그야말로 철저히 망치는 일이 결국 어떻게 일어나지 않을 수 있는지를 알기도 역시 어렵다.

민주화 배후에 놓인 가장 강력한 압력은 겸손을 가장한 오만condescension에 대한 분개와 자신의 이익을 지킬 수 있는 더 좋은 방식을 찾으려는 개인이나 집단의 의지다. 전자의 힘은 토크빌이 훌륭하게 포착하고 있다.[35] 그것은 본질적으로 형식과 외양에 초점을 맞추며, 민주주의가 실

35 Tocqueville, *Democracy in America.*

제로 아무리 방해받는다 해도 최소한 형식 수준에서는 특권을 포기해야 한다고 당연히 가정한다. 그것은 모든 시민을 평등한 자들로 인정하며, 시민들 각자에게, 특히 그들에게 영향을 주는 점들에 있어서 적어도 평등하게 대우받겠다는 요구를 할 수 있는 모종의 기회 정도는 줄 것임에 틀림없다. 그것이 실제로 그들에게 줄 수 없는 것은 그들 자신의 이익을 지킬 평등한 권력이다. 그것이 그런 권력을 줄 수 없게 만드는 일차적인 요인은 이기주의 질서가 강제하는 불평등이 대규모로 널리 퍼져 있다는 점이다. 아테네 시민으로 태어나는 행운을 가진 완전한 성인 남자라면 누구든 민회에서, 마침 그 자리에 참석해 있으면서 그러고자 할 경우,[36] 무엇을 할 것인지에 관해 인민들에게 연설할 수 있는 평등한 권리를 갖고 있었다. 용기만 있다면 그들은 자신의 판단과 자신의 목소리로 자신의 이익을 직접 옹호할 수 있었다. 근대 민주주의가 법을 만드는 결정을 할 때 (그리고 전쟁을 일으키는 결정을 할 때는 더더욱) 그와 조금이나마 유사한 어떤 일도 지금은 전혀 일어나고 있지 않다. 평범한 시민들이 입법 회의에 개인 자격으로 참석하는 일은 결코 없다. 근대국가에서 그들이 평범한 시민으로서 행정 권한을 갖는 일이란 더더욱 없다. 대부분의 근대 민주주의 체제에서 평범한 시민들은 대부분의 시간 동안 대부분의 사안에 대해, 일찍이 아테네인들이 그랬던 것보다 거의 확실히 더 자유롭게

36 Hansen, *The Athenian Democracy in the Age of Demosthenes*(Oxford: Blackwell, 1991); Marcel Detienne, *Qui veut prendre la parole?*(Paris: Seuil, 2003).

말하거나 생각한다. 동시대인들 대부분이 싫어하거나 추잡하다고 여기는 견해를 발설하는 대가로 그들이 받는 불이익은 훨씬 덜 가혹하고 전적으로 덜 공개적이다. 그러나 대부분의 사람들은 자기 말을 많은 사람이 들을 수 있게 널리 퍼뜨릴 기회 역시 거의 갖고 있지 않다. 결연하고 끈질기며 지극히 성공적인 경쟁적 노력으로 만들어지는 예외적인 경우를 제외하고는, 입법 토의에 직접 접근할 실질적인 권리를 갖고 있는 사람도 도무지 없다. 존 스튜어트 밀이 19세기 중엽 영국에 아테네 민회의 직접 정치를 효과적으로 대체할 수 있는 것으로 제안한 신문 출판[37]은 경제적 이해관계가 큰 로비의 힘을 상쇄할 만한 어떤 일을 여전히 하고 있다. 그러나 세상의 서로 다른 많은 부분들에서 대부분의 신문 출판은 상대적으로 소수인 사적 개인에게 속해 있으며, 대부분의 시간 동안 거의 모든 사안에 걸쳐 대다수 시민이 처한 명백한 정치적 무기력 상태를 대단히 변화시킨다고 말할 수 있는 방식으로 작동하지 않는다. 이런 인상은 오늘날 공적 의사소통 매체 가운데 가장 두드러진 것들인 텔레비전과 라디오의 경우에 훨씬 더 분명하게 나타난다. 이탈리아에서는, 추잡하지만 대단히 상징적인 결합으로서, 단 한 사람이 현재 (가장 큰 출판사만이 아니라) 전국적인 텔레비전 채널 여러 개를 소유하고 있고, 수상首相 자격으로 다른 텔레비전 채널들 대부분을 통제하고 있으며, 사실상 개인 영지領地라 할 수 있는 한 정당의 지도자로서 정부를 이끌고 있다.[38] 우리

37 John Stuart Mill, *Considerations on Representative Government*(London: J. M. Dent, 1910), 180.

의 이익 대부분을 지키기 위해 우리가 제공받는 거의 모든 실질적 대의代議를 우리 다수에게 마련해 주는 것은 법적 구속력이 있는 정치적 선택을 하는 어떤 공적인 토론회나 자리에 우리가 직접 접근할 수 있다는 점이 아니다. 그것은 엄청나게 정교한 노동 분업의 구조인데, 그중 대부분은 공적인 시야에서 완전히 벗어나 운용되고 있으며, 대단한 노력을 기울여서 그리고 어떤 완전히 부인할 수 없는 정치적 재난의 결과로, 그것도 단지 이따금씩만, 겨우 백일하에 드러나게 될 수 있다. 물론 우리 삶을 지배하는 정치제도가 거의 모든 시간 동안 우리 대부분의 권한 범위 저 바깥에 있어야 한다는 것이 **민주주의**라는 용어가 가진 의미의 일부는 아니다. 그러나 이것이 통치 형태로서의 민주주의가 지금 도달해 있는 바로 그것이라는 점은 여전히 분명 참이다. 얼마나 더 가야 근본적으로 다른 어떤 것에 실제로 도달할 수 있을까?

제도와 관행의 이 복합체는 누군가에 의해 고안되거나 선택된 것이 전혀 아니기 때문에, 그것의 모든 측면은 너무나 완벽하게 아주 상이할 수 있으리라는 것이 참일 수밖에 없다. 그러나 그것이 지금 그토록 폭넓게 퍼져 있기 때문에, 그것도 주로 모방과 경쟁을 통해 퍼졌기 때문에, 그 복합체 전체가 현격하게 다른 무언가로 쉽사리 혹은 빨리 바뀔 수 있으리라는 것 또한 참이라고 하기는 어렵다. 그것이 일반적인 찬사를 얻는 데 의존하는 방식, 심지어 그런 방식을 의식적으로 깨닫고 있는 사람

*38* Paul Ginsborg, *Silvio Berlusconi: Television, Power and Patrimony*(London: Verso, 2004).

들 대부분을 만족시키는 데 의존하는 방식으로 그렇게 바뀌리라고 기대할 수는 더더욱 없다. 민주주의의 이 근대적 변종에 있어서 핵심 쟁점은 그것이 의지와 판단, 선택에 있어서의 소외를 어느 수준까지나 필요로 하는가 하는 점이다. 그런 소외는 고대의 민주주의 옹호자라면 누구든 민주주의의 완벽한 부정이라고, 기껏해야 부분적으로 선거를 이용하는 귀족정이요,[39] 최악의 경우 부패하고 심하게 신비화된 과두정이라고밖에 볼 수 없는 것이다.

고대 민주주의가 시민들이 자신을 위해 자유롭게 그리고 직접적으로 선택을 하는 것이었다면, 근대 민주주의는 주로 시민들이 향후 자기들을 위해 선택을 하게 될 상대적으로 소수의 동료들을 대단히 제한된 상황에서 아주 가끔씩만 선택하는 것으로 보인다. 근대 시민들이 이런 거래를 받아들일 필요가 전혀 없는 많은 분명한 방식들이 있다. 그들은 특정의 국가 결정을 스스로 직접 내리자고, 즉 입법부 선거에서와 똑같이 모든 성인 시민이 투표할 자격을 갖는 국민투표에 붙이자고 주장할 수 있을 것이다. 실로 국민투표는 일부 국가의 국내 정치에서 일정한 역할을 담당한다. 포섭이나 배제라는 핵심 사안을 두고도 그렇고, 특별히 이론의 여지가 있는 결정(때로 헌법 개정을 포함하는)을 두고도 그렇다.[40] 예컨대

39 Bernard Manin, *The Principles of Representative Government*(Cambridge: Cambridge University Press, 1997).

40 David Butler and Austin Ranney(eds), *Referendums: A Comparative Study of Practice and*

2004년 초 대만의 경우 현직 총통이, 중화인민공화국에 좀 더 유화적으로 접근하기를 선호하는 지방 반대자들에 대항할 힘을 강화하기 위해, 본토 중국과 재통일할지 말지를 시민들 스스로 선택할 권리가 있다고 주장하면서 국민투표에 붙이겠다는 위협을 구사한 바 있다. (이는 국가 안보의 핵심 사안을 대중의 직접 결정에 맡기는 것과 마찬가지였다.) 오늘날 국민투표들이 갖고 있는 공통점은 제시된 선택의 조건들이 언제나 직업 정치인들로 이루어진 지배 집단에 의해 결정된다는 것이다. 국민투표는 권력의 출처로 간주되는 시민에게 실제로 권력을 되돌려 주는 것이라기보다는 자기들에게 유리하게 그것이 작동되기를 기대하는 직업 정치인들이 이용할 수 있는 묘책이라고 보는 편이 더 합당하다. 그런 직업 정치인들의 기대가 무너지는 경우 혹은 지배 집단의 영향력이 반대자들에 의해 성공적으로 분쇄되는 경우, 국민투표라는 방책을 채택함으로써 얻는 결과는 애초에 그것을 발의한 사람들을 실망시킬 수도 있다. 그러나 국민투표에서 한 표를 행사하는 선거인들의 역할이란 여전히 직업 정치인들 가운데 어떤 팀을 희생시키고 대신 다른 어떤 팀에게 승리를 넘겨주는 일이 될 것이다.

더 실질적인 민주주의적 기회는, 국민투표에 붙이는 게 현 정부한테 편리한 사안들(물론 그들이 대개 스스로 통제할 수 있는 조건 위에서)에 대해 투

*Theory*(Washington, DC: American Enterprise Institute, 1980) and *Referendums around the World: The Growing Use of Direct Democracy*(Basingstoke: Macmillan, 1994).

표하는 권리를 넘어설 것이다. 그런 기회는 시민들 자신이 국민투표에 붙이길 바라게 된 사안에 대해 국민투표를 실시할 기회 또한 요구할 것이고, 실시될 국민투표의 조건을 시민들이 자기 자신들을 위해 규정하도록 허용할 것이다. 이 기회의 첫 번째 요소는 아주 실질적인 것이고, 제공하기가 어렵지 않다. 사안을 투표에 붙이는 데 시민들이 발의할 수 있는 권리는 캘리포니아 주와 스위스의 여러 주에서도 얼마 동안 존재한 적이 있다.[41] 저마다의 상황에서 그것은 의당 많은 비판자를 가졌고, 그 결과 가운데 일부는 대단히 해롭다고 판명되었다. 투표에 붙이자는 결정을 내릴 권리는 손쉽게 시민 집단 전체로까지 폭넓게 확장될 수 있다. 혹은 아테네 민회가 그 안에 들어가 발언하고 싶어 하는 시민 누구한테나 개방되어 있었던 것과 같은 수준까지도 확장될 수 있다. 다만, 제안된 선택의 조건들에 주목할 수 있는 기회가 그와 마찬가지로 폭넓게 분배될 수 없을 뿐이다. 그때, 근대 정치의 전문화를 합리화하고 또 어느 정도는 유발하기도 하는 노동 분업은 시민 집단 전체에 해당하는 유권자들이 상대적으로 작은 집단에게 자신들을 위해 생각하고 선택하고 글을 쓰도록 위임하면서 안案을 만들어 내는 업무에서 사실상 소외되도록 강요한다. 어느 정도의 길이가 됐든 일관성 있는 텍스트를 기초起草한다는 것은 결국 단일한 연속적 사유 과정을 필요로 한다. 단 한 사람의 정신과 펜은 아니더라도, 최소한 서로 들을 수 있고 상대방의 생각이 주는 압력에 반

41 Yannis Papadopoulos, *Démocratie Directe*(Paris: Economica, 1998).

응할 수 있을 만큼 적정 수의 사람들 사이의 대화 정도는 필요하다.

최근 수년간 학계의 정치철학자들은 얼마간이라도 중요한 공적 결정을 내릴 때 가장 비중을 둘 만한 성질들qualities이 무엇인지 그 윤곽을 그리는 데 상당한 주의를 기울여 왔다.[42] 그들은 아리스토텔레스가 민주주의적 선택의 주요 장점이라고 인정한 것에서 힌트를 얻었다. 시민 집단 전체의 폭넓은 지식과 깨달음에 접근해서 그것을 이용할 수 있는 능력 말이다.[43] 이렇게 광범위한 경험을 모아 제대로 된 것을 가려내는 일이 바로, 아리스토텔레스가 본 것처럼, 숙의의 과정이었다. 서로 의사소통을 할 수 있는 인간들의 집단에서 숙의는 시민 집단이 갖추고 있는 지혜의 모든 요소를 활용할 수 있는 공동 탐구요 공적 추론 연습이 될 거라고 관념상 기대를 모을지도 모른다. 그것은 또한 각 시민의 판단 내에 있는 덜 지혜롭고 더 지독하게 불공평한 요소들을 훈련된 공적 검토와 책임 있는 비판에 부칠 것으로 기대할 수도 있을 것이다.

민주주의를 가장 좋은 상태로 구현하고 실현하는 민주주의인 숙의 민주주의는 한 인간 공동체가 그 공동체의 공적 결정들이 어떻게 내려지

42 Amy Gutmann and Denis Thompson, *Why Deliberative Democracy?*(Princeton: Princeton University Press, 2004); James S. Fishkin, *Democracy and Deliberation*(New Haven: Yale University Press, 1991) 등이 아주 방대한 양의 최근 학문적 저술 가운데서 뽑은, 접근이 쉬운 표본들이다.

43 Aristotle, *Politics*, tr H. Rackham(Cambridge, Mass.: Harvard University Press, 1932), 1281b-1284a, pp. 220-41(esp. III, vi, 4-10과 III, vii, 12).

기를 바라야 하는지를 규정하려 시도한다. 많은 주제들이 자연스럽게 떠올랐다. 공동체는 반성적으로, 주의 깊게, 그리고 옳다는 신념을 갖고 공동체의 공적 결정들을 내려야 한다. 그런 결정들은 무엇이 공적으로 좋은 것일지에 관한 결정이어야지, 무엇이 개인적으로 가장 이득이 되는 것일지에 관한 계산이어서는 안 된다. 공동체는 그런 결정들을 배타적이지 않은 방식으로 내려야 한다. 즉, 그 결정들에 영향을 받는 모든 사람 그리고 자신들의 이익을 파악하기에 충분히 성숙하고 합리적인[44] 모든 사람이 그 결과를 결정하는 데 적극적인 역할을 수행할 수 있게 보장하면서 결정을 내려야 한다. 한층 더 정확하게 말하자면, 그것은 누구나 다 그 숙의에 평등한 자들로서 들어올 수 있고 또 원하는 누구나 다 실제로 들어와 그 안에서 평등한 영향력을 갖는 방식으로 공적 결정들을 내려야 한다.[45]

이기주의 질서는 이런 요구 조건들 중 몇몇과는 다른 것들에 비해 훨씬 더 심하게 충돌한다. 그러나 삶의 형태이자 우리가 그 속에서 살아야 하는 환경으로서 이기주의 질서는 그 요구 조건들 중 어떤 것에 대해서

44 이것들은 여전히 매우 논쟁적인 기준이며, 그것들이 도대체 어떻게 그런 논쟁적인 상태를 벗어날 수 있을지 알기 어렵다.

45 이런 착상에 관해 충분히 생각해 보려는 단연 가장 정교하고 끈질긴 시도는 하버마스(Jürgen Habermas)의 방대한 저작에 나타나 있다. 그 착상의 정합성이 보이는 한계에 대한 인상 깊게 분명하고 회의적인 평가로는 Raymond Geuss, *The Idea of a Critical Theory*(Cambridge: Cambridge University Press, 1980)를 참조.

도, 잘해야 중립적이고 최악의 경우는 완전히 무관심하다. 몇몇에 대해서는 아주 공공연하게 적대적이며, 앞으로도 늘 그럴 것이다. 이기주의 질서 안에서 권력이라는 항목의 상당 부분을 차지하는 것은 언제나 돈이고, 돈이라는 항목의 상당 부분을 차지하는 것은 언제나 권력이다.[46] 개인들은 자신의 삶을 매우 다른 방식으로 만들 수 있고 또 실제로 그렇게 하고 있는 게 분명하다. 그러나 자신들이 살고 있는 삶의 형태를 구조화하는 주된 원리를 무시하기는 어렵(고 아마도 단연코 불가능할 것이)다. 통치 형태로서의 민주주의와 사회적·문화적·경제적·정치적 과정으로서의 민주화는 아주 상이한 리듬을 갖고 있다. 그것들은 또한 아주 상이한 종류의 인과적 압력을 받는다. 민주화는 끝이 열려 있고 불확정적이며 탐색적이다. 그것은 정치적 가치로서의 민주주의(즉, 일단의 인간들에게 무엇이든 심대하게 중요한 것이 결정될 때 결국 따라야 하는 방식) 개념에서 출발하고 그것에 부응한다. 이에 비해 통치 형태로서의 민주주의는 끝이 약간 덜 열려 있고 상당히 더 확정적이며 탐색의 측면에서는 훨씬 덜 대담하다. 통치에 있어서 어떤 인간들은 항상 여러 가지 방식으로 아주 많은 타인들을 광범위하게 통제하기 때문에, 가치와 통치 형태 간의 이 근본적인 대비는 어느 정도 분명한 장점들을 갖고 있다. 당신이 타인들에 의해 얼마만큼이나 통제될 수 있는가 하는 데는 분명한 한계가 있는 것이 더 좋다. 오늘날 민주화는 민주주의적 통치보다 더 탐색적이고 더 용감하

46 Thomas Hobbes, *Elements of Law*, chapter 8(*Human Nature*, 48-49).

다. 민주주의적 통치와 달리 그것은 이기주의 질서의 인가를 받는 것도 아니요, 이기주의 질서에 대해 혹은 그 질서를 위해 책임을 지는 것도 아니기 때문이다. 그것은 우리 삶의 형태 내에 훨씬 더 가볍게 자리 잡고 있다. 용인될 수 있는 한계를 늘 탐색하면서, 그러나 저 삶의 형태를 보존하는 임무는, 여러 수준의 감사 표시와 함께, 꿋꿋이 다른 것들에게 맡기면서 말이다.

민주주의는 지난 60여 년에 걸쳐 대의 민주주의의 형태로 그토록 광범위하게 확산되었는데, 대의 민주주의는 이기주의 질서와 점점 더 분명하게 화해함으로써 그 여행의 채비를 마쳤다. 그것은 이기주의 질서가 번성할 수 있는 틀을 제공하지만, 또한 시민 일반이 그 질서의 자기과시와 결과에 모종의 제한을 가할 수 있는 틀을 제공하기도 한다. 인민이 허용하는 부는 그들의 의지를 공공연히 무시하고서 얻는 부보다 그들 중 누군가에게 실제적인 위험이 덜 될 수도 있고 아닐 수도 있다. 적어도 그것은 덜 불쾌하다. 바뵈프와 그의 동료 음모자들이 본 두 질서 간의 전선戰線은 어떤 실제의 대의 민주주의하에서든 아주 다르게 작동한다. 그 명확성 전부와 그 정치적 설득력의 상당 부분을 상실한 채로 말이다. 당신은 1780년대부터 오늘날까지 통치 형태로서 대의 민주주의의 진보를 추적할 수 있다. 그 진전을 기록하기 위해 지도에 핀을 꽂아 가면서, 그리고 수십 년이 흘러가는 동안 그 제도적 포맷이 점점 균질화해 가는 것뿐만 아니라 내내 그것과 경쟁했던, 종종 처음엔 상당히 자신감을 갖고 경쟁했던, 매우 다양한 다른 국가형태들이 점점 더 평판을 잃게 되는 것에도 주목하면서 말이다. 이 기간 동안 진전을 이룬 그 국가형태는 유럽인들에 의해 개척되었고, 먼저 유럽이 그다음엔 미합중국이 대단히 파격적인 군사적·경제적 권력을 휘두른 세상에 퍼져 나갔다.

이 기간의 상당 부분 동안 그 국가형태는, 그것을 창안해 낸 이들이 휘두르는 권력을 이겨 내거나 상쇄해 주겠다는 약속 때문에 구미 외의 다른 지역 사람들에 의해 받아들여지거나, 아니면 똑같은 서비스를 제공하겠다고 더 믿음직스럽게 약속하는 경쟁자들(특히 공산주의나 파시즘) 쪽이 오히려 선호된 까닭에 퇴짜를 맞았다. 20세기 대부분의 기간 동안 그것은 러시아와 중국의 상처 입은 옛 대제국에서 특별한 경멸을 받으며 퇴짜를 맞았다. 그러나 20세기 전반부 상당 기간 동안 그것은 독일과 일본 같은 일시적으로 더 강하고 위협적인 국가들에서도 거절당했는데, 당시 그 국가들은 우쭐대는 적들에 맞서 전세를 역전시킬 더 좋은 목전의 전망을 갖고 있었다. 그 국가형태의 가장 결정적인 진보는, 즉 가장 많은 수의 새 핀이 지도를 가로질러 옮겨 가며 꼽히게 된 것은 세 번의 큰 패배와 함께 일어났다. 첫 번째 것은 제2차 세계대전에서 독일과 일본의 군사력이 파괴된 일이었다. 그것을 바짝 뒤이어 나온, 그리고 더 산발적인 종류의 것이긴 해도 역시 매우 격렬한 투쟁을 필요로 했던 두 번째 것은 전 세계에 걸쳐 서양 식민 제국이 붕괴한 일이었는데, 그중 대부분은 제2차 세계대전이 끝나고 20년 이내에 일어났다. 대의 민주주의는 그 전쟁의 서양 승자들이 패배한 적들에게 부과한 모델이었다.[47] 그것은 또한

47 John Dower, *Empire and Aftermath: Yoshida Shigeru and the Japanese Empire 1878-*

상당히 지체된 준비 단계를 거친 후에, 영국령 제국 인도라는 경탄할 만한 선례에서부터[48] 가장 다루기 힘든 카리브해나 태평양의 섬 속국들에 이르는, 그들의 이전 식민지들 대부분에 남겨 주기로 그들이 선택한 모델이기도 했다. 그런 선택은 홍콩이 중화인민공화국에 반환되고 나서야 비로소 (주민들 자신에 의해서라고는 할 수 없지만) 새로운 주권자에 의해 처음부터 확고하게 거부되었다. 세 번째 큰 패배, 즉 소련의 종말 및 소련이 자신을 모델 삼아 주변에 그토록 공들여 구축해 놓았던 국가 블록의 붕괴와 더불어, 대의 민주주의는 남아 있던 모든 대표적 경쟁자들을 떨쳐 버리고 사실상 전 지구적인 정상상태의 지표가 되었다. 그것은 중국에서는 여전히 확고하게 거부되었는데, 중국은 여느 인간 사회 가운데서도 가장 오래되고 자부심이 강한 정치적 자율성의 전통을 가진 곳이자, 공공연하게 서양적인 정치적 교설의 지역적 변종이 제공하는 후원 아래 반세기 이상 통치되었음에도 불구하고, 그 통치자들의 자족감이 거의 손상되지 않은 곳이기도 하다. 대의 민주주의는 세상의 다른 많은 지역에서 줄기차게 그리고 무참히 배척되었다. 대부분의 경우 부와 권력을 얻

*1954*(Cambridge, Mass.: Harvard University Press, 1979)와 *Embracing Defeat: Japan in the Aftermath of World War II*(Harmondsworth: Penguin, 2000); Alan S. Milward, *The Reconstruction of Western Europe 1945-51*(London: Methuen, 1984).

*48* Sunil Khilnani, *The Idea of India*(London: Hamish Hamilton, 1997); Sarvepalli Gopal, *Jawaharlal Nehru: A Biography* 3 vols(London: Jonathan Cape, 1975-84); Granville Austin, *The Indian Constitution: Cornerstone of a Nation*(Oxford: Clarendon Press, 1966).

기 위한 투쟁에서 눈에 띄게 난항을 겪는 사회의 통치자들에 의해 그렇게 되었다. 그러나 그것의 수많은, 때때로 무장을 잘 갖추기도 한 적들 가운데 누구도 더 이상 대적할 만한 자신들 고유의 모델을 갖고 그것에 맞서지는 못했다. 다른 문화를 갖고 있고 또 스스로 자신들의 정치적 제도 장치를 결정할 실제 기회도 갖고 있는 주민들에게 접근해서 그들을 설득해 낼 수 있는 힘을 가지고 그것에 맞서지는 못했던 것이다. 전 지구적 수준에서 이 비슷한 어떤 일도 이전에 일어난 적이 없었다. 물론 더 국지적인 선례들은 역사 속 도처에, 즉 중화 제국Central Kingdom of China을 둘러싼 아시아 국가들에[49] 혹은 유럽 대륙 전역에 드리운 로마의 긴 그림자들에 산재해 있었지만 말이다.

이 마지막 진전의 과정에서 그럴듯하고 광범위하게 신빙성을 인정받은 수많은 가정들이 반박되었다. 예를 들어, 서양에서 유래했다는 이유로 이 정치적 모델이 세상의 다른 부분들 혹은 날카롭게 대비되는 문화 전통을 가진 주민들에게 아무래도 적합하지 않다는 가정은 분명 참이 아니다. 그 모델은 모든 대륙에서 어느 정도 성공적으로 채택될 수 있(고 또 채택되어 왔)다. 자의적 지배의 오랜 잔혹한 경험과 심원한 역사적 깊이를 가진 문화, 그리고 인간들이 근본적으로 동등하지 않으며 또 그들 대부분이 최고의 경의를 갖추어 윗사람을 대해야 할 의무가 있다고 강조하는

49 John K. Fairbank(ed), *The Chinese World Order: Traditional China's Foreign Relations* (Cambridge, Mass.: Harvard University Press, 1968).

종교 전통을 가진 동아시아, 남아시아, 동남아시아 및 라틴아메리카의 사회들에서, 더 산발적이고 불안정하게이긴 하지만 사하라 사막 이남의 아프리카와 심지어 중동 사회들에서도 그렇다. 이것은 그 자체로 놀랄 만한 일이 전혀 아니다. 이 이른바 결격 사유를 이루는 모든 요소는 유럽 대륙의 역사 대부분에 걸쳐 눈에 띄는 그 짝을 갖고 있었다. 그 모델의 진전에 대한 저항 뒤에는 그것의 발원지인 서양 사회에 대한 반감이 자리 잡고 있을 때도 있고, 또 미합중국이라는 나라가 보이는 목전의 힘과 오만에 대한 보다 절박한 증오가 자리 잡고 있을 때도 있다. 그러나 그 두 가지 모두와 더불어, 개중에는 다른 근거를 토대로 또 다른 수단에 의해서 권력을 잡고 있는 사람들 편에서 내부로부터 공개적인 전복이 일어날지도 모른다는 생각으로 꺼림칙해 하는 일 또한 늘 있는데, 이는 이해할 만하다.

이 진전은 사람, 상품, 정보가 전 지구를 끊임없이 가로지르는 세상, 무역이 강화되고 의사소통이 점점 더 가속화되는 세상에서 일어났다. 그것은 인구가 더 조밀하게 함께 휩쓸리는 세상이며, 자신들의 안전과 번영을 얻기 위해, 자신들을 지배하는 사람들의 기량과 선한 의도에 이전 그 어느 때보다 더 비굴하게 의존하는 세상이다. 그 세상은 확실히 아직 획득하지 못한 많은 설비들을 필요로 하며, 심지어 아직 발명하거나 상상하지 못한 것들도 적잖이 필요로 한다. 그러나 그 세상이 늘 분명하게 필요로 하는, 그것도 가장 절박하게 필요로 하는 것 한 가지는 그곳에 살고 있는 사람들이 자기 지배자들의 기량과 선한 의도가 자신들을 위해 발휘되리라는 걸 확고히 보증하는 과업에 뛰어들 수 있게 되는 기반이다. 이 과업은 많은 상이한 구성 요소들을 갖고 있다. 그것은 엄청난 범위의 정보를 탐색하고 집성하는 일, 비판적 평가를 활발하게 실행하는 일, 대부분의 삶을 경쟁적 정치나 공공 행정에 할애하는 사람들이 수행하는 업무를 지속적으로 감시하는 일 등을 필요로 한다. 성공적인 결과를 보장할, 비용이 적게 들거나 믿을 만한 묘방은 없으며, 제도의 고안 자체가 그 부담 대부분을 어떻게든 감당하리라고 바랄 수 있다는 증거도 별로 없다. 또한 지배자들이 그런 책임을 인정하고 있다는 징후를 거의 보여 주지 않을뿐더러 대다수 주민들은 당장 그들을 지배하는 사람들의 무책임이나 악의에 대항해 자신들을 보호할 수 있는 효과적인 힘을 (설사 있더라도) 거의 갖지 못한 곳들이, 형식상으로만 독립된 민족국가인 나라들을 포함해서, 아주 많이 있다.

무기력과 절망의 한가운데서 대의 민주주의는 질서나 평화, 안전, 번영, 정의를 구축할 수 있는 인상적인 묘방이 전혀 아니다. 아무도 그것을 역사의 수수께끼에 대한 해답으로 쉽게 착각할 수는 없을 것이다. 그러나 그것은 이제 그 어떤 경쟁자보다도 전 지구적 필요에 잘 부응한다는 분명한 주장을, 과장이 섞이지 않은 단순한 방식으로, 입증했다. 그런 필요 자체가 여전히 매우 절박하며, 어떤 규모가 되었든 모든 인간 집단이 지금 그 필요에 분명히 맞닥뜨리고 있다는 사실은 그것을 어떻게 충족시킬 것인가 하는 질문을 진정으로 전 지구적이게 만든다. 이와 같은 사실은 또한 그 질문을 진정 처음으로 전 지구적인 대답이 있을지도 모르는 질문으로 만든다. 대의 민주주의의 살아남은 경쟁자 가운데 어느 것도 그 필요를 똑같이 분명하게 인정하지 않으며, 자발적으로 그 질문에 전 지구적 대답을 제공하지 않는다는 사실은 대의 민주주의에 독특한 지위를 부여한다. 당분간은 필수 불가결에 아주 가까운 어떤 것이라는 주장에 시의성 및 잘 숙고된 겸양을 섞어 넣으면서 말이다.

이런 주장이 얼마나 오래 건재하게 될지를 판단하기는 어렵다. 그 통치 형태에 제거 불가능한 많은 한계들이 있고, 원리상 그것이 어떤 인간 집단에게도 보장할 수 없는 것 역시 많다. 그 통치 형태로 인해 직업 정치가 어디서든 얼마 동안이든 우리 대부분에게 호감을 주는 일로 바뀌리라고 기대하기는 어렵고, 또 실제로도 그런 일은 일어나지 않는다. 그 통치 형태가 보장하는 것은 현역으로 활동 중인 정치인 집단 대부분에서 비열한 동기가 공공심公共心에서 우러나온 것인 양하는 가식과 결합해 우리를 당혹스럽게 하는 일뿐이다. 그 비열함은 더 폐쇄적이고 더 소리 없이 진행되는 경쟁 상황 속에 가려져 있을지 모른다. 그러나 그것은 경쟁 상대들이 자기 자신의 정치 집단 안팎에서 활발하게 벌이는 노력에 의해 정치 무대 도처에서 가차 없이 드러날 수밖에 없다. 이 모든 것은 아테네에서 민주주의가 시작할 때부터 나타났는데, 그 핵심 요소들은 다름 아닌 플라톤에 의해 타의 추종을 불허할 정도로 과시적이고 모욕적으로 묘사되었다.

그 통치 형태는 정치 지도자들이 우리에게 자기들을 신뢰해 달라고 끊임없이 요청하고, 그러면서 암묵적으로 자기들의 유능함, 고결함, 선한 의도에 기대는 그런 세상을 만들어 낸다. 그러나 그런 세상 안에서 정치 지도자들은, 그런 신뢰가 얼마나 엉뚱한 곳에 두어져 있었는지 그리고 그런 신뢰를 베푼다는 것이 얼마나 세상 물정 모르는 일인지에 대해 경쟁 상대들이 지치지 않고 설명해 대는 데 맞서서, 줄기차게 자기들의 호소를 반복할 수밖에 없다. 수십 년 동안 많은 상황에서 대중정당은, 적어도 특정 시민 집단들과 조직으로서의 정당 자신 사이에서, 이런 종류의 신뢰를 불러일으키고 유지하는 데 어느 정도 기여했다. 그것은 주거 공동체나 직업 공동체에 정치적 모양새를 부여했고, 그런 공동체들 전체에 걸쳐 공유되는 이익의 의미를 규정하는 데 도움을 주었으며, 통치 권력의 행사를 둘러싼 정치적 갈등의 핵심 윤곽을 규명했다.[50] 그러나 결국 다른 많은 영향 때문에 정당 구조의 설득력 대부분이 소멸되었다. 정치적 리더십에 대한 신뢰를 유지하기 위한 투쟁은 대중적 불신의 강물이 불어나면서 점점 더 그 속에 잠기게 되었다. 슘페터의 선거 기업가들[51]은 이제 신뢰가 그 어느 때보다 얻기 어렵고 비용도 많이 드는 반면 불신의 근거들은 효과적으로 전파하기가 그 어느 때보다 쉽고 비용도 적게 드는 그런 시장에서 사업을 벌여야 한다. 그들의 보다 새로운 무기 가운데 가장 강력한 것인 광고 업무 기술과 의사소통 매체라는 계속 확장되는 설비조차도 애초에 신뢰를 키우거나 만들어 내는 일보다는 그것을 쫓

50 특별히 밝혀 주는 바가 많은 논의로는 Adam Przeworski, *Capitalism and Social Democracy* (Cambridge: Cambridge University Press, 1985)를 참조. 이 세계와 그 중추적 형태의 기관인 정당에 깊이 헌신하고 있는 위대한 정치 지도자에 대한 생생한 스케치로는 Tony Judt, *The Burden of Responsibility*(Chicago: University of Chicago Press, 1998), 29-85의 레옹 블룸(Léon Blum)에 관한 부분을 참조.

51 Schumpeter, *Capitalism, Socialism and Democracy.*

아 버리는 일에 훨씬 더 적합하다. 당신이 광고에서 배워야 하는 게 무엇이든, 그것은 쉽게 믿는 일의 일반화일 수는 없다.

전체로 보아, 이것은 환상에서 깨어나 의기소침해진 세상, 개인의 소득을 최대화하려는 싸움을 둘러싸고 조직된 삶에 맞게 너무도 잘 조정된 세상이다. 그러나 그것은 또한 다시 환상에 빠질 기회를 줄기차게 찾는, 종종 가장 덧없고 신뢰할 수 없는 단서들을 알아보고 거기에 반응할 준비가 되어 있는 세상이기도 하다. 그런 단서들에는 토니 블레어의 젊음, 활기, 투지만이 아니라 아놀드 스워제네거의 영화적 활력이나 실비오 베를루스코니의 기업가적 추진력[52] 같은 것까지도 포함된다. 관대한 시각에서 보면, 근대 민주주의적 정치인의 세계는 대부분의 시민들에게서 이따금씩 조사를 받는 꽤 힘든 시련의 과정이라 할 수 있는데, 조사를 할 때 시민들은 자주 불평을 해대며, 늘 모종의 의혹을 갖고 조사에 임한다. 그것은 믿음, 존중, 심지어 충성심조차도 거의 사라져 버린 세계, 가장 강렬한 인격적 존경이 아주 오래 지속되는 일이 좀처럼 없는 세계다.

이것이 민주주의의 승리라면, 그것은 대단히 많은 사람들이 늘 실망스럽다고 여기게 될 승리다. 그것은 아테네에서 같은 이름으로 불리던 것을 위해 페리클레스가 환기시킨 그 마력 가운데 어떤 것도 담고 있지 않다. 그것이 승리하게 된 두 세기 동안 어떤 사람들은 그것을 단지 훔친 이름을 가지고 사칭하는 것이요, 다른 게 분명한 무언가를 가지고 인민

52 Paul Ginsborg, *Silvio Berlusconi: Television, Power and Patrimony*(London: Verso, 2004).

의 지배를 이루기 위한 도구라고 보았다. 오늘날 그 어느 곳의 어느 누구도 그것을 인민에 의한 지배로서 그럴듯하게 봐줄 수가 없다. 이것 자체가 한탄할 만한 일은 전혀 아니다. 매디슨과 시에예스, 로베스피에르, 그리고 심지어 부오나로티까지 모두가 경고한 것처럼, 인민에 의한 지배가 실제로 있었다면, 확실히 그것은 승리하지 못했을 것이고 오히려 즉각 다시 되돌릴 수 없을 정도로 해체되어 혼란 상태가 되었을 것이다. 그것을 옹호하기 위해 제시할 수 있는 가장 덜 거창한 논거는 그것이 우리가 두려워할 수밖에 없는 최악의 것으로부터 대단히 멀리 떨어져 있다는 점, 즉 그것이 우리가 속해 있는 세상의 거주자들에게 우리 자신의 국가 안에서 동료 시민들과 더불어 살 수 있는 가장 안전하고 인격적으로 불쾌감을 가장 덜 주는 기반을 제공한다는 점이다. 그것은 우리가 다른 어떤 수단을 가지고서는 도대체 신뢰할 만하게 얻을 수 있는 방법을 배우지 못한 서비스다. 또한 어느 누구도 그 서비스의 근본적인 중요성을 합당하게 부인할 수 없을 것이다. 그러나 그것은 본질적으로 통치 형태로서의 대의 민주주의가 가진 실천적 장점들을 옹호하는 논거다. 그것은 이 통치 형태를 가리키는 이름으로 **민주주의**라는 단어를 고른 우리의 선택에 명백한 적절성이 있음을 전혀 보여 주지 못한다.

그 이름이 적절한 것이 되려면, 민주주의는 이보다 더 많은 것을 의미해야 한다. 아마도 좀 더 자극적으로 말하자면, 그것은 지금 모습의 대의 민주주의가 우리가 합당하게 기대할 수 있는 전부일 수 없다는 것 또한 함축해야 한다. 그 단어 자체가 그렇게 훨씬 더 많은 것을 의미한다(혹은 그토록 다른 어떤 것을 의미한다)는 역사적 사실과, 우리가 지금 통치 받는 방식이 그 단어에 더 잘 맞게 수정되거나 적어도 그 단어와의 어떤 상상 수준의 접촉 정도는 회복할 수 있으리라는 가능성 사이에 모종의 연계가 있어야 한다. 이것은 그렇다고 밝혀질 수도 있고 아닐 수도 있다(그것은 다른 무엇보다도 장차 우리가 정치적으로 어떻게 행위하는가에 달려 있을 것이다). 오늘날의 민주주의가 아마도 이런 방향으로 수정될 수 있을 법한 적어도 두 가지 과감한 방식이 있다. 하나는 시민들 사이에서 정보가 유통되고 조직화되는 데, 그리고 모든 정부가 피치자에게 정보를 제한하고 차단하는 정도에 달려 있다. 정부가 격리된 채 존재하는 것은 민주주의적 요구에 대한 가장 직접적이고 또한 가장 심각한 전복이며,[53] 때로 신중을 기한 것이기도 하지만 민주주의라는 지배 형태의 문자적 의미와 결코 완벽하게 양립 가능하지는 않다. 동료 시민들이 아는 것을 더 많이 통제하면 할수록 정부는 자기가 어떻게 지배하는지에 관해 시민들이 권위를 부여한다고 주장할 수 있는 여지를 점점 더 잃게 된다. 동료 시민들에게 정보를 주지 않으면 않을수록 정부가 자신에게 권위를 부여하는 사람들에 대해 책임을 질 수 있는 여지는 점점 더 줄어든다. 자신의 이름에 걸맞기 위해서라도 근대 대의 민주주의는 이 점에서 자신을 아주 근본적으로 변형시켜야 할 것이다. 그 변형을 위한 싸움은 틀림없이 고될 것이다. 그것

53 John Dunn, 'Situating Democratic Accountability', in Adam Przeworski, Susan C. Stokes and Bernard Manin(eds), *Democracy, Accountability and Representation*(Cambridge: Cambridge University Press, 1999), 329-44.

을 방해하는 데서 생기는 이득이 매우 클 뿐더러 또 그 이득은 그것을 지연시키기에 매우 유리한 조건이기도 하기 때문이다. 그러나 그것을 변형시키는 데 반대하는 입장은 이제 그저 재량에 속하는 문제가 되어 버렸다. 그것이 분명 이런 식으로 수정되어야 한다는 판단에 도전할 수 있는 그 어떤 강력한 상상의 압력도 이젠 남아 있지 않다.

우리의 현존 지배 관행이 그것이 가진 민주주의적 타이틀과 더욱 하나로 수렴될 수 있을 법한 두 번째 과감한 방식은 현재로서는 아주 다른 상황 속에서 발견된다. 그러나 그것은 꼭 첫 번째 것만큼이나 단순하며, 명백히 첫 번째 것 못지않게 강력하다. 단어로서 **민주주의**는 정당한 지배를 지칭하기 위한 이 전 지구적 경쟁에서 이겼는데, 대체로 부오나로티가 말한 이기주의 질서, 즉 자본주의 경제가 충분히 생각한 끝에 도달한 자기 이해와 승인 덕분이었다. 부오나로티 자신에게 민주주의가 이런 모습으로 거둔 승리는 단 한 번의 엄청난 절도 행위였을 것이다. 그러나 그는 자신의 시대에 자본주의 경제가 성장해 온 기반에 대해서 제대로 이해하지 못했고 이후 그 경제가 구축하게 된 완전히 다른 세상에 대한 선견지명도 전혀 없었기 때문에, 그의 평가는 별다른 무게를 갖지 못한다. 그의 평가가 원래 갖고 있던 힘 대부분을 여전히 간직하고 있는 것은 정부의 모든 선택 혹은 모든 행위가 발생하기 전과 후 그리고 발생하는 동안 소수가 다수를 통제하는 극심한 불평등 상황에서는 지배하는 인민이 서로 대면할 수 없다는 단순한 인식이다. 한 세기가 훌쩍 넘는 시간이 지나는 동안 자본주의 경제 체제들은 이런 불평등을 축소하고 모든 시민을 평등한 정치적 지반에 보다 가까운 어떤 것 위에 서게 하라는 맹렬한 압력을 수백만 시민을 대변하는 잘 조직된 대중정당들로부터 받았다. 적어도 지금 당장은 그런 압력들이 대개 사라졌다. 그러나 그것들이 사라졌다고 해서 단어로서의 민주주의가 갖는 의미와 실행 중인 현대 대의민주주의의 실체 사이에 존재하는 간극의 변칙성이 조금이라도 줄어들지는 않는다. 현재로서는 원리상으로조차도 그 간극을 메울 수 없을 것으로 보인다. 우리가 경제체제들에 대한 모종의 현실적 통제력을 확립하기에 충분할 만큼 그것들을 잘 이해하게 될 때만 그 간극이 메워질 수 있을 텐데, 이는 말도 안 되는 발상이며 실천적으로 분명 우리가 도달할 수 있는 범위를 훨씬 넘어서 있는 것으로 보인다.

그러므로 현 시점에서 민주주의는 자신이 자처하는 바와 크게 모순되는 상황에서 정당한 지배의 기초를 가리키는 거의 전 지구적인 독점에 가까운 지위를 얻었다. 여전히 그것은 현존 지배 관행이 가진 가장 눈에 거슬리는 많은 모습과 노골적으로 상충한다. 여전히 그것은 경제조직을 규정하는 논리와 체계적이고 근본적으로 충돌한다. 그러나 민주주의의 승리는 결코 단순한 환상이 아니다. 그것은 각각 그 자체로 독립적인 힘으로서 존재하는 현존 지배 관행 및 경제조직 논리와, 둘 중 어느 쪽보다도 전적으로 더 열띤 호소력을 지닌 채, 충돌한다. 현재로서는 그것이 둘 중 어느 한 쪽보다도 힘을 덜 갖고 있을지 모른다(확실히 경제조직의 논리보다는 힘이 훨씬 약하다). 그러나 그것은 여전히 둘 각각에 지속적인 도전을 제기한다. 극적 과장을 섞어서, 그러나 본질상 오해의 소지는 없게 이야기하자면, 그 셋 사이의 관계를 당신은 전선戰線이 항상 긴박한 대치 상태여서 아무도 그것이 정확히 어느 방향으로 움직일지 단 몇 년 앞도 내다

볼 수 없는, 장기화 상태의 진지전陣地戰으로 볼 수 있다.[54]

이 진지전 위에서(혹은 밑에서) 또 다른 더 오래된 투쟁이 진행되는데, 민주주의가 거기까지 가서 (심지어 대역으로라도) 적용되는 일이란 아직은 거의 없다. 인간들 사이의 지배의 주된 요소는 여전히 국민국가라는 개별적인 정치적 주권 단위 내에서 생긴다. 민주주의는 한 국민국가가 어떻게 통치되어야 하는가라는 질문에 대한 대답으로서 거의 전 지구적인 독점에 가까운 지위를 얻었다. 다른 많은 것은 그 목적을 위해 만들어진 끝없이 다양한 각축장에서 국민국가들 간의 협동이나 분쟁을 통해 조정된다. 그러나 그 조정의 범위는 여전히 개별 국가들에 의해 결정된다(그리고 그 시행은 여전히 압도적으로 개별 국가들에 맡겨진다).

결국 민주주의가 조정과 시행의 아주 다른 기반을 가리키는 좋은 이름을 제공할 수 있고 또 그렇게 할 것이라고 많은 사람들은 희망(하며 소수는 믿기까지)[55]한다. 그것은 정당한 지배의 조건들을 규정하는 전 지구적 타이틀을 유지할 테지만, 또한 전 지구에 걸쳐 단일하고 포괄적으로 그 조건들을 스스로 시행할 것이다. 이런 비전을 통해 보면 민주주의는 자처나 포부에서만이 아니라 단순한 사실로도 전 지구적인 것이 될 것이

54 John Dunn(ed), *The Economic Limits to Modern Politics*(Cambridge: Cambridge University Press, 1990); Dunn, *Cunning of Unreason.*

55 David Held, *Global Covenant*(Cambridge: Polity, 2004); *Democracy and the Global Order* (Cambridge: Polity, 1995).

다. 하나의 데모스, 즉 전 지구의 인간 주민은 바로 그 지구 전체에 걸쳐 정치적 권위를 공유한다고 그저 주장만 하는 것이 아니라 문자 그대로 그 전 지구를 함께 지배하게 될 것이다. 이것은 (오랜 기독교적 과거 및 기독교 이전의 과거를 가진) 자연스런 갈망이다.[56] 그런 희망은 강력하고 온전히 칭찬할 만한 감정들을 반영한다. 그러나 그것은 대단히 억지스런 변형이 가해진 사고방식이다.

그런 희망은 국가가 무엇인가를 규정함에 있어서 판정과 강제 사이에 직접적인 연계가 있다는 점을 무시한다. 그것은 전 세계에 걸쳐 서로 다른 주민들 간에 권력과 부의 엄청난 간극이 있다는 생각을 밀쳐놓는다 (혹은 잠시 잊는다). 그것은 이기주의 질서의 승리만을 제쳐 놓는 것이 아니라 그 질서가 승리하게 된 요인들까지도 제쳐 놓는다. 그것은 심지어 개별 국민국가 내에서조차 민주주의가 정말 지배한다고 할 때의 그 의미

56 그것은 사실상, 자연법 자체를 함께 꼼꼼히 준수하는 위대하고 자연적인 인류 공동체[John Locke, *Two Treatises of Government*, II, para 128, ed Mark Goldie(London: J. M. Dent, 1993), 179: "그와 나머지 모든 인류는 하나의 공동체다. …… 이 위대하고 자연적인 공동체"]를 수용할 에덴동산의 재창조를 요구한다. 혹은 어떤 이유로 그걸 못하게 될 경우에는 "알려진 고정적인 법률들"(즉, 그것들을 해석할 때 논쟁의 여지가 있는 판정상 쟁점들을 전혀 일으키지 않으며 그것들을 시행할 때 어떤 싸움도 유발하지 않는 그런 "알려진 고정적인 법률들")을 똑같이 꼼꼼하고 자발적으로 준수할 것을 요구한다. John Dunn, 'The Contemporary Political Significance of John Locke's Conception of Civil Society', Sunil Khilnani and Sudipta Kaviraj(eds), *Civil Society: History and Possibilities* (Cambridge: Cambridge University Press, 2001), 39-57을 참조하라.

를 지극히 감상적으로 다룬다. 인류의 미래에 관한 기대로서 그것은 터무니없는 것이나 다름없다. 그러나 그것은 하나의 핵심적인 판단을 아주 올바르게 내린다. 민주주의는 한 나라 안에서 정치적 선택을 조직화하고 시행하기 위한 설득력 있는 혹은 신뢰할 만한 묘방을 제공할 수도 있고 못할 수도 있다. 단지 그렇게 하는 것만으로 민주주의가 동시에, 그 나라와 다른 나라들 사이의 정치적 혹은 경제적 관계를 조직화하기 위한 설득력 있는 혹은 현실적인 묘방을 제공하리라고 기대할 수 없는 것은 분명하다. 우리가 우리 자신의 나라 안에서 그리고 우리 자신의 나라를 위해 그런 묘방을 알아보고 실행하는 데 있어 더 인상적인 진전을 이뤄 낼 수 없다면, 세계의 각각 다른 주민들 사이에 존재하는 잔혹한 역사적 간격을 메울 치유책을 생각해 낼 여지는 거의 없다. 아마도 충분한 세상과 시간이 주어진다면, 도덕 철학이나 복지 경제학에서만이 아니라 경제조직과 정치 관행에서조차도 그런 치유책이 있을 수 있을 것이다. 정말로 있을 수 있다고 한다면, 아주 분명한 것은 우리가 현재로서는 그것을 향해 움직이고 있지 않다는 점이다. 우리가 그렇게 움직일 때까지, 그렇게 움직이지 못하는 만큼에 상당하는 대가를 계속 치르게 되리라고 적어도 예상은 해야 한다.

# 옮긴이 후기

*1*

국내 인문·사회 분야에서 출판되는 저서, 특히 정치학 관련 저서들에서 가장 많이 다루어지는 주제 가운데 하나는 아마도 '민주주의'일 것이다. 인터넷 서점 한 곳에 들어가 검색해 보니, '민주주의'를 제목이나 부제로 달고 있는 신간이 2014년 9월 한 달에만 대여섯 권 정도 되었다. 그러니 근대 정부 수립 직후부터 따지자면 지금까지 민주주의에 관한 이런 저런 형태의 연구들이 얼마나 많이 쏟아졌을지 가히 짐작하기 어렵지 않다. 민주주의에 대한 그렇듯 높고 두터운 학술적 관심은 물론 현실의 필요와 무관하지 않을 것이다. 민주화와 민주주의의 발전(심화 또는 공고화)이 오랫동안 현실 정치의 핵심 쟁점이었던 사정을 감안하면 민주주의에 관한 연구가 겹겹산을 이루는 것은 지극히 자연스럽다.

영국의 정치철학자 존 던John Dunn 교수가 2005년에 출간한 *Setting the People Free: The Story of Democracy*를 번역한 이 책 역시 민주주의를

주제로 한 연구다. 하지만 이 책의 무게는 거대한 민주주의 연구의 산에 그저 돌멩이 하나 더 얹는 정도는 아니라고 감히 단언할 수 있다. 역자들이 보기에 이 책은 특히 두 가지 점에서 각별하다. 우선 민주주의에 대한 전혀 새로운 문제의식에서 출발한다는 점이 그렇다. 이 책 전체를 관통하는 저자의 핵심 질문은 오늘날 보편적인 정당성을 얻고 있는 통치 모델, 정당한 정치적 권위의 근거라고 거의 전 세계적으로 인정받는 그것을 우리는 왜 하필 '민주주의'라고 부르느냐는 것이다. 현재 우리가 민주주의라고 부르는 것은, 잘 알려진 대로 고대 아테네 민주정을 그 원형으로 하지만, 또한 그 원형과는 매우 다른 모습이다. 또 사람들마다, 지역마다, 국가마다 민주주의라고 부르는 것의 형태나 내용이 사뭇 다르다. 그럼에도 불구하고 우리는 왜 민주주의가 정당한 정치적 권위를 일컫는 전 세계적 단일 명칭으로 자리 잡게 되었는지, 자신의 정치적 권위를 정당화하려는 세력들은 왜 하필 민주주의라는 이름을 선호해 스스로 민주주의자임을 자처하는 것인지 거의 생각해 본 적이 없다. 일정한 민주주의를 상정해서 목표로 제시하고 거기에 도달할 수 있는 갖가지 방법을 고민하거나, 그런 기준으로서의 민주주의를 잣대로 현실을 분석 내지 진단하거나, 아니면 바람직한 것으로 간주될 수 있을 법한 민주주의 모델 또는 이상 자체를 정교화하려는 기존의 작업들에서 그런 질문은 아예 제기되지도 않는다(저자는 이 점이 아주 이상하며 괴상스럽기까지 하다고 말한다). 이 책은 지금까지 한 번도 제대로 던져지지 않았던, 그러나 민주주의를 이해하는 데 대단히 의미심장한 물음을 제기하고, 방대한 역사 탐구와 치밀한 텍스트 분석 작업을 통해 그에 관한 답을 찾아간다.

다음으로 이 책은 민주주의에 대한 전례 없는 접근 방식을 보여 준다는 점에서도 주목할 만하다. 민주주의에 대한 독특한 물음에 입각해서 저자는 이 세상에 민주주의가 존재하는 세 가지 방식을 구분하는 것으로 논의를 시작한다. 그 세 가지 방식이란 '민주주의'라는 단어, '인민의 지배'라는 관념, 그리고 "그 단어를 들먹이고 또 그 관념을 구현하고 있다고 가지각색으로 뻔뻔하게 자처하는, 전 세계에 걸쳐 서로 다른 규모로 존재하는 잡다한" 통치 제도들이다. 그간 무수히 소개된 민주주의 사상사나 민주주의 제도사 관련 연구들에서 민주주의는 각각 특정한 관념 또는 가치이거나 특정한 제도였다. 단어이자 관념, 제도로서의 민주주의가 부분적으로 그리고 불명료하게나마 구분되어 논의되었던 경우가 전혀 없지는 않았겠지만, 이 책은 민주주의의 세 가지 존재 방식을 인식하는 것 자체가 오늘날 민주주의의 현존을 이해하는 첫걸음임을 분명히 한다. 민주주의를 그 세 가지 방식 중 어느 하나의 측면에서만 파악하거나 부각시켜서는 그것에 관한 온전한 이해에 이르기 어렵다는 것이다. 그리하여 저자는 민주주의라는 단어와 그것이 담지하는 관념 그리고 그 관념의 실현을 위해 고안된 제도가 서로 어떻게 긴밀히 관계를 맺고 또 영향을 주고받으며 오늘날에 이르렀는지를 역사적으로 추적한다. 민주주의에 관해 그가 던진 새로운 질문의 답은 바로 그런 추적 과정 속에서 모습을 드러낸다.

이 책의 저자인 던 교수는 케임브리지대학 정치학과 교수(2015년 현재 명예교수)이자 킹스 칼리지의 펠로우이며 영국 학술원의 펠로우이기도 한 저명한 학자다. 게다가 한국 정치에도 큰 관심을 가지고 여러 차례 직접 방문해 학술 교류와 강연 활동을 펼치기도 했으며, 김대중 전대통령과의 깊은 친분으로 김대중 평화재단의 자문위원을 맡아 한국과 각별한 관계를 유지한 바 있다.

던 교수의 주 연구 분야는 정치 이론 및 사상이며, 근대 정치 이론에 역사적 조망을 가하는 연구를 주로 수행해 왔다. 1960년대 말 퀜틴 스키너, 존 포콕과 더불어 이른바 '케임브리지학파'를 주도하면서 과거 정치 사상가들의 생각과 논변이 형성되는 데는 물론이고 그것을 해석·재구성하는 데도 역사적 맥락이 중요하다는 점을 강조하는 방법론적 반성을 전개했다. 이런 입장이 반영된 『존 로크의 정치사상』 *The Political Thought of John Locke*(1969)이 일찍이 그에게 국제적 명성을 안겨 주었고, 이후 정치 이론의 여러 실질적인 쟁점들을 다룬 저서 10여 권도 대개 비슷한 정신을 바탕에 깔고 있다.

그 가운데 이 책 바로 앞에 나온 『비이성의 간계: 정치에 대한 이해』 *The Cunning of Unreason: Making Sense of Politics*(2000)에서 던 교수는 현대 정치 환경에 케임브리지학파의 접근법을 적용해서 민주주의, 부패, 세계화 및 최근의 보수화 경향에 이르기까지 뜨거운 논쟁들을 세심하게 해부해 보여 주었다. 그리고 이 책 『민주주의의 수수께끼』는 특히 정치적 이상으로서의 민주주의가 실제 사회, 정치적 환경 속에서 어떻게 부침을 겪어 왔는가에 관한 그간의 성찰을 집약해서 보여 주는 저작이다. 또 정치학과 역사학, 철학은 물론 언어학, 고전학 등 다양한 학문 영역을 넘나드는, 문자 그대로 '학제적' 작업의 모범을 보여 주는 역작이기도 하다.

이 책을 받아 들었을 때 역자들의 눈길을 처음 사로잡은 것은, 부제가 밝혀 주고 있듯이, 저자가 이 책을 민주주의 '연구'보다는 민주주의 '이야기'로 독자들에게 건넨다는 점이었다. 책 전체를 통틀어 그 점에 관한 저자 자신의 설명은 들을 수 없다. 하지만 책을 옮기는 동안 역자들은 그가 '민주주의 이야기'로서 표현하고자 한 바를 십분 이해할 수 있었고, 또 바로 그 점이 이 책이 갖는 특유의 강점이라는 데 생각이 미쳤다. 즉, 이 책은 민주주의에 관한 저자의 특정한 생각을 주장하기보다는, 마치 민주주의가 스스로를 드러내어 그 자신이 무엇인지 독자들로 하여금 이해할 수 있게 하는 방식을 취한다. 이야기로서의 민주주의 역사는 나름의 내러티브가 있다. 고대 아테네에서 시작되어 오늘에 이르는 민주주의의 생애에는 비극적 요소도 있고 엉뚱한 국면도 있으며 찬란한 영광과 쓸쓸한 암흑이 교차되기도 한다. 그런 민주주의 이야기를 듣고 있노라면 어느 순간 그것은 우리 자신의 이야기가 된다. 우리의 민주주의 이야기를 덧붙여 써나가고자 하는 욕망이 어느 순간 꿈틀대는 걸 느끼게 되는 것이다.

## *2*

이 책의 저자와 그의 독특한 문제의식 및 주제 접근 방식에 대한 이상의 개괄적인 이해를 토대로 책 전체 구조와 각 장의 논의를 간략히 소개하면 다음과 같다. 이 책은 "왜 민주주의인가?"를 묻는 서문에서 시작해 다시 그 질문으로 돌아가는 4장으로 마무리된다. 그리고 그 사이에 민주주의의 첫 번째 도래와 두 번째 도래를 다루는 1, 2장 및 민주주의 역사에서 테르미도르의 영향을 밝히는 3장이 자리한다. 우선 서문은 민주주의에 대한 저자의 관심이 무엇인지, 이 책의 연구 방향이 어떤 점에서 특별한지, 따라서 전체 논의가 어떻게 구성되는지를 보여 준다. 던 교수는 크게 두 가지 질문으로 이 책을 구성하는 자신의 관심을 요약한다. 오늘날 정치적 권위의 정당한 기초를 가리키는 범세계적인 단일 명칭으로서 존재하는 것이 왜 (모든 근대 언어를 넘나들며 끊임없이 음역되거나 번역된) 고대 희랍어 명사 데모크라티아인 걸까 하는 것이 첫 번째 질문이요, 근대 자본주의적 대의 민주주의라는 특정 국가형태가 왜 부와 권력을 향한 전지구적 투쟁에서 승리했는가 하는 것이 두 번째 질문이다. 이 질문들에 대한 답을 저자는 세 가지 이야기로 나눠 들려주는데, 민주주의라는 한 단어 이야기, 그 단어가 전달하는 감동적이면서 동시에 터무니없기도 한 한 관념 이야기, 그리고 그 관념과 연관된 아주 다양한 범위의 실천들에 대한 이야기가 그것이다. 이 책이 들려주는 이야기는 그러니까 언어의 역사, 정치사상 및 논쟁의 역사 그리고 정치조직과 투쟁의 역사에 대한 이야기이기도 하다.

1~3장에서는 이런 세 이야기가 능숙하고도 현란하게 펼쳐지는데, 우선 1장 "민주주의의 첫 번째 도래"Democracy's First Coming는 '데모크라시'라는 단어가 유래한 고대 아테네 도시국가에서부터 홉스와 스피노자 시대의 유럽에 이르는 시공간을 가로질러 민주주의가 어떤 맥락에서 출현했고 어떤 의미로 사용되었는지, 그것을 둘러싼 논쟁 혹은 그것이 불러일으킨 정치적·지적 실천들의 경과는 어떤지 등 민주주의의 파란만장한 역사를

추적, 재구성한다. 2장 "민주주의의 두 번째 도래"Democracy's First Coming에서는 고대 희랍 문명의 몰락과 함께 역사의 뒤편으로 사라졌던 민주주의가 그 오랜 오명을 떨어내고 역사의 전면에 다시 모습을 드러내게 되는 배경과 과정이 18세기 미국과 네덜란드, 프랑스에서 전개된 일련의 혁명적 사건들 및 거기에 직간접적으로 개입한 주요 사상가, 이론가, 활동가들 관련 자료를 통해 촘촘히 설명된다. 3장 "테르미도르의 긴 그림자"The Long Shadow of Thermidor는 프랑스혁명이 민주주의(라는 단어·관념·제도)의 역사에 어떤 영향을 끼쳤는지 혁명의 역사적 과정은 물론 시에예스, 바뵈프, 로베스피에르 등 혁명의 핵심 인물들에 대한 분석을 통해 보여 주고 있다.

민주주의라는 단어가 처음 탄생한 시점으로부터 프랑스혁명기까지 2천년이 넘는 세월에 걸친 이 이야기들을 따라가는 동안 우리는 문득문득 불편하고도 난감한 순간에 직면하게 된다. '반민주주의자'라는 규정이 누구에게나 모욕으로 느껴지며, 특히 정치인에게는 치명적인 낙인으로 작용하는 시대를 사는 우리에게 그 이야기가, '민주주의적'이라는 말이 얼마나 오랫동안 일상 대화에서조차 금기시되는 표현이었는지 그리고 그것이 얼마나 최근에 일순 압도적 지위를 얻게 되었는지를 들려주기 때문만은 아니다. 그 이야기는, 민주주의가 거둔 승리란 바로 그 단어가 지구 곳곳에 널리 퍼졌다는 점이라고 말한다. 그런데 실상 그 단어 자체는 어떤 분명한 혹은 고정된 의미도 지니고 있지 않으며, 그 단어의 요구사항에 가장 잘 부응하는 통치 체제가 어떤 모습인지에 대해서도 합의된 의견이 존재하지 않는다고 말한다. 그렇다면, 민주주의의 승리란 것이 대체 무슨 의미인가? 그저 말장난이거나 신기루에 불과한 것일 뿐인가?

보다 근본적으로, 우리에게 민주주의란 무엇인가? 이런 물음들이 이야기가 절정을 향해 갈수록 자꾸 솟구쳐 오르기 때문이다.

이 책은 그리 두껍지 않은 분량에 긴 세월의 역사를 녹여 내고 있는 만큼 이야기가 대단히 밀도 있으면서도 함축적이다. 그러므로 이 이야기를 따라가면서 독자들이 끌어내게 되는 저자의 메시지는 다양할 수 있다. 그렇듯 다양한 메시지를 담고 있고 민주주의에 대한 새로운 상상을 자극한다는 점이 아마도 이 책의 커다란 장점일 것이다. 단지 책을 먼저 읽었다는 이유로 역자들이 이 이야기의 핵심 메시지를 요약하거나 그에 관한 이런저런 평을 제시하기가 그래서 무척 조심스럽다. 다만, '민주주의의 승리'에 대해 저자가 굵직한 목소리로 전하는 이야기를 옮기는 동안, 찜찜하고 당혹스러우며 심지어 불쾌하기까지 한 물음들을 끝없이 유발하는 그 이야기를 붙잡고 긴 시간 씨름하는 동안, 역자들에게 가장 깊은 울림으로 남은 통찰을 한 가지 소개하고 싶다. 오늘날 우리가 목격하는 민주주의의 승리는, 그것이 가장 정의롭거나 최선이기 때문도 아니고 또 자본주의 경제 질서에 가장 이롭기 때문도 아니며, 무엇보다 하나의 정치적 결과로서 얻어졌다는 통찰이 그것이다. 저자가 들려주는 1~3장의 이야기는 결국, 민주주의의 탄생과 쇠락, 재부상과 화려한 부활이 의도적인 정치적 노력의 산물임을 시사한다. 민주주의를 되살리고 거기에 의미를 부여하고 그 의미에 따른 실천들을 이끌어 내고 마침내 하나의 통치 체제로 받아들이게 되는 모든 과정이 정치적 투쟁(혹은 탐색) 과정이었으며, 오늘날 민주주의의 빛나는 현존은 정치가 아닌 어떤 것, 그러니까 경제 법칙이나 군사적 힘 같은 것으로는 도저히 설명될 수 없다는 통찰은 이 책을 읽는 동안 머릿속을 떠돌던 온갖 불편한 물음들이 어떻게 해소될 수 있고 또 되어야 하는지 가늠케 해준다.

이 책의 결론에 해당하는 4장에서 저자는 다시 "왜 민주주의인가?"Why Democracy?라는 질문으로 되돌아간다. 민주주의가 인류 역사에 처음 도래한 이래 미국독립혁명과 프랑스혁명을 거치면서 오늘날의 탁월한 지위를 획득하게 되는 여정을 추적한 끝에 다시 마주하는 그 질문은 이제 사뭇 다른 의미로 다가온다. 전체적으로 4장은, 오늘날 우리가 알고 있는 (그리고 더러 경험하고 있기도 한) 민주주의가 그 역사적 및 사상적 기원과 얼마나 차이가 있는지, 그 차이는 역사의 어느 지점에서, 왜, 어떻게, 발생하게 되었는지, 도대체 왜 하필 민주주의가(단어로서도, 관념으로서도, 또 제도로서도) 오늘날 정치적 실천과 담론을 그토록 장악하게 되었는지에 관한 이야기를 담고 있다. 그것은 이 책 저술의 바탕이 된, 민주주의에 대한 새로운 질문에 저자가 나름대로 제시하는 대답이기도 하다. 던 교수는 자신의 대답이 단 하나의 올바른 대답이라고 단언하지 않으며, 심지어 어떤 부분에 대해서는 답을 알아내기가 여전히 어렵다고 토로한다. 그렇기 때문에 오히려 더, "왜 민주주의인가?" 하고 저자가 책의 마지막 장에 이르러 다시 던지는 물음은 독자들에게 묵직한 무게로 와닿는 것 같다. 이제 그 질문은 저자만의 질문이 아니라 우리 모두가 답해야 하는 질문이다. 게다가 저자가 풀어내는 민주주의 이야기에 푹 빠졌다가 다시 마주할 때 그 질문은 더 이상 "왜, 그래서 어떤, 민주주의를 해야 하는가?" 하는 물음으로만 다가오지 않는다. 그것은 이를테면 "민주주의로 무엇을 할 수 있고 또 해야 하는가?", "민주주의를 어떻게 활용할 것인가?", "민주주의를 어디까지 발전시킬 수 있으며 또 발전시켜야 하는가?" 등을 묻는 물음이기도 하며, 그만큼 다양한 층위의 탐색을 우리에게 요구한다.

분명한 것은, 이 책이 그런 탐색에 상당히 유용한 지침을 제공하며 우리 나름의 대답 찾기를 고무한다는 점이다. 민주주의를 금과옥조로 삼아온 한국 사회 구성원 대다수와 달리, 저자 자신은 민주주의를 흔쾌히 찬양하지 않는다. 물론 그렇다고 무미건조하게 비판하지도 않는다. 그는 민주주의가 단어로서든 관념으로서든 제도로서든 "좋은 어떤 것도 보장해 주지 않는다"고 냉철하게 지적하지만, 동시에 그것이 "무언가 좋은 것을 보장한다는 주장을 가장 끈덕지게 내세우는 제도이며, 그런 주장에 일말의 설득력을 부여하기 위해 형성되고 재형성되는 제도"라는 점 또한 여전히 참이라고 인정한다. 결국 그에 따르면, 민주주의가 우리로 하여금 평화와 번영, 정의를 누리며 함께 살 수 있도록 하는 최선의 비책이 될지 그렇지 않은지는 오직 우리 자신에게 달려 있다. 그러니까 민주주의(라는 단어·관념·제도)를 받아들였다는 것은 단지 시작에 불과할 뿐, 그것이 좋은 어떤 것, 평화와 번영, 정의 등을 실제로 가져오도록 하기 위해서는 우리 모두의 끊임없는 노력과 책임이 수반되어야 한다는 것이다.

### 3

앞서 언급했듯이, 던 교수는 이 책을 일종의 이야기로 풀어 간다. 하지만 그의 '민주주의 이야기'는 여느 '민주주의론', '민주주의 정치사상' 못지않게, 어쩌면 훨씬 더, 어렵다. 번역을 하는 내내 얼마나 많은 문장, 얼마나 많은 단락이 암담한 벽으로 다가왔는지 모른다. 플라톤, 마키아벨리, 로크 등 고전 번역에 숱하게 참여한 경험이 있는 역자 두 사람이 뭉쳤음에도, 그 벽들을 헤쳐 나가는 데 무척 오랜 시간이 걸렸다. 비단 영어의 문제만은 아니었다. 민주주의의 생애를 탐색하는 데 동원된 저자의 역사적·정치적·언어적·국제관계적·문헌학적 지식의 깊이가 심원했기 때문이다. 무엇보다 민주주의에 대한 고민의 수준에서 저자는 쉽게 따라잡을 수 없이 앞서 있었다. 민주화 투쟁이 절정에 이르렀던 1980년대에 대학을 다닌 역자들인 만큼 민주주의에 대한 고뇌와 애정으로 따지자면 결코 얕다고 할 순 없지만, 민주주의의 무엇을 문제 삼을지, 그 문제를 어떻게 해결할지 등 민주주의에 대한 문제의식 자체에 있어 이 책은 전혀 새로운 발상을 요구했다. 번역은 언제나 고통이 동반되는 작업이겠으나, 그래서 이 책의 번역은 특별히 더 고통스러웠다. 하지만 돌이켜 보건대, 그 고통은 어느 때보다 기꺼이 견딜 만한 것이었다. 번역에 매달린 시간 동안 민주주의에 대해 많은 것을 배울 수 있었기 때문이다. 우리가 아직 민주주의에 대해 알아야 할 것이 얼마나 많은지, 도대체 민주주의를 어떻게 볼 것인지 등에 대해서 말이다. 민주주의를 위해 무엇을 할 것인지 못지않게 민주주의로 무엇을 할 것인지에 대한 생각을 발전시킬 필요가 있다는 각성 역시 번역의 고통 속에서 얻었다.

물론 아직도 군데군데 넘다 만 장벽들이, 장벽 위를 어지러이 기어오른 흔적들이 남아 있을 것이다. 하지만 이 정도로나마 책이 모습을 갖춰

나오기까지 여러 분들의 도움이 있었다. 그중에서도 이 책과 인연을 맺는 데 결정적인 역할을 해주시고 번역의 전 과정을 따뜻한 관심으로 지켜봐 주신 경희대학교의 이화용 선생님, 엉킨 실타래 같은 문장을 들고 찾아 뵐 때마다 적절한 조언과 격려를 아끼지 않으셨던 서강대학교의 강정인 선생님과 숭실대학교의 서병훈 선생님, 책의 상당 부분을 차지하는 프랑스 역사 및 정치에 관한 번역이 가급적 흠을 덜 안을 수 있도록 자상한 도움을 늘 흔쾌히 베풀어주었던 목포대학교 하상복 선생님, 역자들의 태만과 실수가 그대로 독자들에게 드러나지 않도록 꼼꼼히 원고를 읽고 문제를 바로잡아 준 후마니타스 편집진에게는 특별한 감사 인사를 전해야 할 것 같다. 2008년 케임브리지에서부터 시작된 번역 작업은, 그 긴 시간만큼 애틋하고 살뜰한 추억을 굽이굽이 동반한다. 감사하게도, 시공간을 가로질러 동병상련의 정을 나눌 수 있는 이웃들이 늘 곁에 있어 주었다. 고민과 희망을 공유하는 그들 덕분에 옛 기억을 행복하게 추억하게 된다.

번역을 어느 정도 마무리하고 이렇게 후기를 쓰면서 가장 먼저 떠오르는 분은 이 책의 저자인 던 선생님이다. 던 선생님은 역자들이 케임브리지에서 지내는 동안 시간을 내어 따뜻이 맞아 주시고 부연 설명을 요청하는 역자들의 질문에 흔쾌히 응해 주시곤 했다. 그럼에도, 한국에서 책이 출간되기까지, 인내심이 필요한 정도의 긴 시간을 기다리셔야 했다. 난해한 문장들과 씨름할 때는 불평과 원망이 절로 나오기도 했지만, 후기를 쓰기에 이른 지금 감사와 존경의 마음이 절로 우러난다. 국내에 알려진 던 선생님의 명성으로 봐서는 뜻밖에도, 이 책이 선생님 저작 중 첫 한글 번역이라고 한다. 던 선생님의 학문적 성과와 역량이 이 번역서를 통해 어느 정도라도 드러나게 되기를, 그래서 그에 대한 후속 작업이 광범위하게 촉발될 수 있기를 바란다.

끝으로, 이 번역서 출판의 기쁨은 가족들과 나누고 싶다. 말벗 정도가 아니라 어느덧 엄마·아빠의 학술적 토론 상대로 자란, 게다가 이번에는 엄마·아빠 번역의 문제점을 예리하게 교정하는 역할까지 감당한 딸 예은이가 멀리 뉴욕에서 괴성을 마다치 않으며 축하해 줄 모습이 눈에 선하다. 누나와는 전혀 다른 방식으로 부모를 감동시키거나 혹은 긴장시키는 아들 의준이는 우리가 더 힘을 내서, 더 잘, 더 반듯이 살아야 할 이유다. 의준이가 이번 후기를 읽고도 눈물을 찔끔 쏟으며 감격해 주면 좋겠다. 올 한 해 양가에는 어려운 일이 겹쳤었다. 그런 와중에도 자식들을 믿고 지원을 아끼지 않으시는 부모님께 감사하면서도 송구한 마음을 가눌 길이 없다. 이 책을 바치는 것으로, 차마 입에 담지 못한 그 마음이 전해질 수 있기를 바란다.

2014년 10월

문지영·강철웅

# 찾아보기

ㄷ



ㄹ



ㅁ

ㅂ

ㅅ

ㅎ